漢書

漢蘭臺令史　班固　撰
唐祕書少監　顔師古　注

第四册

卷二一至卷二五(志一)

中華書局

漢書卷二十一上

律曆志第一上

師古曰：「志，記也，積記其事也。春秋左氏傳曰『前志有之』。」

虞書曰「乃同律度量衡」，〔一〕所以齊遠近立民信也。自伏戲畫八卦，由數起，〔二〕至黃帝、堯、舜而大備。三代稽古，法度章焉。〔三〕周衰官失，孔子陳後王之法，曰：「謹權量，審法度，修廢官，舉逸民，四方之政行矣。」〔四〕漢興，北平侯張蒼首律曆事，〔五〕孝武帝時樂官考正。〔六〕至元始中王莽秉政，欲燿名譽，徵天下通知鐘律者百（餘）餘人，使羲和劉歆等典領條奏，言之最詳。故删其僞辭，取正義，著于篇。〔七〕

〔一〕師古曰：「虞書，舜典也。同謂齊等。」

〔二〕師古曰：「萬物之數，因八卦而起也。」

〔三〕師古曰：「三代，夏、殷、周也。稽，考也。考於古事，而法度益明。」

〔四〕師古曰：「此論語載孔子述古帝王之政，以示後世。權謂斤兩也。量，斗斛也。法度，丈尺也。逸民，謂有德而隱處者。」

〔五〕師古曰：「首謂始定也。」

〔六〕師古曰：「更質正其事。」

〔七〕師古曰：「班氏自云作志取劉歆之義也。自此以下訖於『用竹爲引者，事之宜也』，則其辭焉。」

一曰備數，二曰和聲，三曰審度，四曰嘉量，五曰權衡。參五以變，錯綜其數，稽之於古今，効之於氣物，和之於心耳，考之於經傳，咸得其實，靡不協同。

數者，一、十、百、千、萬也，所以算數事物，順性命之理也。書曰：「先其算命。」〔一〕本起於黃鐘之數，始於一而三之，三三積之，〔二〕歷十二辰之數，十有七萬七千一百四十七，而五數備矣。〔三〕其算法用竹，徑一分，長六寸，二百七十一枚而成六觚，爲一握。〔四〕徑象乾律黃鐘之一，而長象坤呂林鐘之長。〔五〕其數以易大衍之數五十，其用四十九，成陽六爻，得周流六虛之象也。〔六〕夫推曆生律〔七〕制器，規圜矩方，權重衡平，準繩嘉量，〔八〕探賾索隱，鉤深致遠，莫不用焉。〔九〕度長短者不失豪氂，〔一〇〕量多少者不失圭撮，〔一一〕權輕重者不失黍絫。〔一二〕紀於一，協於十，長於百，大於千，衍於萬，其法在算術。宣於天下，小學是則。職在太史，羲和掌之。

〔一〕師古曰：「逸書也。言王者統業，先立算數以命百事也。」
〔二〕孟康曰：「黃鐘，子之律也。子數一。泰極元氣含三爲一，是以一數變而爲三也。」
〔三〕孟康曰：「初以子一乘丑三，餘則轉因其成數以三乘之，歷十二辰，得是積數也。五行陰陽變化之數備於此矣。」
〔四〕蘇林曰：「六觚，六角也。度角至角，其度一寸，面容一分，算九枚，相因之數有十，正面之數實九，其表六九五十四，算中積凡得二百七十一枚。」
〔五〕張晏曰：「林鐘長六寸。」韋昭曰：「黃鐘管九寸，十分之一，得其一分也。」
〔六〕孟康曰：「以四十九成陽六爻爲乾，乾之策數二百一十六，以成六爻，是爲周流六虛之象也。」
〔七〕張晏曰：「推曆十二辰以生律呂也。」
〔八〕張晏曰：「準，水平。量知多少，故曰嘉。」
〔九〕師古曰：「賾亦深也。索，求也。」
〔一〇〕孟康曰：「豪，兔豪也。十豪爲氂。」師古曰：「度音大各反。」
〔一一〕應劭曰：「圭，自然之形，陰陽之始也。四圭曰撮，三指撮之也。」孟康曰：「六十四黍爲圭。」師古曰：「撮音倉括反。」
〔一二〕孟康曰：「絫音(壘)蠡。」應劭曰：「十〔黍〕爲絫，十絫爲一銖。」師古曰：「絫，孟音來戈反，此字讀亦音纍紲之纍。」

聲者，宮、商、角、徵、羽也。所以作樂者，諧八音，蕩（降）〔滌〕人之邪意，全其正性，移風易俗也。八音：土曰塤，〔一〕匏曰笙，〔二〕皮曰鼓，〔三〕竹曰管，〔四〕絲曰絃，石曰磬，金曰鐘，木曰柷。〔五〕五聲和，八音諧，而樂成。商之爲言章也，物成孰可章度也。〔六〕角，觸也，物觸地而出，戴芒角也。宮，中也，居中央，暢四方，唱始施生，爲四聲綱也。徵，祉也，物盛大而緐祉也。羽，宇也，物聚臧宇覆之也。夫聲者，中於宮，觸於角，祉於徵，章於商，宇於羽，故四聲爲宮紀也。協之五行，則角爲木，五常爲仁，五事爲貌。商爲金爲義爲言，徵爲火爲禮爲視，羽爲水爲智爲聽，宮爲土爲信爲思。以君臣民事物言之，則宮爲君，商爲臣，角爲民，徵爲事，羽爲物。唱和有象，故言君臣位事之體也。

〔一〕應劭曰：「世本暴辛公作塤。」師古曰：「燒土爲之，其形銳上而平底，六孔吹之。塤音許元反，字或作壎，其音同耳。」

〔二〕應劭曰：「世本隨作笙。」師古曰：「匏，瓠也。列管瓠中，施簧管端。」

〔三〕師古曰：「鼓者郭也，言郭張皮而爲之。」

〔四〕孟康曰：「禮樂器記，管，漆竹，長一尺，六孔。尚書大傳，西王母來獻白玉琯。漢章帝時零陵文學奚景於泠道舜祠下得白玉琯。古以玉作，不但竹也。」

〔五〕師古曰：「柷與俶同，俶，始也。樂將作，先鼓之，故謂之柷。狀如漆桶，中有椎，連底動之，令左右擊。音昌六反。」

〔六〕師古曰：「度音大各反。」

五聲之本，生於黃鐘之律。九寸爲宮，或損或益，以定商、角、徵、羽。九六相生，陰陽之應也。律十有二，陽六爲律，陰六爲呂。律以統氣類物，一曰黃鐘，二曰太族，〔一〕三曰姑洗，四曰蕤賓，五曰夷則，六曰亡射。〔二〕呂以旅陽宣氣，一曰林鐘，二曰南呂，三曰應鐘，四曰大呂，五曰夾鐘，六曰中呂。〔三〕有三統之義焉。其傳曰，黄帝之所作也。黄帝使泠綸，〔四〕自大夏之西，〔五〕昆侖之陰，取竹之解谷〔六〕生，其竅厚均者，〔七〕斷兩節間而吹之，以爲黄鐘之宮。〔八〕制十二筩以聽鳳之鳴，〔九〕其雄鳴爲六，雌鳴亦六，比黄鐘之宮，而皆可以生之，是爲律本。〔一〇〕至治之世，天地之氣合以生風；天地之風氣正，十二律定。〔一一〕黄鐘：黄者，中之色，君之服也；鐘者，種也。天之中數五，〔一二〕五爲聲，聲上宮，五聲莫大焉。地之中數六，〔一三〕六爲律，律有形有色，色上黄，五色莫盛焉。故陽氣施種於黄泉，孳萌萬物，〔一四〕爲六氣元也。以黄色名元氣律者，著宮聲也。宮以九唱六，〔一五〕變動不居，周流六虚。始於子，在十一月。大呂：呂，旅也，言陰大，旅助黄鐘（宮）〔宣〕氣而牙物也。位於丑，在十二月。太族：族，奏也，言陽氣大，奏地而達物也。〔一六〕位於寅，在正月。夾鐘，言陰夾助太族宣四方之氣而出種物也。位於卯，在二月。姑洗：洗，絜也，言陽氣洗物辜絜之也。〔一七〕位於辰，在三月。中呂，言微陰始起未成，著於其中旅助姑洗宣氣齊物也。位於巳，在四月。蕤賓：蕤，繼也，賓，導也，言陽始導陰氣使繼養物也。位於午，在五月。林鐘：林，君也，言陰氣受任，助蕤賓君主種物使長大楙盛也。〔一八〕位於未，在六月。夷則：則，法也，言陽氣正法度而使陰氣夷當傷之物也。〔一九〕位於申，在七月。南呂：南，任也，言陰氣旅助夷則任成萬物也。位於酉，在八月。亡射：射，厭也，言陽氣究物而使陰氣畢剝落之，終而復始，亡厭已也。位於戌，在九月。應鐘，言陰氣應亡射，該臧萬物而雜陽閡種也。〔一〇〕位於亥，在十月。

〔一〕師古曰：「族音千豆反。其下並同。」
〔二〕師古曰：「亡讀曰無。射音亦石反。」
〔三〕師古曰：「中讀曰仲。」
〔四〕師古曰：「泠音零。綸音倫也。」
〔五〕應劭曰：「大夏，西戎之國也。」
〔六〕孟康曰：「解，脫也。谷，竹溝也。取竹之脫無溝節者也。一說昆侖之北谷名也。」晉灼曰：「谷名是也。」
〔七〕應劭曰：「生者，治也。竅，孔也。」孟康曰：「竹孔與肉薄厚等也。」晉灼曰：「取谷中之竹，生而(孔外肉)〔肉孔外內〕厚薄自然均者，截以爲筩，不復加削刮也。」師古曰：「晉說是也。」
〔八〕師古曰：「黃鐘之宮，律之最長者。」
〔九〕師古曰：「筩音大東反。」
〔一〇〕師古曰：「比，合也。可以生之，謂上下相生也，故謂之律本。比音頻寐反。」
〔一一〕孟康曰：「律得風氣而成聲，風和乃律調也。」臣瓚曰：「風氣正則十二月之氣各應其律，不失其序。」
〔一二〕韋昭曰：「一三在上，七九在下。」
〔一三〕韋昭曰：「二四在上，八十在下。」
〔一四〕師古曰：「孳讀與滋同，滋，益也。萌，始生。」

〔五〕孟康曰：「黃鐘陽九，林鐘陰六，言陽唱陰和。」
〔六〕師古曰：「奏，進也。」
〔七〕孟康曰：「辜，必也，必使之絜也。」
〔八〕師古曰：「種物，種生之物。楙，古茂字也。種音之勇反。」
〔九〕師古曰：「夷亦傷。」
〔一〇〕孟康曰：「(該)〔閡〕，臧塞也，陰雜陽氣，臧塞爲萬物作種也。」晉灼曰：「外閉曰閡。」師古曰：「閡音胡待反。下言『該閡於亥』，音訓並同也。」

三統者，天施，地化，人事之紀也。〔一〕十一月，乾之初九，陽氣伏於地下，始著爲一，萬物萌動，鍾於太陰，故黃鐘爲天統，律長九寸。九者，所以究極中和，爲萬物元也。易曰：「立天之道，曰陰與陽。」〔二〕六月，坤之初六，陰氣受任於太陽，繼養化柔，萬物生長，楙之於未，令種剛彊大，故林鐘爲地統，律長六寸。六者，所以含陽之施，楙之於六合之內，令剛柔有體也。「立地之道，曰柔與剛。」〔三〕「乾知太始，坤作成物。」〔四〕正月，乾之九三，萬物棣通，〔五〕族出於寅，人奉而成之，仁以養之，義以行之，令事物各得其理。寅，木也，爲仁；其聲，商也，爲義。故太族爲人統，律長八寸，象八卦，宓戲氏之所以順天地，通神明，類萬物之情也。〔六〕「立人之道，曰仁與義。」〔七〕「在天成象，在地成形。」〔八〕「后以裁成天地之道，輔相天地之宜，以左右民。」〔九〕此三律之謂矣，是爲三統。

〔一〕李奇曰：「統，緒也。」
〔二〕師古曰：「易說卦之辭。」
〔三〕師古曰：「此亦說卦之辭也。」
〔四〕師古曰：「此上繫之辭。」
〔五〕孟康曰：「棣謂通意也。」師古曰：「棣音替。」
〔六〕師古曰：「宓讀與伏同。」
〔七〕師古曰：「此說卦之辭。」
〔八〕師古曰：「此上繫之辭。」
〔九〕師古曰：「此泰卦象辭也。后，君也，謂王者也。左右，助也。左讀曰佐。右讀曰佑。」

其於三正也，黃鐘子爲天正，〔一〕林鐘未之衝丑爲地正，太族寅爲人正。三正正始，是以地正適其始紐於陽東北丑位。易曰「東北喪朋，乃終有慶」，〔二〕答應之道也。及黃鐘爲宮，則太族、姑洗、林鐘、南呂皆以正聲應，無有忽微，〔三〕不復與它律爲役者，同心一統之義也。非黃鐘而它律，雖當其月自宮者，則其和應之律有空積忽微，〔四〕不得其正。此黃鐘至尊，亡與並也。

〔一〕師古曰：「正音之成反。下皆類此。」
〔二〕孟康曰：「未在西南，陽也，陰而入陽，爲失其類也。」師古曰：「此坤卦彖辭。」

〔三〕孟康曰：「忽微，若有若無，細於髮者也。謂正聲無有殘分也。」

〔四〕孟康曰：「十二月之氣各以其月之律爲宮，非五音之正，則聲有高下差降也。空積，若鄭氏分一寸爲數千。」

易曰：「參天兩地而倚數。」〔一〕天之數始於一，終於二十有五。其義紀之以三，故置一得三，又二十五分之六，凡二十五置，終天之數，得八十一，以天地五位之合終於十者乘之，爲八百一十分，應曆一統〔二〕千五百三十九歲之章數，黃鐘之實也。繇此之義，〔三〕起十二律之周徑。〔四〕地之數始於二，終於三十。其義紀之以兩，故置一得二，凡三十置，終地之數，得六十，以地中數六乘之，爲三百六十分，當期之日，林鐘之實。〔五〕人者，繼天順地，序氣成物，統八卦，調八風，理八政，正八節，諧八音，舞八佾，監八方，被八荒，以終天地之功，故八八六十四。其義極天地之變，以天地五位之合終於十者乘之，爲六百四十分，以應六十四卦，大族之實也。〔六〕書曰：「天功人其代之。」〔七〕天兼地，人則天，故以五位之合乘焉，「唯天爲大，唯堯則之」之象也。〔八〕地以中數乘者，陰道理內，在中餽之象也。〔九〕三統相通，故黃鐘、林鐘、太族律長皆全寸而亡餘分也。

〔一〕師古曰：「易說卦之辭也。倚，立也。參謂奇也，兩謂耦也。七九陽數，六八陰數。」

〔二〕孟康曰：「十九歲爲一章，一統凡八十一章。」

〔三〕師古曰：「繇讀〔爲〕〔與〕由同。由，用也。」

〔四〕孟康曰：「律孔徑三分，參天之數也；圍九分，終天之數也。」

〔五〕孟康曰：「林鐘長六寸，圍六分。以圍乘長，得積三百六十分也。」師古曰：「期音基。謂十二月爲一期也。」

〔六〕孟康曰：「大族長八寸，圍八分，爲積六百四十分也。」

〔七〕師古曰：「虞書咎繇謨也。言聖人稟天造化之功代而行之。」

〔八〕師古曰：「則，法也。論語稱孔子曰『大哉堯之爲君也，唯天爲大，唯堯則之』，美帝堯能法天而行化。」

〔九〕師古曰：「餽字與饋同。易家人卦六二爻辭曰『无攸遂，在中饋』，言婦人之道，取象於陰，無所必遂，但居中主饋食而已，故云然。」

天之中數五，地之中數六，而二者爲合。六爲虛，五爲聲，周流於六虛。虛者，爻律夫陰陽，登降運行，列爲十二，而律呂和矣。太極元氣，函三爲一。〔一〕極，中也。元，始也。行於十二辰，始動於子。參之於丑，得三。又參之於寅，得九。又參之於卯，得二十七。又參之於辰，得八十一。又參之於巳，得二百四十三。又參之於午，得七百二十九。又參之於未，得二千一百八十七。又參之於申，得六千五百六十一。又參之於酉，得萬九千六百八十三。又參之於戌，得五萬九千四十九。又參之於亥，得十七萬七千一百四十七。此陰陽合德，氣鍾於子，化生萬物者也。故孳萌於子，紐牙於丑，引達於寅，冒茆於卯，〔二〕振美於辰，已盛於巳，咢布於午，〔三〕昧薆於未，〔四〕申堅於申，留孰於酉，畢入於戌，該閡於亥。出甲於甲，奮軋於乙，〔五〕明炳於丙，大盛於丁，豐楙於戊，理紀於己，斂更於庚，悉新於辛，懷任於壬，陳揆於癸。故陰陽之施化，萬物之終始，既類旅於律呂，又經歷於日辰，而變化之情可見矣。

〔一〕孟康曰：「元氣始起於子，未分之時，天地人混合爲一，故子數獨一也。」師古曰：「函讀與含同。後皆類此。」

〔二〕師古曰：「茆謂叢生也，音莫保反。」

〔三〕蘇林曰：「咢音愕。」

〔四〕師古曰：「薆，蔽也，音愛。」

〔五〕師古曰：「軋音於黠反。」

玉衡杓建，天之綱也；〔一〕日月初〔纏〕〔躔〕，星之紀也。〔二〕綱紀之交，以原始造設，合樂用焉。律呂唱和，以育生成化，歌奏用焉。指顧取象，然後陰陽萬物靡不條鬯該成。〔三〕故以成之數忖該之積，〔四〕如法爲一寸，則黃鐘之長也。〔五〕參分損一，下生林鐘。〔六〕參分林鐘益一，上生太族。參分太族損一，下生南呂。參分南呂益一，上生姑洗。參分姑洗損一，下生應鐘。參分應鐘益一，上生蕤賓。參分蕤賓損一，下生大呂。參分大呂益一，上生夷則。參分夷則損一，下生夾鐘。參分夾鐘益一，上生亡射。參分亡射損一，下生中呂。陰陽相生，自黃鐘始而左旋，八八爲伍。〔七〕其法皆用銅。職在大樂，太常掌之。

〔一〕如淳曰：「杓音猋，斗端星也。」孟康曰：「斗在天中，周制四方，猶宮聲處中，爲四聲綱也。」師古曰：「杓音必遙反。」

〔二〕孟康曰：「(鑪)〔躔〕，舍也。二十八舍列在四方，日月行焉，起於星紀，而又周之，猶四聲爲宮紀也。」晉灼曰：「下言斗綱之端連貫營室，織女之紀指牽牛之初，以紀日月，故曰星紀。五星起其初，日月起其中。是謂天之綱紀也。」師古曰：「躔，踐也，音直連反。」

〔三〕師古曰：「條，達也。鬯與暢同。」

〔四〕孟康曰：「成之數者，謂黃鐘之法數。該之積，爲黃鐘變生十二辰積實之數也。忖，除也。言以法數除積得九寸，即黃鐘之長也。言該者，該衆律之數也。」師古曰：「忖音千本反。」

〔五〕孟康曰：「得一寸，則所謂得九寸也。言一者，張法辭。」

〔六〕張晏曰：「黃鐘長九寸，以二乘九得十八，以三除之，得林鐘六寸。其法率如此，推當算乃解。」晉灼曰：「蔡邕律曆記『凡陽生陰曰下，陰生陽曰上』也。」

〔七〕孟康曰：「從子數辰至未得八，下生林鐘。數未至寅得八，上生太族。律上下相生，皆以此爲率。伍，耦也，八八爲耦。」

度者，分、寸、尺、丈、引也，所以度長短也。〔一〕本起黃鐘之長。以子穀秬黍中者，〔二〕一黍之廣，度之九十分，黃鐘之長。一爲一分，十分爲寸，十寸爲尺，十尺爲丈，十丈爲引，而五度審矣。其法用銅，高一寸，廣二寸，長一丈，而分寸尺丈存焉。用竹爲引，高一分，廣六分，長十丈，其方法矩，高廣之數，陰陽之象也。〔三〕分者，自三微而成著，可分別也。寸者，忖也。

尺者，蒦也。〔四〕丈者，張也。引者，信也。〔五〕夫度者，別於分，忖於寸，蒦於尺，張於丈，信於引。引者，信天下也。職在內官，〔六〕廷尉掌之。〔七〕

〔一〕師古曰：「度音大各反。下皆類此。」

〔二〕孟康曰：「子北方，北方黑，謂黑黍也。」師古曰：「此說非也。子穀猶言穀子耳，秬卽黑黍，無取北方爲號。中者，不大不小也。言取黑黍穀子大小中者，率爲分寸也。秬音鉅。」

〔三〕孟康曰：「高一分，廣六分。一爲陽，六爲陰也。」

〔四〕師古曰：「蒦音約。」

〔五〕師古曰：「信讀曰伸，言其長。」

〔六〕師古曰：「內官，署名也。百官表云『內官長丞，初屬少府，中屬主爵，後屬宗正』。」

〔七〕師古曰：「法度所起，故屬廷尉也。」

量者，龠、合、升、斗、斛也，〔一〕所以量多少也。〔二〕本起於黃鐘之龠，用度數審其容，〔三〕以子穀秬黍中者千有二百實其龠，以井水準其槩。〔四〕合龠爲合，十合爲升，十升爲斗，十斗爲斛，而五量嘉矣。〔五〕其法用銅，方尺而圜其外，旁有庣焉。〔六〕其上爲斛，其下爲斗。〔七〕左耳爲升，右耳爲合龠。其狀似爵，以縻爵祿。〔八〕上三下二，參天兩地，圜而函方，左一右二，陰陽之象也。其圜象規，其重二鈞，備氣物之數，合萬有一千五百二十。〔九〕聲中黃鐘，始於黃鐘而反覆焉，〔10〕君制器之象也。龠者，黃鐘律之實也，躍微動氣而生物也。合者，合龠之量也。升者，登合之量也。斗者，聚升之量也。斛者，角斗平多少之量也。夫量者，躍於龠，合於合，登於升，聚於斗，角於斛也。職在太倉，大司農掌之。〔11〕

〔一〕師古曰：「龠音籥。合音閤。」

〔二〕師古曰：「量音力張反。」

〔三〕師古曰：「因度以生量也。其容，謂其中所容受之多少也。」

〔四〕孟康曰：「槩欲其直，故以水平之。井水清，清則平也。」師古曰：「槩所以槩平斗斛之上者也，音工代反，又音工內反。」

〔五〕師古曰：「嘉，善也。」

〔六〕鄭氏曰：「庣音條桑之條。庣，過也。算方一尺，所受一斛，過九氂五豪，然後成斛。今尙方有王莽時銅斛，制盡與此同。」師古曰：「庣，不滿之處也，音吐彫反。」

〔七〕孟康曰：「其上謂仰斛也，其下謂覆斛之底，受一斗。」

〔八〕晉灼曰：「縻，散也。」

〔九〕孟康曰：「三十斤爲鈞，鈞萬一千五百二十銖。」

〔10〕孟康曰：「反斛聲中黃鐘，覆斛亦中黃鐘之宮，宮爲君也。」臣瓚曰：「仰斛受一斛，覆斛受一斗，故曰反覆焉。」師古曰：「覆音芳目反。」

〔11〕師古曰：「米粟之量，故在太倉也。」

衡權者，衡，平也，權，重也，衡所以任權而均物平輕重也。其道如底，〔一〕以見準之正，繩之直，左旋見規，右折見矩。其在天也，佐助旋機，斟酌建指，以齊七政，〔二〕故曰玉衡。論語云：「立則見其參於前也，〔三〕在車則見其倚於衡也。」又曰：「齊之以禮。」此衡在前居南方之義也。

〔一〕師古曰：「底，平也，謂以底石厲物令平齊也。底音指。」

〔二〕師古曰：「七政，日、月、五星也。」

〔三〕孟康曰：「權、衡、量，三等爲參。」

權者，銖、兩、斤、鈞、石也，所以稱物平施，知輕重也。本起於黃鐘之重。一龠容千二百黍，重十二銖，兩之爲兩。二十四銖爲兩。十六兩爲斤。三十斤爲鈞。四鈞爲石。忖爲十八，易十有八變之象也。〔一〕五權之制，以義立之，以物鈞之，其餘小大之差，以輕重爲宜。圜而環之，令之肉倍好者，〔二〕周旋無端，終而復始，無窮已也。銖者，物繇忽微始，至於成著，可殊異也。〔三〕兩者，兩黃鐘律之重也。〔四〕二十四銖而成兩者，二十四氣之象也。斤者，明也，三百八十四銖，易二篇之爻，陰陽變動之象也。十六兩成斤者，四時乘四方之象也。鈞者，均也，陽施其氣，陰化其物，皆得其成就平均也。權與物均，重萬一千五百二十銖，當萬物之象也。四百八十兩者，六旬行八節之象也。〔五〕三十斤成鈞者，一月之象也。石者，大也，權之大者也。始於銖，兩於兩，明於斤，均於鈞，終於石，物終石大也。四鈞爲石者，四時之象也。重百二十斤者，十二月之象也。終於十二辰而復於子，黃鐘之象也。〔六〕千九百二十兩者，陰陽之數也。三百八十四爻，五行之象也。四萬六千八十銖者，萬一千五百二十物歷四時之象也。而歲功成就，五權謹矣。

〔一〕孟康曰：「忖，度也，度其義有十八也。黃鐘、龠、銖、兩、鈞、斤、石凡七，與下十一象爲十八也。」張晏曰：「象易三揲蓍而成一爻，十八變具六爻而成卦。」

〔二〕孟康曰：「謂爲（鐘）〔錘〕之形如環也。」如淳曰：「體爲肉，孔爲好。」師古曰：「錘者，稱之權也，音直垂反，又音直睡反。」

〔三〕師古曰：「繇讀與由同。由，從也。」

〔四〕李奇曰：「黃鐘之管重十二銖，兩十二得二十四也。」

〔五〕孟康曰：「六甲爲六旬，一歲有八節，六甲周行成歲，以六乘八節得之。」

〔六〕孟康曰：「稱之數始於銖，終於石。石重百二十斤，象十二月。銖之重本取於子。律，黃鐘一龠容千二百黍，爲十二銖，故曰復於子，黃鐘之象也。」

權與物鈞而生衡，〔一〕衡運生規，規圜生矩，矩方生繩，繩直生準，〔二〕準正則平衡而鈞權矣。是爲五則。規者，所以規圜器械，令得其類也。矩者，所以矩方器械，令不失其形也。規矩相須，陰陽位序，圜方乃成。準者，所以揆平取正也。繩者，上下端直，經緯四通也。準繩連體，衡權合德，百工繇焉，以定法式，〔三〕輔弼執玉，以翼天子。〔四〕詩云：「尹氏大師，秉國之鈞，四方是維，天子是毗，俾民不迷。」〔五〕咸有五象，其義一也。以陰陽言之，大陰者，北方。北，伏也，陽氣伏於下，於時爲冬。冬，終也，物終臧，乃可稱。水潤下。知者謀，謀者重，故爲權也。大陽者，南方。南，任也，陽氣任養物，於時爲夏。夏，假也，物假大，乃宣平。火炎上。禮者齊，齊者平，故爲衡也。少陰者，西方。西，遷也，陰氣遷落物，於時爲秋。秋，䕨也，〔六〕物䕨斂，乃成孰。金從革，改更也。義者成，成者方，故爲矩也。少陽者，東方。東，動也，陽氣動物，於時爲春。春，蠢也，物蠢生，乃動運。木曲直。仁者生，生者圜，故爲規也。中央者，陰陽之內，四方之中，經緯通達，乃能端直，於時爲四季。土稼嗇蕃息。〔七〕信者誠，誠者直，故爲繩也。五則揆物，有輕重圜方平直陰陽之義，四方四時之體，五常五行之象。厥法有品，各順其方而應其行。職在大行，鴻臚掌之。〔八〕

〔一〕孟康曰：「謂錘與物鈞，所稱適停，則衡平也。」
〔二〕韋昭曰：「立準以望繩，以水爲平。」
〔三〕師古曰：「繇讀與由同。由，用也。」
〔四〕師古曰：「翼，助也。」
〔五〕師古曰：「小雅節南山之詩也。言尹氏居太師之官，執持國之權量，維制四方，輔翼天子，使下無迷惑也。」
〔六〕師古曰：「䕨音子由反。」

〔七〕師古曰：「蕃，多也。息，生也。蕃音扶元反。」

〔八〕師古曰：「平均曲直，齊一遠近，故在鴻臚。」

書曰：「予欲聞六律、五聲、八音、七始詠，以出內五言，女聽。」〔一〕予者，帝舜也。言以律呂和五聲，施之八音，合之成樂。七者，天地四時人之始也。順以歌詠五常之言，聽之則順乎天地，序乎四時，應人倫，本陰陽，原情性，風之以德，感之以樂，〔二〕莫不同乎一。唯聖人爲能同天下之意，故帝舜欲聞之也。今廣延羣儒，博謀講道，修明舊典，同律，審度，嘉量，平衡，鈞權，正準，直繩，立于五則，備數和聲，以利兆民，貞天下於一，同海內之歸。〔三〕凡律度量衡用銅者，名自名也，〔四〕所以同天下，齊風俗也。銅爲物之至精，不爲燥溼寒暑變其節，不爲風雨暴露改其形，介然有常，有似於士君子之行，〔五〕是以用銅也。用竹爲引者，事之宜也。〔六〕

〔一〕師古曰：「虞書益稷篇所載舜與禹言。」

〔二〕師古曰：「以德化之，以樂動之。詩序曰『上以風化下』。」

〔三〕師古曰：「貞，正也。易下繫之辭曰『天下之動貞夫一者也』，言皆以一爲正也。又曰『天下同歸而殊塗，一致而百慮』，言塗雖殊其歸則同，慮雖百其致則一也，故志引之云爾。」

〔四〕師古曰：「取銅之名，以合於同也。」

〔五〕師古曰：「介然，特異之意。」

〔六〕李奇曰：「引長十丈，高一分，廣六分，唯竹篾柔而堅爲宜耳。」

曆數之起上矣。傳述顓頊命南正重司天，火正黎司地，〔一〕其後三苗亂德，二官咸廢，〔二〕而閏餘乖次，〔三〕孟陬殄滅，〔四〕攝提失方。〔五〕堯復育重、黎之後，使纂其業，故書曰：「乃命羲、和，欽若昊天，曆象日月星辰，敬授民時。」「歲三百有六旬有六日，以閏月定四時成歲，允釐百官，衆功皆美。」〔六〕其後以授舜曰：「咨爾舜，天之曆數在爾躬。」「舜亦以命禹。」〔七〕至周武王訪箕子，〔八〕箕子言大法九章，而五紀明曆法。〔九〕故自殷周，皆創業改制，咸正曆紀，服色從之，順其時氣，以應天道。三代既沒，五伯之末史官喪紀，疇人子弟分散，〔一〇〕或在夷狄，故其所記，有黃帝、顓頊、夏、殷、周及魯曆。戰國擾攘，秦兼天下，未皇暇也，亦頗推五勝，〔一一〕而自以爲獲水德，乃以十月爲正，色上黑。〔一二〕

〔一〕臣瓚曰：「南正司天，則北正當司地，不得言火正也。古文火字與北相似，故遂誤耳。」師古曰：「此說非也。班固幽通賦云『玄黎醇耀於高辛』，是則黎爲火正也。」

〔二〕師古曰：「三苗，國名，縉雲氏之後爲諸侯者，即饕餮也。二官，重、黎也。」

〔三〕孟康曰：「以歲之餘日爲閏，故曰閏餘。次，十二次也。史推曆失閏，則斗建與月名錯也。」
〔四〕孟康曰：「正月爲孟陬。曆紀廢絕，閏餘乖錯，不與正歲相值，謂之殄滅也。」
〔五〕孟康曰：「攝提，星名，隨斗杓所指建十二月，若曆誤，春三月當指辰而乃指巳，是爲失方也。」
〔六〕師古曰：「此皆虞書堯典之辭也。欽，敬；若，順也。昊天，言天氣廣大也。星，四方之中星也。辰，日月所會也。羲氏、和氏，重、黎之後，以其繼掌天地，故堯命之，使敬順昊天，曆象星辰之分節，敬記天時，以授下人也。匝四時凡三百六十六日，而定一歲。十二月月三十日，正三百六十日，則餘六日矣。又除小月六日，是爲歲有餘十二日，未盈三歲，便得一月，則置閏焉，以定四時之氣節，成一歲之曆象，則能信理百官，衆功皆美也。」
〔七〕師古曰：「事見論語堯曰篇。」
〔八〕師古曰：「訪箕子，謂滅殷之後。」
〔九〕孟康曰：「歲月日星辰，是謂五紀也。」師古曰：「大法九章即洪範九疇也。其四曰協用五紀也。」
〔一〇〕李奇曰：「同類之人俱明曆者也。」如淳曰：「家業世世相傳爲疇。」師古曰：「如說是也。」
〔一一〕孟康曰：「五行相勝，秦以周爲火，用水勝之。」
〔一二〕師古曰：「獲水德，謂有黑龍之瑞。」

漢興，方綱紀大基，庶事草創，襲秦正朔。以北平侯張蒼言，用顓頊曆，比於六曆，疏闊中最爲微近。然正朔服色，未覩其眞，而朔晦月見，弦望滿虧，多非是。

至武帝元封七年，漢興百二歲矣，大中大夫公孫卿、壺遂、太史令司馬遷等言「曆紀壞廢，宜改正朔」。是時御史大夫兒寬明經術，〔一〕上乃詔寬曰：「與博士共議，今宜何以爲正朔？服色何上？」寬與博士賜等議，皆曰：「帝王必改正朔，易服色，所以明受命於天也。創業變改，制不相復，〔二〕推傳序文，則今夏時也。臣等聞學褊陋，不能明。陛下躬聖發憤，昭配天地，〔三〕臣愚以爲三統之制，後聖復前聖者，二代在前也。今二代之統絕而不序矣，唯陛下發聖德，宣考天地四時之極，則順陰陽以定大明之制，爲萬世則。」於是乃詔御史曰：「乃者有司言曆未定，廣延宣問，以考星度，未能讎也。〔四〕蓋聞古者黃帝合而不死，名察發斂，定清濁，起五部，建氣物分數。〔五〕然則上矣。書缺樂弛，朕甚難之。〔六〕依違以惟，未能修明。〔七〕其以七年爲元年。」〔八〕遂詔卿、遂、遷與侍郎尊、大典星射姓等〔九〕議造漢曆。乃定東西，立晷儀，下漏刻，以追二十八宿相距於四方，舉終以定朔晦分至，躔離弦望。〔一〇〕乃以前曆上元泰初四千六百一十七歲，至於元封七年，復得閼逢攝提格之歲，中冬〔一一〕十一月甲子朔旦冬至，日月在建星，〔一二〕太歲在子，已得太初本星度新正。姓等奏不能爲算，〔一三〕願募治曆者，更造密度，各自增減，以造漢太初曆。乃選治曆鄧平及長樂司馬可、酒泉候宜君、〔一四〕侍郎尊及與民間治曆者，凡二十餘人，方士唐都、巴郡落下閎與焉。〔一五〕都分天部，〔一六〕而閎運算轉曆。其法以律起曆，曰：「律容一龠，積八十一寸，則一日之分也。〔一七〕與長相終。律長九寸，百七十一分而終復。〔一八〕三復而得甲子。夫律陰陽九六，爻象所從出也。

故黃鐘紀元氣之謂律。律，法也，莫不取法焉。」與鄧平所治同。於是皆觀新星度、日月行，更以算推，如閎、平法。法，一月之日二十九日八十一分日之四十三。先藉半日，名曰陽曆；不藉，名曰陰曆。所謂陽曆者，先朔月生；陰曆者，朔而後月乃生。平曰：「陽曆朔皆先旦月生，以朝諸侯王羣臣便。」乃詔遷用鄧平所造八十一分律曆，罷廢尤疏遠者十七家，復使校曆律昏明。宦者淳于陵渠復覆太初曆晦朔弦望，皆最密，日月如合璧，五星如連珠。〔六〕陵渠奏狀，遂用鄧平曆，以平爲太史丞。

〔一〕師古曰：「皃音五奚反。」

〔二〕師古曰：「復，重也，因也，音扶目反。次下亦同。」

〔三〕師古曰：「躬聖者，言身有聖德也。發憤，謂念正朔未定也。昭，明也。」

〔四〕師古曰：「讎，相當。」

〔五〕應劭曰：「言黃帝造曆得仙，名節會，察寒暑，致啓分，發斂至，定清濁，起五部。五部，金、木、水、火、土也。建氣物分數，皆敍曆之意也。」孟康曰：「合，作也。黃帝作曆，曆終而復始，無窮已也，故曰不死。名春夏爲發，秋冬爲斂。清濁，謂律聲之清濁也。五部，謂五行也。天有四時，分爲五行也。氣，二十四氣也。物，萬物也。分，曆數之分也。」晉灼曰：「蔡邕天文志『渾天名察發斂，以行日月，以步五緯』。」臣瓚曰：「黃帝聖德，與神靈合契，升龍登仙，故曰合而不死。題名宿度，候察進退。史記曰『名察宿度』，謂三辰之度，吉凶之驗也。」

〔六〕師古曰：「弛，廢也，音式爾反。」

〔七〕師古曰：「依違，不決之意也。惟，思也。」

〔八〕李奇曰：「改元封七年爲太初元年。」

〔九〕師古曰：「姓射，名姓也。」

〔一〇〕應劭曰：「躔，徑也。離，遠也。」臣瓚曰：「案離，歷也，日月之所歷也。」鄧展曰：「日月躔歷度次。」

〔一一〕孟康曰：「言復得者，上元泰初時亦是閼逢之歲。歲在甲曰閼逢，在寅曰攝提格，此爲甲寅之歲也。」師古曰：「中讀曰仲。」

〔一二〕李奇曰：「古以建星爲宿，今以牽牛爲宿。」孟康曰：「建星在牽牛間。」晉灼曰：「賈逵論太初曆冬至日在牽牛初者，牽牛中星也。古曆皆在建星。建星卽斗星也。太初曆四分法在斗二十六度。史官舊法，冬夏至常不及太初曆五度。四分法在斗二十一度，與行事候法天度相應。」

〔一三〕師古曰：「姓卽射姓也。」

〔一四〕師古曰：「可者司馬之名也。宜君亦候之名也。候，官號也。故曰東南一尉，西北一候。」

〔一五〕晉灼曰：「三人姓名也。史記曆書『唐都分天部，而巴郡落下閎運算推曆』。」師古曰：「姓唐，名都，方術之士也。姓落下，名閎，巴郡人也。都與閎凡二人，言三人，非也。與讀曰豫。」

〔一六〕孟康曰：「謂分部二十八宿爲距度。」

〔一七〕孟康曰：「黃鐘律長九寸，圍九分，以圍乘長，得積八十一寸也。」

〔一八〕師古曰：「復音扶目反。」

〔一九〕孟康曰：「謂太初上元甲子夜半朔旦冬至時，七曜皆會聚斗、牽牛分度，夜盡如合璧連珠也。」師古曰：「言其應候不差也。」

後二十七年，元鳳三年，太史令張壽王上書言：「曆者天地之大紀，上帝所爲。傳黃帝調律曆，漢元年以來用之。今陰陽不調，宜更曆之過也。」〔一〕詔下主曆使者鮮于妄人詰問，壽王不服。妄人請與治曆大司農中丞麻光等二十餘人雜候日月晦朔弦望、八節二十四氣，鈞校諸曆用狀。奏可。詔與丞相、御史、大將軍、右將軍史各一人雜候上林清臺，課諸曆疏密，凡十一家。以元鳳三年十一月朔旦冬至，盡五年十二月，各有第。壽王課疏遠。案漢元年不用黃帝調曆，壽王非漢曆，逆天道，非所宜言，大不敬。有詔勿劾。復候，盡六年。太初曆第一，即墨徐萬且、長安徐禹治太初曆亦第一。〔二〕壽王及待詔李信治黃帝調曆，課皆疏闊，又言黃帝至元鳳三年六千餘歲。丞相屬寶、長安單安國、安陵桮育治終始，〔三〕言黃帝以來三千六百二十九歲，不與壽王合。壽王又移帝王錄，舜、禹年歲不合人年。壽王言化益爲天子代禹，〔四〕驪山女亦爲天子，在殷周間，皆不合經術。壽王曆乃太史官殷曆也。壽王猥曰安得五家曆，〔五〕又妄言太初曆虧四分日之三，去小餘七百五分，以故陰陽不調，謂之亂世。劾壽王吏八百石，古之大夫，服儒衣，誦不詳之辭，作袄言欲亂制度，不道。奏可。壽王候課，比三年下，〔六〕終不服。再劾死，更赦勿劾，〔七〕遂不更言，誹謗益甚，竟以下吏。故曆本之驗在於天，自漢曆初起，盡元鳳六年，三十六歲，而是非堅定。

〔一〕師古曰：「更，改也。」
〔二〕師古曰：「且音子余反。」
〔三〕蘇林曰：「梧音布回反。」師古曰：「姓梧，名育也。單音善。」
〔四〕師古曰：「化益即伯益。」
〔五〕師古曰：「猥，曲也。」
〔六〕師古曰：「比，頻也。下，下獄也，音胡稼反。」
〔七〕師古曰：「更，經也，音工衡反。」

至孝成世，劉向總六曆，列是非，作五紀論。向子歆究其微眇，〔一〕作三統曆及譜以說春秋，推法密要，故述焉。〔二〕

〔一〕師古曰：「眇，細也，音莫小反，又讀曰妙。他皆類此。」
〔二〕師古曰：「自此以下，皆班氏所述劉歆之說也。」

夫曆春秋者，天時也，列人事而（目）〔因〕以天時。傳曰：「民受天地之中以生，所謂命也。〔一〕是故有禮誼動作威儀之則以定命也，能者養以之福，不能者敗以取禍。」〔二〕故列十二公二百四十二年之事，以陰陽之中制其禮。故春為陽中，萬物以生；秋為陰中，萬物以成。是以事舉其中，禮取其和，曆數以閏正天地之中，以作事厚生，皆所以定命也。易金火相革之卦曰「湯武革命，順乎天而應乎人」，〔三〕又曰「治曆明時」，〔四〕所以和人道也。

〔一〕師古曰：「此春秋左氏傳周大夫劉康公之言也。中謂中和之氣也。」
〔二〕師古曰：「之，往也，往就福也。自此以上，皆劉康公辭。」
〔三〕師古曰：「離下兌上，故云金火相革。此革卦象辭。」
〔四〕師古曰：「此革卦象辭。」

周道既衰，幽王既喪，天子不能班朔，魯曆不正，以閏餘一之歲爲蔀首。〔一〕故春秋刺「十一月乙亥朔，日有食之」。於是辰在申，〔二〕而司曆以爲在建戌，史書建亥。哀十二年，亦以建申流火之月爲建亥，〔三〕而怪蟄蟲之不伏也。自文公閏月不告朔，至此百有餘年，莫能正曆數。故子貢欲去其餼羊，孔子愛其禮，〔四〕而著其法於春秋。經曰：「冬十月朔，日有食之。」傳曰：「不書日，官失之也。天子有日官，諸侯有日御，日官居卿以底日，禮也。〔五〕日御不失日以授百官於朝。」言告朔也。〔六〕元典曆始曰元。傳曰：「元，善之長也。」共養三德爲善。〔七〕又曰：「元，體之長也。」合三體而爲之原，故曰元。於春三月，每月書王，元之三統也。三統合於一元，故因元一而九三之以爲法，〔八〕十一三之以爲實。〔九〕實如法得一。黃鐘初九，律之首，陽之變也。因而六之，以九爲法，得林鐘〔一〇〕初六，呂之首，陰之變也。皆參天兩地之法也。〔一一〕上生六而倍之，下生六而損之，皆以九爲法。九六，陰陽夫婦子母之道也。〔二〕律娶妻〔三〕而呂生子，〔四〕天地之情也。六律六呂，而十二辰立矣。五聲清濁，而十日行矣。〔五〕傳曰「天六地五」，數之常也。天有六氣，〔六〕降生五味。〔七〕夫五六者，天地之中合，〔八〕而民所受以生也。故日有六甲，辰有五子，〔九〕十一而天地之道畢，言終而復始。太極中央元氣，故爲黃鐘，其實一龠，以其長自乘，故八十一爲日法，所以生權衡度量，禮樂之所繇出也。〔一〇〕經元一以統始，易太極之首也。春秋二以目歲，〔一一〕易兩儀之中也。於春每月書王，易三極之統也。於四時雖亡事必書時月，易四象之節也。時月以建分至啓閉之分，易八卦之位也。〔一二〕象事成敗，易吉凶之效也。朝聘會盟，易大業之本也。故易與春秋，天人之道也。傳曰：「龜，象也。筮，數也。物生而後有象，象而後有滋，滋而後有數。」〔一三〕

〔一〕孟康曰：「當以閏盡歲爲蔀首，今失正，未盡一歲便以爲蔀首也。」師古曰：「蔀音剖，又音部。」

〔二〕孟康曰：「辰謂斗建。」臣瓚曰：「日月之會爲辰。」師古曰：「事在襄二十七年。」

〔三〕張晏曰：「周之十二月，夏之十月也。再失閏，當爲八月建酉，而云建申，誤也。仲尼曰：『火猶西流，司曆過也。』劉歆徙以詩『七月流火』爲喻，不知八月火猶西流也。」

〔四〕師古曰：「餼，生牲也。禮，人君每月告朔於廟，有祭事，故用牲。子貢見其禮廢而欲去其羊，孔子曰：『賜也，汝愛其羊，我愛其禮。』事見論語。」

〔五〕蘇林曰：「厎，致也。」師古曰：「音之履反。」

〔六〕師古曰：「劉家本有此語。」

〔七〕孟康曰：「謂三統之微氣也，當施育萬物，故謂之德。」師古曰：「共讀曰供。」

〔八〕孟康曰：「辰有十二，其三爲天地人之統。老子曰『三生萬物』，是以餘九。辰得三氣，乃能施化。故每辰者，以三統之數乘之，是謂九三之法，得積萬九千六百八十三。」

〔九〕孟康曰：「以子數一乘丑三，餘次辰，亦每三乘之，周十一辰，得十七萬七千一百四十七。」

〔一〇〕孟康曰：「以六乘黃鐘之九，得五十四。」

〔一一〕孟康曰：「三三而九，二三而六，參兩之義也。」

〔一二〕孟康曰：「異類爲子母，謂黃鐘生林鐘也。同類爲夫婦，謂黃鐘以大呂爲妻也。」

〔一三〕如淳曰：「黃鐘生林鐘。」

〔一四〕如淳曰：「林鐘生太族。」

〔一五〕李奇曰：「聲一清一濁，合爲二，五聲凡十，合於十日，從甲至癸也。」孟康曰：「謂東方甲乙、南方丙丁之屬，分在五方，故五聲屬焉。」

〔一六〕張晏曰：「六氣，陰、陽、風、雨、晦、明也。」

〔一七〕孟康曰：「月令五方之味，酸鹹是也。」

〔一八〕孟康曰：「天陽數奇，一三五七九，五在其中。地陰數耦，二四六八十，六在其中。故曰天地之中合。」

〔一九〕孟康曰：「六甲之中唯甲寅無子，故有五子。」

〔二〇〕師古曰：「繇讀與由同。」

〔二一〕鄧展曰：「春秋則爲二矣。」孟康曰：「春爲陽中，萬物以生；秋爲陰中，萬物以成。舉春秋以目一歲。」

〔二〕張晏曰：「二至、二分、立春、立夏、立秋、立冬。」
〔三〕師古曰：「左氏傳載韓簡之言也。物生則有象，有象而滋益，滋益乃數起。龜以象告吉凶，筮以數示禍福。」

是故元始有象一也，春秋二也，三統三也，四時四也，合而爲十，成五體。以五乘十，大衍之數也，而道據其一，其餘四十九，所當用也，故蓍以爲數。以象兩兩之，又以象三三之，又以象四四之，又歸奇象閏十九〔一〕及所據一加之，因以再扐兩之，〔二〕是爲月法之實。如日法得一，則一月之日數也，而三辰之會交矣，是以能生吉凶。〔三〕故易曰：「天一地二，天三地四，天五地六，天七地八，天九地十。天數五，地數五，五位相得而各有合。天數二十有五，地數三十，凡天地之數五十有五，此所以成變化而行鬼神也。」〔四〕并終數爲十九，易窮則變，故爲閏法。〔五〕參天九，兩地十，是爲會數。參天數二十五，兩地數三十，是爲朔望之會。以會數乘之，則周於朔旦冬至，是爲會月。〔六〕九會而復元，〔七〕黃鐘初九之數也。經於四時，雖亡事必書時月。時所以記啓閉也，月所以紀分至也。啓閉者，節也。分至者，中也。節不必在其月，故時中必在正數之月。故傳曰：「先王之正時也，履端於始，舉正於中，歸餘於終。履端於始，序則不愆；舉正於中，民則不惑；歸餘於終，事則不誖。」〔八〕此聖王之重閏也。以五位乘會數，而朔旦冬至，是爲章月。四分月法，以其一乘章月，是爲中法。參閏法爲周至，以乘月法，以減中法而約之，則〔六〕〔七〕扐之數，爲一月之閏法，其餘七分。此中朔相求之術也。朔不得中，是謂閏月，言陰陽雖交，不得中不生。故日法乘閏法，是爲統歲。三統，是爲元歲。元歲之閏，陰陽災，三統閏法。易九戹曰：初入元，百六，陽九；次三百七十四，陰九；〔九〕次四百八十，陽九；〔一〇〕次七百二十，陰七；〔一一〕次七百二十，陽七；〔一二〕次六百，陰五；次六百，陽五；〔一三〕次四百八十，陰三；次四百八十，陽三。〔一四〕凡四千六百一十七歲，與一元終。經歲四千五百六十，災歲五十七。〔一五〕是以春秋曰：「舉正於中。」又曰：「閏月不告朔，非禮也。閏以正時，時以作事，事以厚生，〔一六〕生民之道於是乎在矣。不告閏朔，棄時正也，何以爲民？」〔一七〕故善僖「五年春王正月辛亥朔，日南至，公既視朔，遂登觀臺以望，而書，禮也。凡分至啓閉，必書雲物，爲備故也」。至昭二十年二月己丑，日南至，失閏，至在非其月。梓慎望氛氣而弗正，不履端於始也。故傳不曰冬至，而曰日南至。極於牽牛之初，日中之時景最長，以此知其南至也。斗綱之端連貫營室，織女之紀指牽牛之初，以紀日月，故曰星紀。五星起其初，日月起其中，凡十二次。日至其初爲節，至其中斗建下爲十二辰。視其建而知其次。故曰「制禮上物，不過十二，天之大數也」。經曰春王正月，傳曰周正月「火出，於夏爲三月，商爲四月，周爲五月。夏數得天」，〔一八〕得四時之正也。三代各據一統，明三統常合，而迭爲首，〔一九〕登降三統之首，周還五行之道也。〔二〇〕故三五相包而生。天統之正，始施於子半，〔二一〕日萌色赤。地統受之於丑初，日肇化而黃，至丑半，日牙化而白。人統受之於寅初，日孽成而黑，至寅半，日生成而青。天施復於子，地化自丑畢於辰，〔三〕人生自寅成於申。〔三〕故曆數三統，天以甲子，〔三〕地以甲辰，〔三〕人以甲申。〔三〕孟仲季迭用事爲統首。三微之統既著，而五行自青始，其序亦如之。五行與三統相錯。傳曰「天有三辰，地有五行」，然則三統五星可知也。易曰：「參五以變，錯綜其數。通其變，遂成天下之文；極其數，遂定天下之象。」〔三〕太極運三辰五星於上，而元氣轉三統五行於下。其於人，皇極統三德五事。故三辰之合於三統也，日合於天統，月合於地統，斗合於人統。五星之合於五行，水合於辰星，火合於熒惑，金合於太白，木合於歲星，土合於塡星。三辰五星而相經緯也。天以一生水，地以二生火，天以三生木，地以四生金，天以五生土。五勝相乘，以生小周，以乘乾坤之策，而成大周。陰陽比類，交錯相成，故九六之變登降於六體。三微而成著，三著而成象，二象十有八變而成卦，四營而成易，爲七十二，參三統兩四時相乘之數也。參之則得乾之策，兩之則得坤之策。〔三〕以陽九九之，爲六百四十八，以陰六六之，爲四百三十二，凡一千八十，陰陽各一卦之微算策也。八之，爲八千六百四十，而八卦小成。引而信之，〔三〕又八之，爲六萬九千一百二十，天地再之，爲十三萬八千二百四十，然後大成。五星會終，觸類而長之，以乘章歲，爲二百六十二萬六千五百六十，而與日月會。三會爲七百八十七萬九千六百八十，而與三統會。三統二千三百六十三萬九千四十，而復於太極上元。九章歲而六之爲法，太極上元爲實，實如法得一，陰〔一〕陽各萬一千五百二十，當萬物氣體之數，天下之能事畢矣。

〔一〕孟康曰：「歲有閏分七，分滿十九，則爲閏也。」師古曰：「奇音居宜反。」
〔二〕師古曰：「扐音勒。」
〔三〕孟康曰：「三辰，日月星也。軌道相錯，故有交會。交會卽陰陽有干陵勝負，故生吉凶也。」
〔四〕師古曰：「皆上繫之辭。」
〔五〕孟康曰：「天終數九，地終數十。窮，終也，言閏亦日之窮餘，故取二終之數以爲義。」
〔六〕孟康曰：「會月，二十七章之月數也，得朔旦冬至日與歲復。」
〔七〕孟康曰：「謂四千六百一十七歲之月數也，所謂元月。」
〔八〕師古曰：「自此以上，左氏傳之辭也。履端於始，謂步曆之始，以爲術之端首也。舉正於中，謂分一朞爲十二月，舉中氣以正月也。歸餘於終，謂有餘日，則歸於終，積而成閏也。誖，乖也，音布內反。」
〔九〕孟康曰：「易傳也。所謂陽九之戹，百六之會者也。初入元百六歲有戹者，則前元之餘氣也，若餘分爲閏也。易爻有九六七八，百六與三百七十四，六乘八之數也，六八四十八，合爲四百八十歲也。」
〔10〕孟康曰：「亦六乘八之數也，於易爻六有變，故再數也。」如淳曰：「六八四十八，爲四百八十歲，有九年旱。」
〔11〕孟康曰：「〔亦〕九乘八之數也。八九七十二，爲七百二十歲。」
〔12〕孟康曰：「亦九乘八之數也。於易爻九變，故再數也。」如淳曰：「八十歲紀一甲子冬至。以八乘九，八九七十二，故七百二十歲，乃有災也。」

〔一三〕孟康曰：「七八爻乘八之數也。七乘八得五百六十歲，八乘八得六百四十歲，合千二百歲也。於易爻七八不變，氣不通，故合而數之，各得六百歲也。」如淳曰：「爻有七八，八八六十四，七八五十六，二爻之數，合千二百。滿純陰七八不變，故通其氣，使各六百歲，乃有災。」

〔一四〕孟康曰：「此六乘八之數也。六既有變，又陰爻也，陽奇陰偶，故九再數，而六四數，七八不變，又無偶，各一數。一元之中，有五陽四陰，陽旱陰水，九七五三，皆陽數也，故曰陽九之戹。」如淳曰：「九六者，陽奇陰偶。偶，故重出，覆取上六八四十八，故同四百八十歲。正以九七五三爲災者，從天奇數也。易天之數曰：『立天之道，曰陰與陽。』繫天故取其奇爲災歲數。八十歲則甲子冬至，一甲子六十日，一歲三百六十日，八十歲，得四百八十甲子又五日。五八四十，爲四百日又四分日之一。八十歲有八十分，八十分爲二十日，凡四百八十日，得七十甲子。八十歲合四百八十七甲子，餘分皆盡，故八十歲則一甲子冬至也。」

〔一五〕孟康曰：「經歲，從百六終陽三也，得災歲五十七，合爲一元，四千六百一十七歲。」

〔一六〕師古曰：「言四時漸差，則置閏以正之，因順時而命事，事得其序，則年穀豐孰。」

〔一七〕師古曰：「自此以上，皆左氏傳之辭也。爲，治也。」

〔一八〕師古曰：「自此以上，左傳之辭。」

〔一九〕師古曰：「迭，互也，音大結反。此下亦同。」

〔二〇〕師古曰：「還讀曰旋。」

〔二一〕蘇林曰：「子之西，亥之東，其中間也。或曰於子半曰地統，受於丑初。」臣瓚曰：「謂分十二辰，各有上中下，冒半，謂在中也，又受於寅初，此謂上也。」

〔二二〕如淳曰：「地以十二月生萬物，三月乃畢。」

〔二三〕如淳曰：「人功自正月至七月乃畢。」

〔二四〕李奇曰：「夏正月朔日。」

〔二五〕韋昭曰：「殷正月朔日。」

〔二六〕李奇曰：「周正月朔日。」

〔二七〕師古曰：「易上繫之辭。」

〔二八〕蘇林曰：「策，數也。」

〔二九〕師古曰：「信讀曰伸。」

校勘記

九五五頁七行 百（餘）餘人，　景祐、殿、局本都不重「餘」字。

九五六頁一〇行 夫推曆生律〔七〕制器，　王先謙說「制器」二字上屬為句。

九五七頁一四行 [illegible]音（墨）蠡。　景祐本無「墨」字。

九五七頁一五行 蕩（降）〔滌〕人之邪意，　景祐、殿、局本都作「滌」。

九五九頁三行 取竹之解谷〔六〕生，其竅厚均者，〔七〕斷兩節間而吹之，　注〔六〕在「解谷」下，明孟康以「生」字連下文讀。陳浩說此於文義不順，當以「取竹之解谷生」為讀，「其竅均厚者」為句，於文始順。王先謙說句讀當如陳說，猶言解谷所生耳。

九五九頁九行　言陰大，旅助黃鐘(宮)〔宣〕氣而牙物也。　景祐、殿本都作「宣」。

九六〇頁九行　生而(孔外肉)〔肉孔外內〕厚薄自然均者，　據景祐、殿、局本改。

九六一頁六行　(該)〔閡〕，臧塞也。　景祐、殿本都作「閡」。　王先謙說作「閡」是。

九六三頁一五行　繇讀(爲)〔與〕由同。　景祐、殿本都作「與」。　王先謙說作「與」是。

九六五頁八行　日月初(纏)〔躔〕，　景祐、殿本都作「躔」，孟康注同。

九七〇頁七行　謂爲(鐘)〔錘〕之形如環也。　景祐、殿、局本都作「錘」。　王先謙說作「錘」是。

九七九頁二行　列人事而(目)〔因〕以天時。　殿本作「因」，景祐本作「固」。

九八三頁一五行　則(六)〔七〕扐之數，　錢大昕說「六」當作「七」。

九八六頁一行　實如法得一，陰(一)陽各萬一千五百二十，　張文虎說「實如法得一」當絕句，算家常語，淺人誤以「一陰」連屬，遂又於「陽」上亦增「一」字。

九八六頁一五行　〔亦〕九乘八之數也。　「亦」字據景祐、殿本補。

漢書卷二十一下

律曆志第一下

統母

日法八十一。〔一〕元始黄鐘初九自乘，一龠之數，得日法。

〔一〕孟康曰：「分一日爲八十一分，爲三統之本母也。」

閏法十九，因爲章歲。合天地終數，得閏法。

統法千五百三十九。以閏法乘日法，得統法。

元法四千六百一十七。參統法，得元法。

會數四十七。參天九，兩地十，得會數。

章月二百三十五。五位乘會數，得章月。

月法二千三百九十二。推大衍象，得月法。

通法五百九十八。四分月法，得通法。

中法十四萬五百三十。以章月乘通法，得中法。

周天五十六萬二千一百二十。以章月乘月法，得周天。

歲中十二。以三統乘四時，得歲中。

月周二百五十四。以章月加閏法，得月周。

朔望之會百三十五。參天數二十五，兩地數三十，得朔望之會。

會月六千三百四十五。以會數乘朔望之會，得會月。

統月萬九千三十五。參會月，得統月。

元月五萬七千一百五。參統月，得元月。

章中二百二十八。以閏法乘歲中，得章中。

統中萬八千四百六十八。以日法乘章中，得統中。

元中五萬五千四百四。參統中，得元中。

策餘八千八十。什乘元中，以減周天，得策餘。

周至五十七。參閏法，得周至。

（統）〔紀〕母。

木金相乘爲十二，是爲歲星小周。小周乘巛策，爲千七百二十八，是爲歲星歲數。

見中分二萬七百三十六。
積中十三，中餘百五十七。
見中法千五百八十三。見數也。
見閏分萬二千九十六。
積月十三，月餘萬五千七十九。
見月法三萬七十七。
見中日法七百三十萬八千七百一十一。
見月日法二百四十三萬六千二百三十七。
金火相乘爲八，又以火乘之爲十六而小復。小復乘乾策，爲三千四百五十六，是爲太白歲數。
見中分四萬一千四百七十二。
積中十九，中餘四百一十三。
見中法二千一百六十一。復數。
見閏分二萬四千一百九十二。
積月十九，月餘三萬二千三十九。

見月法四萬一千五十九。

晨中分二萬三千三百二十八。

積中十，中餘千七百一十八。（「十」一作「七」）

夕中分萬八千一百四十四。

積中八，中餘八百五十六。

晨閏分萬三千六百八。

積月十一，月餘五千一百九十一。

夕閏分萬五百八十四。

積月八，月餘二萬六千八百四十八。

見中日法九百九十七萬七千三百三十七。

見月日法三百三十二萬五千七百七十九。

土木相乘而合經緯爲三十，是爲鎭星小周。小周乘巛策，爲四千三百二十，是爲鎭星歲數。

見中分五萬一千八百四十。

積中十二，中餘千七百四十。

見中法四千一百七十五。見數也。
見閏分三萬二百四十。
積月十二，月餘六萬三千三百。
見月法七萬九千三百二十五。
見中日法千九百二十七萬五千九百七十五。
見月日法六百四十二萬五千三百二十五。
火經特成，故二歲而過初，三十二過初爲六十四歲而小周。小周乘巛策，則太陽大周，爲萬三千八百二十四歲，是爲熒惑歲數。
見中分十六萬五千八百八十八。
積中二十五，中餘四千一百六十三。
見中法六千四百六十九。見數也。
見閏分九萬六千七百六十八。
積月二十六，月餘五萬二千九百五十四。
見月法十二萬二千九百一十一。（「二千」一作「一千」）
見中日法二千九百八十六萬七千三百七十三。

見月日法九百九十五萬五千七百九十一。

水經特成，故一歲而及初，六十四及初而小復。小復乘巛策，則太陰大周，爲九千一百一十六歲，是爲辰星歲數。

見中分十一萬五百九十二。

積中三，中餘三萬二千四百六十九。

見中法二萬九千四十一。復數也。

見閏分六萬四千五百一十二。

積月三，月餘五十一萬四百二十三。

見月法五十五萬一千七百七十九。

晨中分六萬二千二百八。

積中二，中餘四千一百二十六。

夕中分四萬八千三百八十四。

積中一，中餘萬九千三百四十三。

晨閏分三萬六千二百八十八。

積月二，月餘十一萬四千六百八十二。

夕閏分二萬八千二百二十四。

積月一，月餘三十九萬五千七百四十一。

見中日法一億三千四百八萬二千二百九十七。

見月日法四千四百六十九萬四千九十九。

合太陰太陽之歲數而中分之，各萬一千五百二十。陽施其氣，陰成其物。

以星行率減歲數，餘則見數也。

東九西七乘歲數，并九七爲法，得一，金、水晨夕歲數。

以歲中乘歲數，是爲星見中分。

星見數，是爲見中法。

以歲閏乘歲數，是爲星見閏分。

以章歲乘見數，是爲見月法。

以元法乘見數，是爲見中日法。

以統法乘見數，是爲見月日法。

五步

木，晨始見，去日半次。順，日行十一分度二，百二十一日。始留，二十五日而旋。逆，日行七分度一，八十四日。復留，二十四日三分而旋。復順，日行十一分度二，百一十一日有百八十二萬八千三百六十二分而伏。凡見三百六十五日有百八十二萬八千三百六十五分，除逆，定行星三十度百六十六萬一千二百八十六分。凡見一歲，行一次而後伏。日行不盈十一分度一。伏三十三日三百三十三萬四千七百三十七分，行星三度百六十七萬三千四百五十一（一作「三」）分。一見，三百九十八日五百一十六萬三千一百二分，行星三十三度三百三十三萬四千七百三十七分。通其率，故曰日行千七百二十八分度之百四十五。

金，晨始見，去日半次。逆，日行二分度一，六日。始留，八日而旋。始順，日行四十六分度三十三，四十六日。順，疾，日行一度九十二分度十五，百八十四日而伏。凡見二百四十四日，除逆，定行星二百四十四度。伏，日行一度九十二分度三十三有奇。〔二〕伏八十三日，行星百一十三度四百三十六萬五千二百二十分。凡晨見、伏三百二十七日，行星三百五十七度四百三十六萬五千二百二十分。夕始見，去日半次。順，日行一度九十二分度十五，百八十一日百七分日四十五。順，遲，日行四十六分度三（一作「四」）十三，四十六日。始留，七日百七分日六十二分而旋。逆，日行二（一作「三」）分度一，六日而伏。凡見二百四十一日，除逆，定行星二百四十一度。伏，逆，日行八分度七有奇。伏十六（「一作六十」）日百二十九萬五千三百五十二分，行星十四度三百六萬九千八百六十八分。一凡夕見伏，二百五十七日百二十九萬五千三百五十二(一作「二」)分，行星二百二十六度六百九十萬七千四百六十九分。一復，五百八十四日百二十九萬五千三百五十二分。行星亦如之，故曰日行一度。

〔二〕師古曰：「奇音居宜反。下皆類此。」

土，晨始見，去日半次。順，日行十五分度一，八十七日，始留，三十四日而旋。逆，日行八十一分度五，百一日。復留，三十三日八十六萬二千四百五十五分而旋。復順，日行十五分度一，八十五日而伏。凡見三百四十日八十六萬二千四百五十五分，除逆，定(一多「餘」字)行星五度四百四十七萬三千九百三十分。伏，日行不盈十五分度三。(百)三十七日千七百一十七萬一百七十分，行星七度八百七十三萬六千五百七十分。一見，三百七十七日千八百三萬二千六百二十五分，行星十二度千三百二十一萬五百分。通其率，故曰日行四千三百二十分度之百四十五。

火，晨始見，去日半次。順，日行九十二分度五十三，二百七十六日，始留，十日而旋。逆，日行六十二分度十七，六十二日。復留，十日而旋。復順，日行九十二分度五十三，二百七十六日而伏。凡見六百三十四日，除逆，定行星三百一度。伏，日行不盈九十二分度七十三(分)，伏百四十六日千五百六十八萬九千七百分，行星百一十四度八百二十一萬八千五分。一見，七百八十日千五百六十八萬九千七百分，凡行星四百一十五度八百二十一萬八千五分。通其率，故曰日行萬三千八百二十四分度之七千三百五十五。

水，晨始見，去日半次。逆，日行二度，一日。始留，二日而旋。順，日行七分度六，（一多「十」字）七日。順，疾，日行一度三分度一，（一多「一」字）十八日而伏。凡見二十八日，除逆，定行星二十八度。伏，日行一度九分度七有奇，三十七日一億二千二百二萬九千六百五分，行星六十八度四千六百六十一萬一百二十八分。凡晨見、伏，六十五日一億二千二百二萬九千六百五分，行星九十六度四千六百六十一萬一百二十八分。夕始見，去日半次。順，疾，日行一度三分度一，十六日二分日一。順，遲，日行七分度六，七（一作「十」）日。留，一日二分日一而旋。逆，日行二度，一日而伏。凡見二十六日，除逆，定行星二十六度。伏，逆，日行十五分度四有奇，二十四日，行星六度五千八百六十六萬二千八百二十分。凡夕見伏，五十日，行星十九度七千五百四十一萬九千四百七十七分。一復，百一十五日一億二千二百二萬九千六百五分。行星亦如之，故曰日行一度。

統術

推日月元統，置太極上元以來，外所求年，盈元法除之，餘不盈統者，則天統甲子以來年數也。盈統，除之，餘則地統甲辰以來年數也。又盈統，除之，餘則人統甲申以來年數也。各以其統首日爲紀。

推天正，以章月乘（人）〔入〕統歲數，盈章歲得一，名曰積月，不盈者名曰閏餘。閏餘十二以上，歲有閏。求地正，加積月一；求人正，加二。

推正月朔，以月法乘積月，盈日法得一，名曰積日，不盈者名曰小餘。小餘三十八以上，其月大。積日盈六十，除之，不盈者名曰大餘。數從統首日起，算外，則朔日也。求其次月，加大餘二十九，小餘四十三。小餘盈日法得一，從大餘，數除如法。求弦，加大餘七，小餘三十一。求望，倍弦。

推閏餘所在，以十二乘閏餘，加（十）〔七〕得一。盈章中，數所得，起冬至，算外，則中至終閏盈。中氣在朔若二日，則前月閏也。

推冬至，以（算）〔策〕餘乘（人）〔入〕統歲數，盈統法得一，名曰大餘，不盈者名曰小餘。除數如法，則所求冬至日也。

求八節，加大餘四十五，小餘千一（百）〔十〕。求二十四氣，三其小餘，加大餘十五，小餘千一十。

推中部二十四氣，皆以元爲法。

推五行，其四行各七十三日，統(歲)〔法〕分之七十七。中央各十八日，統法分之四百四。冬至後，中央二十七日六百六分。

推合晨所在星，置積日，以統法乘之，以十九乘小餘而并之。盈周天，除去之；不盈者，令盈統法得一度。數起牽牛，算外，則合晨所入星度也。

推其日夜半所在星，以章歲乘月小餘，以減合晨度。小餘不足者，破全度。

推其月夜半所在星，以月周乘月小餘，盈統法得一度，以減合晨度。

推諸加時，以十二乘小餘爲實，各盈分母爲法，數起於子，算外，則所加辰也。

推月食，置會餘歲積月，以二十三乘之，盈百三十五，除之。不盈者，加二十三得一月，盈百三十五，數所得，起其正，算外，則食月也。加時，在望日衝辰。

紀術

推五星見復，置太極上元以來，盡所求年，乘大統見復數，盈歲數得一，則定見復數也。不盈者名曰見復餘。見復餘盈其見復數，一以上見在往年，倍一以上，又在前往年，不盈者在今年也。

推星所(一多「在」字)見中次，以見中分乘定見復數，盈見中法得一，則積中(法)也。不盈者名曰中餘。以元中除積中，餘則中元餘也。以章中除之，餘則入章中數也。以十二除之，餘則星見中次也。中數從冬至起，次數從星紀起，算外，則星所見中次也。

推星見月，以閏分乘定見〔復數〕，以章歲乘中餘從之，盈見月法得一，并積中，則積月也。不盈者名曰月(中)餘。以元月除積月餘，名曰月元餘。以章月除月元餘，則入章月數也。以十二除之，至有閏之歲，除十三入章。三歲一閏，六歲二閏，九歲三閏，十一歲四閏，十四歲五閏，十七歲六閏，十九歲七閏。不盈者數起於天正，算外，則星所見月也。

推至日，以中法乘中元餘，盈元法得一，名曰積日，不盈者名曰小餘。小餘盈二千五百九十七以上，中大。數除積日如法，算外，則冬至也。

推朔日，以月法乘月元餘，盈日法得一，名曰積日，餘名曰小餘。小餘三十八以上，月大。數除積日如法，算外，則星見月朔日也。

推入中次日度數，以中法乘中餘，以見中法乘其小餘并之，盈見中日法得一，則入中日入次度數也。中(次)〔以〕至日數，次以次初數，算外，則星所見及日所在度數也。求夕，在日後十五度。

推入月日數，以月法乘月餘，以見月法乘其小餘并之，盈見月日法得一，則入月日數也。并之大餘，數除如法，則見日也。

推後見中，加積中於中元餘，加後〔中〕餘於中餘，盈其法得一，從中元餘，〔除〕數如法，則〔後〕見〔中〕也。

推後見月，加積月於月元餘，加後月餘於月餘，盈其法得一，從月元餘，除數如法，則後見月也。

推至日及入中次度數，如上法。

推朔日及入月數，如上法。

推晨見加夕，夕見加晨，皆如上法。

推五步，置始見以來日數，至所求日，各以其行度數乘之。其星若日有分者，分子乘全爲實，分母爲法。其兩有分者，分母分度數乘全，分子從之，令相乘爲實，分母相乘爲法，實如法得一，名曰積度。數起星初見（星宿）所在宿度，算外，則星所在宿度也。

歲術

推歲所在，置上元以來，外所求年，盈歲數，除去之，不盈者以百四十五乘之，以百四十四爲法，如法得一，名曰積次，不盈者名曰次餘。積次盈十二，除去之，不盈者名曰定次。數從星紀起，算盡之外，則所在次也。欲知太歲，以六十除（餘）積次，餘不盈者，數從丙子起，算盡之外，則太歲日也。

嬴縮。傳曰：「歲棄其次而旅於明年之次，以害鳥帑，〔一〕周楚惡之。」五星之（盈）〔嬴〕縮不是過也。過次者殃大，過舍者災小，不過者亡咎。次度。六物者，歲時（數）日月星辰也。辰者，日月之會而建所指也。

〔一〕師古曰：「帑與奴同。」

星紀，初斗十二度，大雪。中牽牛初，冬至。於夏爲十一月，商爲十二月，周爲正月。終於婺女七度。

玄枵，初婺女八度，小寒。中危初，大寒。於夏爲十二月，商爲正月，周爲二月。終於危十五度。

諏訾，初危十六度，立春。中營室十四度，驚蟄。今曰雨水，於夏爲正月，商爲二月，周爲三月。終於奎四度。

降婁，初奎五度，雨水。今曰驚蟄。中婁四度，春分。於夏爲二月，商爲三月，周爲四月。終於胃六度。

大梁，初胃七度，穀雨。今曰清明。中昴八度，清明。今曰穀雨，於夏爲三月，商爲四月，周爲五月。終於畢十一度。

度。

實沈，初畢十二度，立夏。中井初，小滿。於夏爲四月，商爲五月，周爲六月。終於井十五度。

鶉首，初井十六度，芒種。中井三十一度，夏至。於夏爲五月，商爲六月，周爲七月。終於柳八度。

鶉火，初柳九度，小暑。中張三度，大暑。於夏爲六月，商爲七月，周爲八月。終於張十七度。

鶉尾，初張十八度，立秋。中翼十五度，處暑。於夏爲七月，商爲八月，周爲九月。終於軫十一度。

壽星，初軫十二度，白露。中角十度，秋分。於夏爲八月，商爲九月，周爲十月。終於氐四度。

大火，初氐五度，寒露。中房五度，霜降。於夏爲九月，商爲十月，周爲十一月。終於尾九度。

析木，初尾十度，立冬。中箕七度，小雪。於夏爲十月，商爲十一月，周爲十二月。終於斗十一度。

角十二。亢九。氐十五。房五。心五。尾十八。

箕十一。

東七十五度。

斗二十六。　牛八。　女十二。　虛十。　危十七。　營室十六。　壁九。

北九十八度。

奎十六。　婁十二。　胃十四。　昴十一。　畢十六。　觜二。　參九。

西八十度。

井三十三。　鬼四。　柳十五。　星七。　張十八。　翼十八。　軫十七。

南百一十二度。

九章歲爲百七十一歲，而九道小終。九終千五百三十九歲而大終。三終而與元終。進退於牽牛之前四度五分。九會。陽以九終，故日有九道。陰兼而成之，故月有十九道。陽名成功，故九會而終。四營而成易，故四歲中餘一，四章而朔餘一，爲篇首，八十一章而終一統。

一，甲子元首。漢太初元年。　十，辛酉。　十九，己未。　二十八，丁巳。　三十七，乙卯。　四十六，壬子。　五十五，庚戌。　六十四，戊申。　七十三，丙午，中。
　甲辰二統。　辛丑。　己亥。　丁酉。　乙未。　壬辰。　庚寅。　戊子。　丙戌，
季。
　甲申三統。　辛巳。　己卯。　丁丑。|文王四十二年。　乙亥。|微二十六年。　壬申。
庚午。　戊辰。　丙寅，孟。|懋二十二年。
　二，癸卯。　十一，辛丑。　二十，己亥。　二十九，丁酉。　（二）〔三〕十八，甲午。
四十七，壬辰。　五十六，庚寅。　六十五，戊子。　七十四，乙酉，中。
　癸未。　辛巳。　己卯。　丁丑。　甲戌。　壬申。　庚午。　戊辰。　乙丑，季。
　癸亥。　辛酉。　己未。　丁巳。|周公五年。　甲寅。　壬子。　庚戌。　戊申|元四
年。　乙巳，孟。
　三，癸未。　十二，辛巳。　二十一，己卯。　三十，丙子。　三十九，甲戌。　四十
八，壬申。　五十七，庚子。　六十六，丁卯。　七十五，乙丑，中。
　癸亥。　辛酉。　己未。　丙辰。　甲寅。　壬子。　庚戌。　丁未。　乙巳，季。
　癸卯。　辛丑。　己亥。　丙申。　甲午。　壬辰。　庚寅。|成十二年。　丁亥。
乙酉，孟。

四，癸亥。初元二年。　十三，辛酉。　二十二，戊午。　三十一，丙辰。　四十，甲寅。
四十九，壬子。　五十八，己酉。　六十七，丁未。　七十六，乙巳，中。
癸卯。　辛丑。　戊戌。　丙申。　甲午。　壬辰。　己丑。　丁亥。　乙酉，季。
癸未。　辛巳。　戊寅。　丙子。　甲戌。　壬申。惠三十八年。　己巳。　丁卯。
乙丑，孟。
五，癸卯。河平元年。　十四，庚子。　二十三，戊戌。　三十二，丙申。　四十一，甲
午。　五十，辛卯。　五十九，己丑。　六十八，丁亥。　七十七，乙酉，中。
癸未。　庚辰。　戊寅。　丙子。　甲戌。　辛未。　己巳。　丁卯。　乙丑，季。
商太甲元年。
癸亥。　庚申。　戊午。　丙辰。　甲寅。獻十五年。　辛亥。　己酉。　丁未。
乙巳，孟。楚元三年。
六，壬午。　十五，庚辰。　二十四，戊寅。　三十三，丙子。　四十二，癸酉。　五
十一，辛未。　六十，己巳。　六十九，丁卯。　七十八，甲子，中。
壬戌。　庚申。　戊午。　丙辰。　癸丑。　辛亥。　己酉。　丁未。　甲辰，季。
壬寅。　庚子。　戊戌。　丙申。煬二十四年。　癸巳。　辛卯。　己丑。　丁亥。

康四年。　甲申，孟。

七，壬戌。　始建國三年。　十六，庚申。　二十五，戊午。　三十四，乙卯。　四十三，癸丑。　五十二，辛亥。　六十一，己酉。　七十，丙午。　七十九，甲辰，中。

壬寅。　庚子。　戊戌。　乙未。　癸巳。　辛卯。　己丑。　丙戌。　甲申，季。

壬午。　庚辰。　戊寅。　乙亥。　癸酉。　辛未。　己巳。　定七年。　丙寅。　甲子，孟。

八，壬寅。　十七，庚子。　二十六，丁酉。　三十五，乙未。　四十四，癸巳。　五十三，辛卯。　六十二，戊子。　七十一，丙戌。　八十，甲申，中。

壬午。　庚辰。　丁丑。　乙亥。　癸酉。　辛未。　戊辰。　丙寅。　甲子，季。

壬戌。　庚申。　丁巳。　乙卯。　癸丑。　辛亥。　信五年。　戊申。　丙午。　甲辰，孟。

九，壬午。　十八，己卯。　二十七，丁丑。　三十六，乙亥。　四十五，癸酉。　五十四，庚午。　六十三，戊辰。　七十二，丙寅。　八十一，甲子，中。

壬戌。　己未。　丁巳。　乙卯。　癸丑。　庚戌。　戊申。　丙午。　甲辰，季。

壬寅。　己亥。　丁酉。　乙未。　癸巳。　懿九年。　庚寅。　戊子。　丙戌。

甲申，孟。元朔六年。

推章首朔旦冬至日，置大餘三十九，小餘六十一，數除如法，各從其統首起。求其後章，當加大餘三十九，小餘六十一，各盡其八十一章。

推篇，大餘亦如之，小餘加一。求周至，加大餘五十九，小餘二十一。

世經

春秋昭公十七年「郯子來朝」，傳曰昭子問少昊氏鳥名何故，〔一〕對曰：「吾祖也，我知之矣。昔者，黃帝氏以雲紀，故爲雲師而雲名；炎帝氏以火紀，故爲火師而火名；共工氏以水紀，故爲水師而水名；〔二〕太昊氏以龍紀，故爲龍師而龍名。我高祖少昊（縶）〔摯〕之立也，鳳鳥適至，故紀於鳥，爲鳥師而鳥名。」言郯子據少昊受黃帝，黃帝受炎帝，炎帝受共工，共工受太昊，故先言黃帝，上及太昊。稽之於易，炮犧、神農、黃帝相繼之世可知。〔三〕

〔一〕師古曰：「郯，國名；子，其君之爵也。郯國即東海郯縣是也。朝，朝於魯也。昭子，魯大夫叔孫昭子也，名婼。」

〔二〕師古曰：「共讀曰龔。下皆類此。」

〔三〕師古曰：「炮與庖同也。」

太昊帝　易曰：「炮犧氏之王天下也。」言炮犧繼天而王，爲百王先，首德始於木，故爲帝太昊。作罔罟以田漁，取犧牲，〔一〕故天下號曰炮犧氏。祭典曰：「共工氏伯九域。」〔二〕言雖有水德，在火木之間，非其序也。任知刑以彊，故伯而不王。秦以水德，在周、漢木火之間。〔三〕周人䙴其行序，故易不載。〔四〕

〔一〕師古曰：「罟音古。」

〔二〕師古曰：「祭典，即禮經祭法也。伯讀與霸同。下亦類此。」

〔三〕師古曰：「志言秦爲閏位，亦猶共工不當五德之序。」

〔四〕鄧展曰：「䙴，去也，以其非次故去之。」師古曰：「此指謂共工也。䙴，古遷字。其下並同。」

炎帝　易曰：「炮犧氏沒，神農氏作。」言共工伯而不王，雖有水德，非其序也。以火承木，故爲炎帝。教民耕農，故天下號曰神農氏。

黃帝　易曰：「神農氏沒，黃帝氏作。」火生土，故爲土德。與炎帝之後戰於阪泉，遂王天下。始垂衣裳，有軒冕之服，〔一〕故天下號曰軒轅氏。

〔一〕鄧展曰：「凡冠，前卑後高，故曰軒冕也。」師古曰：「此說非也。軒，軒車也。冕，冕服也。春秋左氏傳曰『服冕乘軒』。」

少昊帝　考德曰少昊曰清。〔一〕清者，黃帝之子清陽也，是其子孫名摯立。土生金，故爲金德，天下號曰金天氏。周䙴其樂，故易不載，序於行。

〔一〕師古曰：「考德者，考五帝德之書也。」

顓頊帝　春秋外傳曰，少昊之衰，九黎亂德，顓頊受之，乃命重黎。蒼林昌意之子也。金生水，故爲水德。天下號曰高陽氏。周遷其樂，故易不載，序於行。

帝嚳　春秋外傳曰，顓頊之所建，帝嚳受之。清陽玄囂之孫也。〔水〕生木〔故〕，故爲木德。天下號曰高辛氏。帝摯繼之，不知世數。周遷其樂，故易不載。周人禘之。

唐帝　帝系曰，帝嚳四妃，陳豐生帝堯，封於唐。蓋高辛氏衰，天下歸之。木生火，故爲火德，天下號曰陶唐氏。讓天下於虞，使子朱處于丹淵爲諸侯。即位七十載。

虞帝　帝系曰，顓頊生窮蟬，五世而生瞽叟，瞽叟生帝舜，處虞之嬀汭，〔一〕堯嬗以天下。〔二〕火生土，故爲土德。天下號曰有虞氏。讓天下於禹，使子商均爲諸侯。即位五十載。

〔一〕師古曰：「嬀，水名也。水曲曰汭，音人銳反。」

〔二〕師古曰：「嬗，古禪讓字也。其下亦同。」

伯禹　帝系曰，顓頊五世而生鯀，鯀生禹，虞舜嬗以天下。土生金，故爲金德。天下號曰夏后氏。繼世十七王，四百三十二歲。

成湯　書經湯誓湯伐夏桀。金生水，故爲水德。天下號曰商，後曰殷。〔一〕

〔一〕孟康曰：「初契封商，湯居殷而受命，故二號。」

三統，上元至伐桀之歲，十四萬一千四百八十歲，歲在大火房五度，故傳曰：「大火，閼伯之星也，實紀商人。」後爲成湯，方即世崩沒之時，爲天子用事十三年矣。商十二月乙丑朔旦冬至，故書序曰：「成湯既沒，太甲元年，使伊尹作伊訓。」伊訓篇曰：「惟太甲元年十有二月乙丑朔，伊尹祀于先王，誕資有牧方明。」言雖有成湯、太丁、外丙之服，以冬至越茀祀先王于方明〔一〕以配上帝，是朔旦冬至之歲也。後九十五歲，商十二月甲申朔旦冬至，亡餘分，是爲孟統。自伐桀至武王伐紂，六百二十九歲，故傳曰殷「載祀六百」。

〔一〕如淳曰：「覲禮，諸侯覲天子，爲壇十有二尋，加方明于其上。」孟康曰：「方明者，神明之象也，以木爲之，方四尺，畫六采，東青，西白，南赤，北黑，上玄，下黃。」

殷曆曰，當成湯方即世用事十三年，十一月甲子朔旦冬至，終六府首。〔一〕當周公五年，則爲距伐桀四百五十八歲，少百七十一歲，不盈六百二十九。又以夏時乙丑爲甲子，計其年乃孟統後五章，癸亥朔旦冬至也。以爲甲子府首，皆非是。凡殷世繼嗣三十一王，六百二十九歲。

〔一〕師古曰：「府首即蔀首。」

四分，上元至伐桀十三萬二千一百一十三歲，其八十八紀，甲子府首，入伐桀後百二十七歲。

春秋曆，周文王四十二年十二月丁丑朔旦冬至，孟統之二會首也。後八歲而武王伐紂。

武王　書經牧誓武王伐商紂。水生木，故爲木德。天下號曰周室。

三統，上元至伐紂之歲，十四萬二千一百九歲，歲在鶉火張十三度。文王受命九年而崩，再期，在大祥而伐紂，故書序曰：「惟十有一年，武王伐紂，〔作〕太誓。」八百諸侯會。還歸二年，乃遂伐紂克殷，以箕子歸，十三年也。故書序曰：「武王克殷，以箕子歸，作洪範。」洪範篇曰：「惟十有三祀，王訪于箕子。」自文王受命而至此十三年，歲亦在鶉火，故傳曰：「歲在鶉火，則我有周之分壄也。」師初發，以殷十一月戊子，日在析木箕七度，故傳曰：「日在析木。」是夕也，月在房五度。房爲天駟，故傳曰：「月在天駟。」後三日得周正月辛卯朔，合辰在斗前一度，斗柄也，故傳曰：「辰在斗柄。」明日壬辰，晨星始見。〔一〕癸巳武王始發，丙午還師，戊午度于孟津。孟津去周九百里，師行三十里，故三十一日而度。明日己未冬至，晨星與婺女伏，歷建星及牽牛，至於婺女天黿之首，故傳曰：「星在天黿。」周書武成篇：「惟一月壬辰，旁死霸，〔二〕若翌日癸巳，武王乃朝步自周，于征伐紂。」序曰：「一月戊午，師度于孟津。」至庚申，二月朔日也。四日癸亥，至牧壄，夜陳，甲子昧爽而合矣。故外傳曰：「王以二月癸亥夜陳。」武成篇曰：「粵若來三月，既死霸，粵五日甲子，咸劉商王紂。」〔三〕是歲也，閏數餘十八，正大寒中，在周二月己丑晦。明日閏月庚寅朔。三月二日庚申驚蟄。四月己丑朔死霸。死霸，朔也。生霸，望也。是月甲辰望，乙巳，旁之。故武成篇曰：「惟四月既旁生霸，粵六日庚戌，武王燎于周廟。翌日辛亥，祀于天位。粵五日乙卯，乃以庶國祀馘于周廟。」〔四〕文王十五而生武王，受命九年而崩，崩後四年而武王克殷。克殷之歲八十六矣，後七歲而崩。故禮記文王世子曰：「文王九十七而終，武王九十三而終。」凡武王即位十一年，周公攝政五年，正月丁巳朔旦冬至，殷曆以爲六年戊午，距煬公七十六歲，入孟統二十九章首也。後二歲，得周公七年「復子明辟」之歲。是歲二月乙亥朔，庚寅望，後六日得乙未。故召誥曰：「惟二月既望，粵六日乙未。」又其三月甲辰朔，三日丙午。召誥曰：「惟三月丙午朏。」〔五〕古文月采篇曰「三日曰朏」。〔六〕是歲十二月戊辰晦，周公以反政。故洛誥篇曰：「戊辰，王在新邑，烝祭歲，命作策，惟周公誕保文武受命，惟七年。」

〔一〕師古曰：「晨，古晨字也。其字從臼。臼音居玉反。」

〔二〕孟康曰：「月二日以往，月〔生〕魄死（死），故言死魄。魄，月質也。」師古曰：「霸，古魄字同。」

〔三〕師古曰：「今文尚書之辭。劉，殺也。」

〔四〕師古曰：「亦今文尚書也。祀馘，獻于廟而告祀也。截耳曰馘，音居獲反。」

〔五〕孟康曰：「朏，月出也，音敷尾反。」

〔六〕師古曰：「月采說月之光采，其書則亡。」

成王元年正月己巳朔，此命伯禽俾侯于魯之歲也。〔一〕後三十年四月庚戌朔，十五日甲子哉生霸。〔二〕故顧命曰「惟四月哉生霸，王有疾不豫，甲子，王乃洮沬水」，作顧命。〔三〕翌日乙丑，成王崩。康王十二年六月戊辰朔，三日庚午，故畢命豐刑曰：「惟十(月)〔有〕二年六月庚午朏，王命作策豐刑。」〔四〕

〔一〕師古曰：「俾，使也。封之使爲諸侯。」

〔二〕師古曰：「哉，始也。」

〔三〕師古曰：「洮，盥手也。沬，洗面也。洮音徒高反。沬即𩑶字也，音呼內反。」

〔四〕孟康曰：「逸書篇名。」

春秋、殷曆皆以殷，魯自周昭王以下亡年數，故據周公、伯禽以下爲紀。魯公伯禽，推即位四十六年，至康王十六年而薨。故傳曰「燮父、禽父並事康王」，〔一〕言晉侯燮、魯公伯禽俱事康王也。子考公就立，酋。〔二〕考公，世家即位四年，及煬公熙立。〔三〕煬公二十四年正月丙申朔旦冬至，殷曆以爲丁酉，距微公七十六歲。〔四〕

〔一〕師古曰：「燮父，晉唐叔虞之子。禽父，即伯禽也。父讀曰甫。甫者，男子之美稱。」

〔二〕師古曰：「又記此酋者，諸說不同，而名字或異也。下皆放此。酋音在由反。」

〔三〕師古曰：「及者，兄弟相及，非子繼父也。下皆類此。」

〔四〕師古曰：「煬音弋向反。」

世家，煬公即位六十年，子幽公宰立。幽公，世家即位十四年，及微公弗立，濆。〔一〕微公二十六年正月乙亥朔旦冬至，殷曆以爲丙子，距獻公七十六歲。

〔一〕師古曰：「茀音弗。濆，古沸字。」

世家，微公即位五十年，子厲公翟立，擢。厲公，世家即位三十七年，及獻公具立。獻公十五年正月甲寅朔旦冬至，殷曆以爲乙卯，距懿公七十六歲。

世家，獻公即位五十年，子愼公執立，嗥。〔一〕愼公，世家即位三十年，及武公敖立。武公，世家即位二年，子懿公被立，戲。〔二〕懿公九年正月癸巳朔旦冬至，殷曆以爲甲午，距惠公七十六歲。

〔一〕師古曰：「嗥音皮祕反，又音吁器反。」

〔二〕師古曰：「戲音許宜反。」

世家，懿公即位九年，兄子柏御立。柏御，世家即位十一年，叔父孝公稱立。孝公，世家即位二十七年，子惠公皇立。惠公三十八年正月壬申朔旦冬至，殷曆以爲癸酉，距釐公七十六歲。〔一〕

〔一〕師古曰：「釐讀曰僖。下皆類此。」

世家，惠公即位四十六年，子隱公息立。

凡伯禽至春秋，三百八十六年。

春秋　隱公，春秋即位十一年，及桓公軌立。此元年上距伐紂四百歲。

桓公，春秋即位十八年，子莊公同立。

莊公，春秋即位三十二年，子愍公啓方立。

愍公，春秋即位二年，及釐公申立。釐公五年正月辛亥朔旦冬至，殷曆以爲壬子，距成公七十六歲。

是歲距上元十四萬二千五百七十七歲，得孟統五十三章首。故傳曰：「五年春王正月辛亥朔，日南至。」「八月甲午，晉侯圍上陽。」（章）〔童〕謠云：「丙子之辰，龍尾伏辰，袀服振振，取虢之旂。〔一〕鶉之賁賁，天策焞焞，火中成軍，虢公其奔。」〔二〕卜偃曰：「其九月十月之交乎？丙子旦，日在尾，月在策，鶉火中，必是時也。」冬十二月丙子滅虢。言曆者以夏時，故周十二月，夏十月也。是歲，歲在大火。故傳曰晉侯使寺人披伐蒲，重耳奔狄。〔三〕董因曰：「君之行，歲在大火。」〔四〕後十二年，釐之十六歲，歲在壽星。故傳曰重耳處狄十二年而行，過衞五鹿，乞食於壄人，壄人舉甴而與之。子犯曰：「天賜也，後十二年，必獲此土。歲復於壽星，必獲諸侯。」後八歲，釐之二十四年也，歲在實沈，秦伯納之。故傳曰董因云：「君以辰出，而以參入，必獲諸侯。」

〔一〕師古曰：「袀音均，又弋均反。振音之人反。」

〔二〕師古曰：「賁音奔。焞音徒門反，又土門反。」

〔三〕師古曰：「晉侯謂獻公也。寺人，奄人也，披其名也。蒲，晉邑也，公子重耳之所居。獻公用驪姬之譖，故令披伐之，而重耳懼罪出奔也。事見春秋左氏傳及國語。」

〔四〕師古曰：「董因，晉史也。本周太史辛有之後，以董主史官，故爲董氏，因其名也。」

春秋，釐公即位三十三年，子文公興立。文公元年，距辛亥朔旦冬至二十九歲。是歲閏餘十三，正小雪，閏當在十一月後，而在三月，故傳曰「非禮也」。後五年，閏餘十，是歲亡閏，而置閏。閏，所以正中朔也。亡閏而置閏，又不告朔，故經曰「閏月不告朔」，言亡此月也。傳曰：「不告朔，非禮也。」

春秋，文公即位十八年，子宣公倭立。〔一〕

〔一〕師古曰：「倭音於危反。」

宣公，春秋即位十八年，子成公黑肱立。成公十二年正月庚寅朔旦冬至，殷曆以爲辛卯，距定公七年七十六歲。

春秋，成公即位十八年，子襄公午立。襄公二十七年，距辛亥百九歲。九月乙亥朔，是建申之月也。魯史書：「十二月乙亥朔，日有食之。」傳曰：「冬十一月乙亥朔，日有食之，於是辰在申，司曆過也，再失閏矣。」言時實行以爲十一月也，不察其建，不考之於天也。二十八年距辛亥百一十歲，歲在星紀，故經曰：「春無冰。」傳曰：「歲在星紀，而淫於玄枵。」三十年歲在娵訾。三十一年歲在降婁。是歲距辛亥百一十三年，二月有癸未，上距文公十一年會于承匡之歲夏正月甲子朔凡四百四十有五甲子，奇二十日，爲日二萬六千六百有六旬。故傳曰絳縣老人曰：「臣生之歲，正月甲子朔，四百四十有五甲子矣。其季於今，三之一也。」師曠曰：「郤成子會于承匡之歲也，七十三年矣。」史趙曰：「亥有二首六身，下二如身，則其日數也。」〔一〕〔二〕士文伯曰：「然則二萬六千六百有六旬也。」

〔一〕孟康曰：「下二畫使就身也。」師古曰：「杜預云『亥字二畫在上，併三六爲身，如算之六也。下亥上二畫，竪置身旁』。」

春秋，襄公卽位三十一年，子昭公稠立。昭公八年歲在析木，十年歲在顓頊之虛，玄枵也。十八年距辛亥百三十一歲，五月有丙子、戊寅、壬午，火始昏見，宋、衞、陳、鄭火。二十年春王正月，距辛亥百三十三歲，是辛亥後八章首也。正月己丑朔旦冬至，失閏。故傳曰：「二月己丑，日南至。」三十二年，歲在星紀，距辛亥百四十五歲，盈一次矣。故傳曰：「越得歲，吳伐之，必受其咎。」

春秋，昭公卽位三十二年，及定公宋立。定公七年，正月己巳朔旦冬至，殷曆以爲庚午，距元公七十六歲。

春秋，定公即位十五年，子哀公（將）〔蔣〕立。哀公十二年冬十二月流火，非建戌之月也。是月也螽，故傳曰：「火伏而後蟄者畢，今火猶西流，司曆過也。」詩曰：「七月流火。」春秋，哀公即位二十七年。自春秋盡哀十四年，凡二百四十二年。

六國 春秋哀公後十三年遜于邾，子悼公曼立，寧。悼公，世家即位三十七年，子元公嘉立。元公四年正月戊申朔旦冬至，殷曆以爲己酉，距康公七十六歲。元公，世家即位二十一年，子穆公衍立，顯。穆公，世家即位三十三年，子恭公奮立。恭公，世家即位二十二年，子康公毛立。康公四年正月丁亥朔旦冬至，殷曆以爲戊子，距緡公七十六歲。〔一〕康公，世家即位九年，子景公偃立。景公，世家即位二十九年，子平公旅立。平公，世家即位二十年，子緡公賈立。緡公二十二年正月丙寅朔旦冬至，殷曆以爲丁卯，距楚元七十六歲。緡公，世家即位二十三年，子頃公讎立。頃公，表十八年，秦昭王之五十一年也，秦始滅周。周凡三十六王，八百六十七歲。

〔一〕師古曰：「緡讀與愍同。下皆類此。」

秦伯〔二〕 昭（公）〔王〕，本紀無天子五年。孝文王，本紀即位一年。元年，楚考烈王滅魯頃公爲家人，周滅後六年也。莊襄王，本紀即位三年。始皇，本紀即位三十七年。二世，本紀即位三年。凡秦伯五世，四十九歲。

〔一〕師古曰：「伯讀曰霸。其下亦同。」

漢高祖皇帝，著紀，伐秦繼周。木生火，故爲火德。天下號曰漢。距上元年十四萬三千二十五歲，歲在大棣之東井二十二度，鶉首之六度也。故漢志曰歲在大棣，名曰敦牂，太歲在午。八年十一月乙巳朔旦冬至，楚元三年也。故殷曆以爲丙午，距元朔七十六歲。著紀，高帝即位十二年。

惠帝，著紀即位七年。

高(帝)〔后〕，著紀即位八年。

文帝，前十六年，後七年，著紀即位二十三年。

景帝，前七年，中六年，後三年，著紀即位十六年。

武帝建元、元光、元朔各六年。元朔六年十一月甲申朔旦冬至，殷曆以爲乙酉，距初元七十六歲。元狩、元鼎、元封各六年。漢曆太初元年，距上元十四萬三千一百二十七歲。前十一月甲子朔旦冬至，歲在星紀婺女六度，故漢志曰歲名困敦，〔一〕正月歲星出婺女。太初、天漢、太始、征和各四年，後二年，著紀即位五十四年。

〔一〕師古曰：「敦音頓。」

昭帝始元、元鳳各六年，元平一年，著紀即位十三年。

宣帝本始、地節、元康、神爵、五鳳、甘露各四年，黃龍一年，著紀即位二十五年。

元帝初元二年十一月癸亥朔旦冬至，殷曆以爲甲子，以爲紀首。是歲也，十月日食，非合辰之會，不得爲紀首。距建武七十六歲。初元、永光、建昭各五年，竟寧一年，著紀即位十六年。

成帝建始、河平、陽朔、鴻嘉、永始、元延各四年，綏和二年，著紀即位二十六年。

哀帝建平四年，元壽二年，著紀即位六年。

平帝，著紀即位元始五年，以宣帝玄孫嬰爲嗣，謂之孺子。孺子，著紀新都侯王莽居攝三年，王莽居攝，盜襲帝位，竊號曰新室。始建國五年，天鳳六年，地皇三年，著紀盜位十四年。更始帝，著紀以漢宗室滅王莽，即位二年。赤眉賊立宗室劉盆子，滅更始帝。自漢元年訖更始二年，凡二百三十歲。

光武皇帝，著紀以景帝後高祖九世孫受命中興復漢，改元曰建武，歲在鶉尾之張度。建武三十一年，中元二年，即位三十三年。

校勘記

九九二頁一四行　（統）〔紀〕母。　李銳說「統」是「紀」之誤。

九九四頁三行　積中十，中餘千七百一十八。（〔十〕一作「七」）　王先謙說「『十』一作『七』」四字乃後人校語，此下並同。按景祐、殿本「十」作「七」。

九九九頁八行　（百）三十七日　錢大昕說「百」字衍。按景祐本無「百」字。

九九九頁一四行　日行不盈九十二分度七十三（分）。　錢大昕說下「分」字衍。

一〇〇一頁三行　以章月乘（人）〔入〕統歲數，　錢大昕說「人」當作「入」。

一〇〇一頁九行　加（十）〔七〕得一。　錢大昕說「加十」當作「加七」。

一〇〇一頁一二行　以（算）〔策〕餘乘（人）〔入〕統歲數，　錢大昕說「算」當作「策」，「人」當作「入」。

一〇〇一頁一三行　小餘千一（百）〔十〕。　林文炳說當作「小餘千一十」。按景祐本正作「一十」。

一〇〇二頁一行　統（歲）〔法〕分之七十七。　錢大昕說「統歲」當作「統法」。李銳說「統歲」即「統法」。

一〇〇二頁一四行　盈見中法得一，則積中（法）也。　錢大昕說下「法」字衍。

一〇〇三頁三行　以閏分乘定見〔復數〕，　「復數」二字據李銳說增。

一〇〇三頁四行　不盈者名曰月（中）餘。　錢大昕說「中」字衍。

一〇〇三頁一三行　中（次）〔以〕至日數，　錢大昕說「次」當作「以」。

一〇〇四頁一行　加後〔中〕餘於中餘，盈其法得一，從中元餘，〔除〕數如法，則〔後〕見〔中〕也。　前「中」、「除」、「後」三字都據錢大昕說增，後「中」字據景祐、殿本增，原注有「一多『中』字」四字。

一〇〇四頁一〇行　數起星初見(星宿)所在宿度，李銳說「星宿」二字衍。

一〇〇四頁一四行　以六十除(餘)積次，錢大昕說「餘」字衍。

一〇〇五頁二行　五星之(盈)〔贏〕縮不是過也。景祐、殿本都作「贏」。

一〇〇五頁三行　歲時(數)日月星辰也。錢大昕說「數」字衍。

一〇〇八頁六行　(二)〔三〕十八，甲午。景祐、殿、局本都作「三」。王先謙說作「三」是。

一〇一二頁八行　我高祖少昊(縶)〔摯〕之立也，景祐、殿、局本都作「摯」。王先謙說作「摯」是。

一〇一三頁三行　〔水〕生木(故)，錢大昭說「生」上脫水「字」，「木」下衍「故」字。按景祐、殿本都作「水生木」。

一〇一五頁三行　武王伐紂，〔作〕太誓。王先謙說以下文「故書序曰」至「作洪範」例之，「太誓」上當有「作」字。

一〇一六頁一〇行　月(生)魄死(死)，景祐、殿本都作「月生魄死」。

一〇一七頁二行　惟十(月)〔有〕二年六月庚午朏，景祐、殿、局本都作「有」。王先謙說作「有」是。

一〇一九頁七行　(章)〔童〕謠云：景祐、殿本都作「童」，此誤。

一〇二二頁一行　子哀公(將)〔蔣〕立。殿本作「蔣」。王先謙說作「蔣」是。

一〇二二頁一三行　昭(公)〔王〕，本紀無天子五年。景祐、殿本都作「王」。王先謙說作「王」是。

一〇二三頁七行　高(帝)后，錢大昭說「帝」字誤。按景祐、殿本都作「后」。

漢書卷二十二

禮樂志第二

六經之道同歸，而禮樂之用爲急。〔一〕治身者斯須忘禮，則暴嫚入之矣；〔二〕爲國者一朝失禮，則荒亂及之矣。人函天地陰陽之氣，有喜怒哀樂之情。〔三〕天稟其性而不能節也，〔四〕聖人能爲之節而不能絕也，故象天地而制禮樂，所以通神明，立人倫，〔五〕正情性，節萬事者也。

〔一〕師古曰：「六經謂易、詩、書、春秋、禮、樂也。」
〔二〕師古曰：「斯須，猶須臾。」
〔三〕師古曰：「函，包容也，讀與含同。它皆類此。」
〔四〕師古曰：「稟謂給授也。」
〔五〕師古曰：「倫，理也。」

人性有男女之情，妒忌之別，爲制婚姻之禮；有交接長幼之序，爲制鄉飲之禮；有哀死思遠之情，爲制喪祭之禮；有尊尊敬上之心，爲制朝覲之禮。哀有哭踊之節，樂有歌舞之容，〔一〕正人足以副其誠，邪人足以防其失。〔二〕故婚姻之禮廢，則夫婦之道苦，而淫辟之罪多；〔三〕鄉飮之禮廢，則長幼之序亂，而爭鬭之獄蕃；〔四〕喪祭之禮廢，則骨肉之恩薄，而背死忘先者衆；〔五〕朝聘之禮廢，則君臣之位失，而侵陵之漸起。故孔子曰：「安上治民，莫譱於禮；移風易俗，莫譱於樂。」〔六〕禮節民心，樂和民聲，政以行之，刑以防之。禮樂政刑四達而不誖，則王道備矣。〔七〕

〔一〕師古曰：「踊，跳也。哀甚則踊。」
〔二〕師古曰：「副，稱也。」
〔三〕孟康曰：「苦音盬。夫婦之道行盬不固也。」師古曰：「苦，惡也，不當假借。辟讀曰僻。」
〔四〕師古曰：「蕃亦多也，音扶元反。他皆類此。」
〔五〕師古曰：「先者，先人，謂祖考。」
〔六〕師古曰：「此孝經載孔子之言也。譱，古善字。」
〔七〕師古曰：「誖，乖也，音布內反。」

樂以治內而爲同，〔一〕禮以修外而爲異；〔二〕同則和親，異則畏敬；和親則無怨，畏敬則不爭。揖讓而天下治者，禮樂之謂也。二者並行，合爲一體。畏敬之意難見，則著之於享獻辭受，登降跪拜；〔三〕和親之說難形，則發之於詩歌詠言，鐘石筦弦。〔四〕蓋嘉其敬意而不及其財賄，美其歡心而不流其聲音。〔五〕故孔子曰：「禮云禮云，玉帛云乎哉？樂云樂云，鐘鼓云乎哉？」〔六〕此禮樂之本也。故曰：「知禮樂之情者能作，識禮樂之文者能述；作者之謂聖，述者之謂明。明聖者，述作之謂也。」〔七〕

〔一〕李奇曰：「同於和樂也。」

〔二〕李奇曰：「尊卑爲異也。」

〔三〕師古曰：「見謂彰顯也。」

〔四〕師古曰：「說讀曰悅。形亦見也。筦字與管同。」

〔五〕師古曰：「流，移也。心不移溢於音聲也。」

〔六〕師古曰：「論語載孔子之言也。謂禮以節人爲貴，樂以和人爲本，玉帛鐘鼓乃其末也。」

〔七〕師古曰：「作謂有所興造也。述謂明辨其義而循行也。」

王者必因前王之禮，順時施宜，有所損益，即民之心，稍稍制作，〔一〕至太平而大備。周監於二代，禮文尤具，〔二〕事爲之制，曲爲之防，〔三〕故稱禮經三百，威儀三千。於是教化浹洽，〔四〕民用和睦，災害不生，禍亂不作，囹圄空虛，四十餘年。〔五〕孔子美之曰：「郁郁乎文哉！吾從周。」〔六〕及其衰也，諸侯踰越法度，惡禮制之害己，去其篇籍。遭秦滅學，遂以亂亡。

〔一〕師古曰：「即，就也。」

〔二〕師古曰：「監，觀也。二代，夏、殷也。言周觀夏、殷之禮，而增損之也。」

〔三〕師古曰：「言每事立制，委曲防閑也。」

〔四〕師古曰：「浹，徹也。洽，霑也。浹音子牒反。」

〔五〕應劭曰：「囹圄，周獄名也。」師古曰：「囹，獄也。圄，守也。故總言囹圄，無繫於周。囹音來丁反。圄音牛呂反。」

〔六〕師古曰：「論語載孔子之言也。郁郁，文章貌。」

漢興，撥亂反正，日不暇給，〔一〕猶命叔孫通制禮儀，以正君臣之位。高祖說而歎曰：〔二〕「吾乃今日知爲天子之貴也！」以通爲奉常，遂定儀法，〔三〕未盡備而通終。

〔一〕師古曰：「撥去亂俗而還之於正道也。給，足也。言事務殷多，日日修造，尙不能足，故無暇也。」

〔二〕師古曰：「說讀曰悅。」

〔三〕師古曰：「奉常，則太常也。解在百官公卿表。」

至文帝時，賈誼以爲「漢承秦之敗俗，廢禮義，捐廉恥，今其甚者殺父兄，盜者取廟器，而大臣特以簿書不報期會爲故，〔一〕至於風俗流溢，恬而不怪，〔二〕以爲是適然耳。〔三〕夫移風易俗，使天下回心而鄉道，〔四〕類非俗吏之所能爲也。夫立君臣，等上下，使綱紀有序，六親和睦，〔五〕此非天之所爲，人之所設也。人之所設，不爲不立，不修則壞。〔六〕漢興至今二十餘年，宜定制度，興禮樂，然後諸侯軌道，百姓素樸，獄訟衰息」。〔七〕乃草具其儀，〔八〕天子說焉。〔九〕而大臣絳、灌之屬害之，故其議遂寢。〔一〇〕

〔一〕師古曰：「特，但也。簿，文簿也。故謂大事也。言公卿但以文案簿書報答爲事也。簿音步戶反。」

〔二〕師古曰：「恬，安也，謂心以爲安。」

〔三〕師古曰：「言正當如此，非失道也。」

〔四〕師古曰：「鄉讀曰嚮。」

〔五〕如淳曰：「六親，賈誼書以爲父也，子也，從父昆弟也，從祖昆弟也，曾祖昆弟也，族昆弟也。」

〔六〕師古曰：「爲，作也。」

〔七〕師古曰：「軌道，言遵道，猶車行之依軌轍也。」

〔八〕師古曰：「草謂創立其事也。它皆類此。」

〔九〕師古曰：「說讀曰悅。」

〔一〇〕師古曰：「舊說以爲絳謂絳侯周勃也，灌謂灌嬰也。而楚漢春秋高祖之臣別有絳灌，疑昧之文，不可明也。此既言大臣，則當謂周勃、灌嬰也。」

至武帝卽位，進用英雋，議立明堂，制禮服，以興太平。〔一〕會竇太后好黃老言，不說儒術，〔二〕其事又廢。後董仲舒對策言：「王者欲有所爲，宜求其端於天。天道大者，在於陰陽。陽爲德，陰爲刑。天使陽常居大夏而以生育長養爲事，陰常居大冬而積於空虛不用之處，以此見天之任德不任刑也。陽出布施於上而主歲功，陰入伏藏於下而時出佐陽。陽不得陰之助，亦不能獨成歲功。王者承天意以從事，故務德教而省刑罰。刑罰不可任以治世，猶陰之不可任以成歲也。今廢先王之德教，獨用執法之吏治民，而欲德化被四海，故難成也。是故古之王者莫不以教化爲大務，立大學以教於國，設庠序以化於邑。〔三〕教化已明，習俗已成，天下嘗無一人之獄矣。至周末世，大爲無道，以失天下。秦繼其後，又益甚之。自古以來，未嘗以亂濟亂，大敗天下如秦者也。〔四〕習俗薄惡，民人抵冒。〔五〕今漢繼秦之後，雖欲治之，無可柰何。法出而姦生，令下而詐起，一歲之獄以萬千數，如以湯止沸，沸俞甚而無益。〔六〕辟之琴瑟〔七〕不調，甚者必解而更張之，乃可鼓也。爲政而不行，甚者必變而更化之，乃可理也。故漢得天下以來，常欲善治，而至今不能勝殘去殺者，失之當更化而不能更化也。古人有言：『臨淵羨魚，不如歸而結網。』今臨政而願治七十餘歲矣，不如退而更化。更化則可善治，而災害日去，福祿日來矣。」是時，上方征討四夷，鋭志武功，〔八〕不暇留意禮文之事。

〔一〕師古曰：「服謂衣服之色也。」

〔二〕師古曰：「說讀曰悅。」

〔三〕師古曰：「庠序，行禮養老之處也。」

〔四〕師古曰：「濟，益也。」

〔五〕師古曰：「抵，忤也。冒，犯也。言無廉恥，不畏懼也。抵音丁禮反。」

〔六〕師古曰：「俞，進也，音踰，又音愈。它皆類此。」

〔七〕師古曰：「辟讀曰譬。」
〔八〕師古曰：「銳，利也。言一意進求，若兵刃之銳利。」

至宣帝時，琅邪王吉爲諫大夫，又上疏言：「欲治之主不世出，〔一〕公卿幸得遭遇其時，未有建萬世之長策，舉明主於三代之隆者也。其務在於簿書斷獄聽訟而已，此非太平之基也。今俗吏所以牧民者，非有禮義科指可世世通行者也，以意穿鑿，各取一切。〔二〕是以詐僞萌生，刑罰無極，質樸日消，恩愛寖薄。〔三〕孔子曰『安上治民，莫善於禮』，非空言也。願與大臣延及儒生，述舊禮，明王制，驅一世之民，濟之仁壽之域，〔四〕則俗何以不若成康？壽何以不若高宗？」〔五〕上不納其言，吉以病去。

〔一〕師古曰：「言時時而一出，難常遇也。」
〔二〕師古曰：「苟順一時，非正道。」
〔三〕師古曰：「寖，古浸字。浸，漸也。」
〔四〕師古曰：「言以仁道治之，皆得其性，則壽考也。域，界也。」
〔五〕師古曰：「成康，周之二王，太平之時也。高宗，殷王武丁也。有德可尊，故曰高宗。享國五十九年，故云壽。」

至成帝時，犍爲郡於水濱得古磬十六枚，〔一〕議者以爲善祥。劉向因是說上：「宜興辟雍，設庠序，陳禮樂，隆雅頌之聲，盛揖攘之容，〔二〕以風化天下。如此而不治者，未之有也。或曰，不能具禮。〔三〕禮以養人爲本，如有過差，是過而養人也。〔四〕刑罰之過，或至死傷。今之刑，非臯陶之法也，而有司請定法，削則削，筆則筆，〔五〕救時務也。至於禮樂，則曰不敢，是敢於殺人不敢於養人也。爲其俎豆筦弦之間小不備，因是絕而不爲，是去小不備而就大不備，（大不備）或莫甚焉。〔六〕夫敎化之比於刑法，刑法輕，是舍所重而急所輕也。〔七〕且敎化，所恃以爲治也，刑法所以助治也。今廢所恃而獨立其所助，非所以致太平也。自京師有誖逆不順之子孫，〔八〕至於陷大辟受刑戮者不絕，繇不習五常之道也。〔九〕夫承千歲之衰周，繼暴秦之餘敝，民漸漬惡俗，貪饕險詖，不閑義理，〔一〇〕不示以大化，而獨敺以刑罰，終已不改。〔一一〕故曰：『導之以禮樂，而民和睦。』〔一二〕初，叔孫通將制定禮儀，見非於齊魯之士，然卒爲漢儒宗，業垂後嗣，斯成法也。」成帝以向言下公卿議，會向病卒，丞相大司空奏請立辟雍。案行長安城南，〔一三〕營表未作，遭成帝崩，羣臣引以定謚。〔一四〕

〔一〕師古曰：「濱，水涯也，音賓。」

〔二〕師古曰：「攘，古讓字。」

〔三〕師古曰：「或曰者，劉向設爲難者之言，而後答釋也。」

〔四〕師古曰：「過差，猶失錯也。」

〔五〕服虔曰：「言隨君意也。」師古曰：「削者，謂有所删去，以刀削簡牘也。筆者，謂有所增益，以筆就而書也。」

〔六〕師古曰：「大不備者，事之虧失，莫甚於此。」

〔七〕師古曰：「舍，廢也。」

〔八〕師古曰：「誖，乖也，音布內反。」

〔九〕師古曰：「繇與由同。五常，仁、義、禮、智、信，人性所常行之也。」

〔一〇〕師古曰：「貪甚曰饕。言行險曰詖。饕音吐高反。詖音彼義反。」

〔一一〕師古曰：「敺與驅同。」

〔一二〕師古曰：「孝經載孔子之言也。」

〔一三〕師古曰：「行音下更反。」

〔一四〕孟康曰：「謚法曰『安民立政曰成』。帝欲立辟廱，未就而崩，羣臣議謚，引爲美，謂之成。」

及王莽爲宰衡，欲燿衆庶，遂興辟廱，因以篡位，海內畔之。世祖受命中興，撥亂反正，〔一〕改定京師于土中。〔二〕即位三十年，四夷賓服，百姓家給，政教清明，〔三〕乃營立明堂、辟廱。顯宗即位，〔四〕躬行其禮，宗祀光武皇帝于明堂，養三老五更於辟廱，〔五〕威儀既盛美矣。然德化未流洽者，禮樂未具，羣下無所誦說，而庠序尚未設之故也。孔子曰：「辟如爲山，未成一匱，止，吾止也。」〔六〕今叔孫通所撰禮儀，與律令同錄，臧於理官，〔七〕法家又復不傳。漢典寢而不著，民臣莫有言者。〔八〕又通沒之後，河間獻王采禮樂古事，稍稍增輯，至五百餘篇。〔九〕今學者不能昭見，但推士禮以及天子，說義又頗謬異，故君臣長幼交接之道寖以不章。〔一〇〕

〔一〕師古曰：「謂後漢光武帝也。」

〔二〕師古曰：「謂都洛陽。」

〔三〕師古曰：「給，足也，言家家皆足。」

〔四〕李奇曰：「明帝曰顯宗。」

〔五〕李奇曰：「王者父事三老，兄事五更。詩云『三壽作朋』。」鄧展曰：「漢直以一公爲三老，用大夫爲五更，（毋常人）〔每常大〕行禮乃置。」師古曰：「鄭玄說云三老五更謂老人更知三德五事者也。更音工衡反。蔡邕以爲更當爲叟。叟，老人之稱也。」

〔六〕師古曰：「論語載孔子之言。匱者，織草爲器，所以盛土也。言爲山欲成，尙少一匱之土，止而不爲，則其功終已不就。如斯之人，吾所不能敎喻也。辟讀曰譬。」

〔七〕師古曰：「古書懷藏之字本皆作臧，漢書例爲臧耳。理官，卽法官也。」

〔八〕師古曰：「寖，息也。」

〔九〕師古曰：「輯與集同。」

〔一〇〕師古曰：「寖，漸也。」

樂者，聖人之所樂也，而可以善民心。其感人深，其移風易俗易，〔一〕故先王著其敎焉。〔二〕

〔一〕師古曰：「易音弋豉反。」

〔三〕師古曰：「著，明也。」

夫民有血氣心知之性，而無哀樂喜怒之常，應感而動，然後心術形焉。〔一〕是以纖微癄瘁（一作「衰」）之音作，而民思憂；〔二〕闡諧嫚易之音作，而民康樂；〔三〕麤厲猛奮之音作，而民剛毅；〔四〕廉直正誠之音作，而民肅敬；寬裕和順之音作，而民慈愛；〔五〕流辟邪散之音作，而民淫亂。〔六〕先王恥其亂也，故制雅頌之聲，本之情性，稽之度數，制之禮儀，〔七〕合生氣之和，導五常之行，〔八〕使之陽而不散，陰而不集，〔九〕剛氣不怒，柔氣不懾，〔一0〕四暢交於中，而發作於外，〔一一〕皆安其位而不相奪（也），足以感動人之善心（而）〔也〕，不使邪氣得接焉，是先王立樂之方也。

〔一〕師古曰：「言人之性感物則動也。術，道徑也。心術，心之所由也。形，見也。」

〔二〕師古曰：「癄瘁，謂減縮也，音子笑反。」

〔三〕師古曰：「闡，廣也。諧，和也。嫚易，言不急刻也。易音弋豉反。」

〔四〕師古曰：「麤厲，抗厲也。猛奮，發揚也。麤（古）〔作〕麄字，〔非是〕。」

〔五〕師古曰：「裕，饒也。」

〔六〕師古曰：「辟讀曰僻。」

〔七〕師古曰：「稽，考也。」

〔八〕師古曰：「生氣，陰陽之氣也。導，引也。」

〔九〕師古曰：「集謂聚滯也。」

〔一〇〕師古曰：「慴，恐也，音之涉反。」

〔一一〕師古曰：「暢，通達也。」

王者未作樂之時，因先王之樂以教化百姓，說樂其俗，〔一〕然後改作，以章功德。易曰：「先王以作樂崇德，殷薦之上帝，以配祖考。」〔二〕昔黃帝作咸池，顓頊作六莖，帝嚳作五英，〔三〕堯作大章，舜作招，〔四〕禹作夏，湯作濩，〔五〕武王作武，周公作勺。勺，言能勺先祖之道也。〔六〕武，言以功定天下也。濩，言救民也。夏，大承二帝也。〔七〕招，繼堯也。〔八〕大章，章之也。〔九〕五英，英華茂也。六莖，及根莖也。〔一〇〕咸池，備矣。〔一一〕自夏以往，其流不可聞已，〔一二〕殷頌猶有存者。〔一三〕周詩既備，〔一四〕而其器用張陳，周官具焉。〔一五〕典者自卿大夫師瞽以下，皆選有道德之人，〔一六〕朝夕習業，以教國子。國子者，卿大夫之子弟也，皆學歌九德，〔一七〕誦六詩，〔一八〕習六舞、五聲、八音之和。〔一九〕故帝舜命夔曰：「女典樂，教胄子，〔二〇〕直而溫，〔二一〕寬而栗，〔二二〕剛而無虐，〔二三〕簡而無敖。〔二四〕詩言志，歌咏言，〔二五〕聲依咏，律和聲，〔二六〕八音克諧。」〔二七〕此之謂也。又以外賞諸侯德盛而教尊者。其威儀足以充目，音聲足以動耳，詩語足以感心，故聞其音而德和，省其詩而志正，〔二八〕論其數而法立。是以薦之郊廟則鬼神饗，作之朝廷則羣臣和，立之學官則萬民協。聽者無不虛己竦神，說而承流，〔二九〕是以海內徧知上德，被服其風，〔二〇〕光輝日新，化上遷善，而不知所以然，至於萬物不夭，天地順而嘉應降。故詩曰：「鐘鼓鍠鍠，磬管鏘鏘，降福穰穰。」〔二一〕書云：「擊石拊石，百獸率舞。」〔二二〕鳥獸且猶感應，而況於人乎？況於鬼神乎？故樂者，聖人之所以感天地，通神明，安萬民，成性類者也。然自雅頌之興，而所承衰亂之音猶在，〔二三〕是謂淫過凶嫚之聲，爲設禁焉。世衰民散，小人乘君子，〔二四〕心耳淺薄，則邪勝正。故書序「殷紂斷棄先祖之樂，乃作淫聲，用變亂正聲，以說婦人。」〔二五〕樂官師瞽抱其器而犇散，或適諸侯，或入河海。〔二六〕夫樂本情性，浹肌膚而臧骨髓，雖經乎千載，其遺風餘烈尚猶不絕。至春秋時，陳公子完犇齊。〔二七〕陳，舜之後，招樂存焉。故孔子適齊聞招，三月不知肉味，曰「不圖爲樂之至於斯！」美之甚也。〔二八〕

〔一〕師古曰：「說樂其俗，使和說而安樂也。說讀曰悅。樂音來各反。」

〔二〕師古曰：「此豫卦象辭也。殷，盛大也。上帝，天也。言王者作樂，崇表其德，大薦於天，而以祖考配饗之也。」

〔三〕師古曰：「嚳音酷。」

〔四〕師古曰：「招讀曰韶。下皆類此。」

〔五〕師古曰：「濩音護。」

〔六〕師古曰：「勺讀曰酌。酌，取也。」

〔七〕師古曰：「夏，大也。二帝謂堯、舜也。」

〔八〕師古曰：「韶之言紹，故曰繼堯也。」

〔九〕師古曰：「章，明也。」

〔一〇〕師古曰：「澤及下也。」

〔一一〕師古曰：「咸，皆也。池，言其包容浸潤也。故云備矣。」

〔一二〕師古曰：「言歌頌皆亡也。已，語終辭。」

〔一三〕師古曰：「謂正考甫所得那以下是。」

〔一四〕師古曰：「謂雅頌皆得其所。」

〔一五〕師古曰：「謂大司樂以下諸官所掌。」

〔一六〕師古曰：「師，樂工。瞽，無目者。」

〔一七〕師古曰：「水火金木土穀謂之六府。正德、利用、厚生謂之三事。六府三事謂之九功。九功之德皆可歌也，故言九德也。」

〔一八〕應劭曰：「六詩者，詩有六義，一曰風，二曰賦，三曰比，四曰興，五曰雅，六曰頌。」

〔一九〕師古曰：「六舞謂帗舞、羽舞、𦏲舞、旄舞、干舞、人舞也。五聲，宮、商、角、徵、羽也。八音，金、石、絲、竹、匏、土、革、木。帗音弗。𦏲音皇。」

〔二〇〕師古曰：「虞書舜典所載也。夔，舜臣名。胄子，即國子也。」

〔二一〕師古曰：「正直溫和也。」

〔二二〕師古曰：「寬大而敬栗。」

〔二三〕師古曰：「剛毅而不害虐也。」

〔一四〕師古曰：「簡約而無傲慢也。敖讀曰傲。」

〔一五〕師古曰：「咏，古詠字也。在心爲志，發言爲詩。咏，永也。永，長也，歌所以長言之。」

〔一六〕師古曰：「依，助也。五聲所以助歌也，六律所以和聲也。」

〔一七〕師古曰：「諧亦和也。自此以上，皆帝舜之言。」

〔一八〕師古曰：「省，視也。」

〔一九〕師古曰：「竦，敬也。說讀曰悅。」

〔二〇〕師古曰：「被音皮義反。言蒙其風化，若被而服之。」

〔二一〕師古曰：「此周頌執競之詩也。鍠鍠，和也。鏘鏘，盛也。穰穰，多也。言周王祭祖考之廟，奏樂而八音和盛，則神降之福至多也。鍠音皇。穰音人羊反。」

〔二二〕師古曰：「虞書舜典也。石謂磬也。言樂之和諧也，至於擊拊磬石，則百獸相率而舞也。」

〔二三〕師古曰：「言若周時尚有殷紂之餘聲。」

〔二四〕師古曰：「乘，陵也。」

〔二五〕師古曰：「今文周書泰誓之辭也。說讀曰悅。」

〔二六〕師古曰：「犇，古奔字。論語云：『太師摯適齊，亞飯干適楚，三飯繚適蔡，四飯缺適秦，鼓方叔入於河，播鞉武入于漢，少師陽、擊磬襄入于海。』此志所云及古今人表所敍，皆謂是也。云諸侯者，追繫其地，非爲當時已有國名。而說論語者乃以爲（追）魯哀公時禮壞樂崩，樂人皆去，斯亦未允也。夫六經殘缺，學者異師，文義競馳，各守所見。而馬、鄭羣儒，皆在班、揚之後，向、歆博學，又居王、杜之前，校其是非，不可偏據。其漢書所引經文，與近代儒家往往乖別，既自成義指，即就而通之，庶免守株，以申賢達之意。非苟越異，理固然也。它皆類此。」

〔三七〕師古曰：「完，陳厲公子，即敬仲也，莊二十二年遇難出奔齊也。」

〔三八〕師古曰：「事見論語。」

周道始缺，怨刺之詩起。王澤既竭，而詩不能作。王官失業，雅頌相錯，〔一〕孔子論而定之，故曰：「吾自衞反魯，然後樂正，雅頌各得其所。」〔二〕是時，周室大壞，諸侯恣行，設兩觀，乘大路。〔三〕陪臣管仲、季氏之屬，〔四〕三歸雍徹，八佾舞廷。〔五〕制度遂壞，陵夷而不反，〔六〕桑間、濮上，鄭、衞、宋、趙之聲並出，〔七〕內則致疾損壽，外則亂政傷民。巧僞因而飾之，以營亂富貴之耳目。〔八〕庶人以求利，列國以相間。〔九〕故秦穆遺戎而由余去，〔一〇〕齊人餽魯而孔子行。〔一一〕至於六國，魏文侯最爲好古，〔一二〕而謂子夏曰：「寡人聽古樂則欲寐，及聞鄭、衞，余不知倦焉。」子夏辭而辨之，終不見納，〔一三〕自此禮樂喪矣。

〔一〕師古曰：「錯，雜也。」

〔二〕師古曰：「事亦見論語。」

〔三〕應劭曰：「觀，闕門邊兩觀也。禮，諸侯一觀。大路，天子之車。」

〔四〕師古曰：「陪，重也。諸侯者，天子之臣，故其臣稱重臣也。季氏，魯桓公子季友之後，專執國政而奢僭也。」

〔五〕師古曰：「三歸，取三姓女也。婦人謂嫁曰歸，故曰三歸。蓋謂管仲耳。雍，樂詩也，徹饌奏之。八佾，八列之舞。皆僭天子禮也。此謂季氏耳。」

〔六〕師古曰：「陵夷，漸頹替也。解在成帝紀及諸侯王表。」

〔七〕應劭曰：「桑間，衞地，濮上，濮水之上，皆好新聲。」師古曰：「鄭、衞、宋、趙諸國，亦皆有淫聲。」

〔八〕師古曰：「縈猶回繞也。」

〔九〕師古曰：「間音居莧反。」

〔一〇〕應劭曰：「戎，西戎也。由余，其賢臣也。秦欲兼之，遺以女樂，由余諫而不聽，遂去入秦。」

〔一一〕師古曰：「餽亦饋字。論語云『齊人餽女樂，季桓子受之，三日不朝，孔子行』也。」

〔一二〕師古曰：「魏文侯本晉大夫畢萬之後，僭諸侯者。」

〔一三〕師古曰：「事見禮之樂記。」

漢興，樂家有制氏，〔一〕以雅樂聲律世世在大樂官，但能紀其鏗鎗鼓舞，而不能言其義。〔二〕高祖時，叔孫通因秦樂人制宗廟樂。大祝迎神于廟門，奏嘉至，〔三〕猶古降神之樂也。皇帝入廟門，奏永至，以爲行步之節，猶古采薺、肆夏也。〔四〕乾豆上，奏登歌，〔五〕獨上歌，不以筦弦亂人聲，欲在位者徧聞之，猶古清廟之歌也。登歌再終，下奏休成之樂，〔六〕美神明既饗也。皇帝就酒東廂，坐定，奏永安之樂，美禮已成也。又有房中祠樂，高祖唐山夫人所作也。〔七〕周有房中樂，至秦名曰壽人。凡樂，樂其所生，禮不忘本。高祖樂楚聲，故房中樂楚聲也。孝惠二年，使樂府令夏侯寬備其簫管，更名曰安世樂。

〔一〕服虔曰：「魯人也，善樂事也。」

〔二〕師古曰：「鏗鎗，金石之聲也。鏗音丘耕反。鎗音初庚反。其下亦同。」
〔三〕李奇曰：「嘉，善也，善神之至也。」
〔四〕劉德曰：「歌樂，在逸詩。」師古曰：「齎音才私反，禮經或作資，又作茨，音並同耳。」
〔五〕師古曰：「乾豆，脯羞之屬。」
〔六〕服虔曰：「叔孫通所奏作也。」
〔七〕服虔曰：「高帝姬也。」韋昭曰：「唐山，姓也。」

高（祖）廟奏武德、文始、五行之舞；孝文廟奏昭德、文始、四時、五行之舞；孝武廟奏盛德、文始、四時、五行之舞。武德舞者，高祖四年作，以象天下樂己行武以除亂也。文始舞者，曰本舜招舞也，高祖六年更名曰文始，以示不相襲也。五行舞者，本周舞也，秦始皇二十六年更名曰五行也。四時舞者，孝文所作，以（明）示天下之安和也。蓋樂己所自作，明有制也；〔一〕樂先王之樂，明有法也。〔二〕孝景采武德舞以爲昭德，以尊大宗廟。至孝宣，采昭德舞爲盛德，以尊世宗廟。諸帝廟皆常奏文始、四時、五行舞云。高祖六年又作昭容樂、禮容樂。昭容者，猶古之昭夏也，主出武德舞。〔三〕禮容者，主出文始、五行舞。舞人無樂者，將至至尊之前不敢以樂也；出用樂者，言舞不失節，能以樂終也。大氐皆因秦舊事焉。〔四〕

〔一〕師古曰：「言自制作也。」
〔二〕師古曰：「遵前代之法。」

〔三〕蘇林曰：「言昭容樂生於武德舞。」

〔四〕師古曰：「氐，歸也，音丁禮反。其後字或作抵，音義並同。」

初，高祖既定天下，過沛，與故人父老相樂，醉酒歡哀，作「風起」之詩，令沛中僮兒百二十人習而歌之。至孝惠時，以沛宮爲原廟，〔一〕皆令歌兒習吹以相和，常以百二十人爲員。文、景之間，禮官肄業而已。〔二〕至武帝定郊祀之禮，祠太一於甘泉，就乾位也；〔三〕祭后土於汾陰，澤中方丘也。〔四〕乃立樂府，〔五〕采詩夜誦，〔六〕有趙、代、秦、楚之謳。以李延年爲協律都尉，多舉司馬相如等數十人造爲詩賦，略論律呂，以合八音之調，作十九章之歌。以正月上辛用事甘泉圜丘，〔七〕使童男女七十人俱歌，昏祠至明。夜常有神光如流星止集于祠壇，天子自竹宮而望拜，〔八〕百官侍祠者數百人皆肅然動心焉。

〔一〕師古曰：「原，重也。言已有正廟，更重立(之)〔也〕。」

〔二〕師古曰：「肄，習也，音弋二反。」

〔三〕師古曰：「言在京師之西北也。」

〔四〕師古曰：「汾水之旁，土特堆起，是澤中方丘也。祭地，以方象地形。」

〔五〕師古曰：「始置之也。樂府之名蓋起於此，哀帝時罷之。」

〔六〕師古曰：「采詩，依古遒人徇路，采取百姓謳謠，以知政教得失也。夜誦者，其言辭或祕不可宣露，故於夜中歌誦也。」

〔七〕師古曰：「用上辛，用周禮郊天日也。辛，取齊戒自新之義也。為圜丘者，取象天形也。」

〔八〕韋昭曰：「以竹為宮，天子居中。」師古曰：「漢舊儀云竹宮去壇三里。」

安世房中歌十七章，其詩曰：

大孝備矣，休德昭清。高張四縣，樂充宮庭。〔一〕芬樹羽林，雲景杳冥，〔二〕金支秀華，庶旄翠旌。〔三〕

〔一〕晉灼曰：「四縣，樂四縣也，天子宮縣。」師古曰：「謂設宮縣而高張之。縣，古懸字。」

〔二〕師古曰：「言所樹羽葆，其盛若林，芬然衆多，仰視高遠，如雲日之杳冥也。」

〔三〕張晏曰：「金支，百二十支。秀華，中主有華豔也。旄，鍾之旄也。」文穎曰：「析羽為旌，翠羽為之也。」臣瓚曰：「樂上衆飾，有流遡羽葆，以黃金為支，其首敷散，若草木之秀華也。」師古曰：「金支秀華，瓚說是也。庶，衆也。庶旄翠旌，謂析五采羽，注翠旄之首而為旌耳。」

七始華始，肅倡和聲。〔一〕神來宴娭，庶幾是聽。〔二〕粥粥音送，細齊人情。〔三〕忽乘青玄，熙事備成。〔四〕清思眑眑，經緯冥冥。〔五〕

〔一〕孟康曰：「七始，天地四時人之始。華始，萬物英華之始也。以為樂名，如六英也。」師古曰：「肅，敬也。言歌者敬而倡諧和之聲。」

〔二〕師古曰：「娭，戲也。言庶幾神來宴戲聽此樂也。娭音許其反。」

〔三〕晉灼曰：「粥粥，敬懼貌也。細，微也。以樂送神，微感人情，使之齊肅也。」師古曰：「粥音弋六反。」

〔四〕師古曰：「言還神禮畢，忽登青天而去，福熙之事皆備成也。熙與禧同。」

〔五〕蘇林曰：「眑音窈。」師古曰：「眑眑，幽靜也。經緯，謂經緯天地。」

我定曆數，人告其心。〔一〕敕身齊戒，施教申申。〔二〕乃立祖廟，敬明尊親。大矣孝熙，四極爰轃。〔三〕

〔一〕師古曰：「言臣下各竭其心，致誠慤也。」

〔二〕應劭曰：「敕，謹敬之貌。」師古曰：「齊讀曰齋。」

〔三〕師古曰：「熙亦福也。四極，四方極遠之處也。爾雅曰：『東至於泰遠，西至於邠國，南至於濮鉛，北至於祝栗，謂之四極。』邠音彬。轃字與臻同。」

王侯秉德，其鄰翼翼，〔一〕顯明昭式。清明鬯矣，皇帝孝德。〔二〕竟全大功，撫安四極。

〔一〕師古曰：「鄰，言德不孤必有鄰也。翼翼，恭敬也。」

〔二〕師古曰：「鬯，古暢字。暢，通也。」

海內有姦，紛亂東北。〔一〕詔撫成師，武臣承德。〔二〕行樂交逆，簫、勺羣慝。〔三〕肅為濟哉，蓋定燕國。〔四〕

〔一〕師古曰：「謂匈奴。」

〔二〕師古曰：「成師，言各置（郊）〔部〕校，師出以律也。春秋左氏傳曰『成師以出』。」

〔三〕晉灼曰：「簫，舜樂也。勺，周樂也。言以樂征伐也。」師古曰：「言制定新樂，教化流行，則逆亂之徒盡交歡也。慝，惡也。勺讀曰酌。」

〔四〕師古曰：「匈奴服從，則燕國安靜無寇難也。」

大海蕩蕩水所歸，高賢愉愉民所懷。〔一〕大山崔，百卉殖。民何貴？貴有德。〔二〕

〔一〕李奇曰：「愉愉，懌也。」師古曰：「蕩蕩，廣大貌也。愉愉，和樂貌也。懷，思也。言海以廣大之故，衆水歸之；王者有和樂之德，則人皆思附也。」

〔二〕師古曰：「言大山以崔嵬之故，能生養百卉；明君以崇高其德，故爲萬姓所尊也。崔音才回反。」

安其所，樂終產。〔一〕樂終產，世繼緒。〔二〕飛龍秋，游上天。〔三〕高賢愉，樂民人。〔四〕

〔一〕師古曰：「萬物各安其所，而樂終其生也。」

〔二〕師古曰：「言傳祚無窮。」

〔三〕蘇林曰：「秋，飛貌也。」師古曰：「莊子有秋駕之法者，亦言駕馬騰驤，秋秋然也。揚雄賦曰『秋秋蹌蹌入西園』，其義亦同。讀者不曉秋義，或改此秋字爲穐稷之穐，失之遠矣。」

〔四〕師古曰：「言王者有愉愉之德，故使衆人皆安樂。」

豐草葽，女羅施。〔一〕譱何如，誰能回！〔二〕大莫大，成教德；長莫長，被無極。〔三〕

〔一〕孟康曰：「葽音『四月秀葽』。葽，盛貌也。」應劭曰：「女羅，兔絲也，延于松柏之上。異類而猶戴之，況同姓，言族親不可不覽遇也。」

〔二〕師古曰：「回，亂也。言至德之善，上古帝皇皆不如之，而不可干亂。」

〔三〕師古曰：「被音皮義反。次下亦同。」

靁震震，電燿燿。明德鄉，治本約。〔一〕治本約，澤弘大。〔二〕加被寵，咸相保。〔三〕德施大，世曼壽。〔四〕

〔一〕服虔曰：「與臣民之約。」師古曰：「鄉，方也。言王者之威，取象靁電，明示德義之方，而治政本之約。約讀曰要。」

〔二〕師古曰：「政教有常，則恩惠溥洽。」

〔三〕師古曰：「言德政所加，人被寵渥，則室家老幼皆相保也。」

〔四〕師古曰：「曼，延也。」

都荔遂芳，窅窊桂華。〔一〕孝奏天儀，若日月光。〔二〕乘玄四龍，回馳北行。羽旄殷盛，芬哉芒芒。〔三〕孝道隨世，我署文章。〔四〕　桂華。

〔一〕蘇林曰：「窅音窅眹之窅。窊音窊下之窊。」孟康曰：「窅，出；窊，入。都良薜荔之香鼓動桂華也。」晉灼曰：「桂華似殿名，次下言『桂華馮馮翼翼，承天之則』，言樹此香草以絜齊其芳氣，乃達於宮殿也。」臣瓚曰：「茂陵中書歌都孋、桂英、美芳、鼓行，如此復不得爲殿名。」師古曰：「諸家說皆未盡也。此言都良薜荔俱有芬芳，桂華之形窅窊然也。皆謂神宮所有耳。窅音一校反。窊音一瓜反。」

〔二〕師古曰：「言以孝道進承於天，天神下降，故有光。」

〔三〕師古曰：「芬亦謂衆多。芒芒，廣遠之貌。」

〔四〕師古曰：「署猶分部也，一曰表也。」

馮馮翼翼，承天之則。〔一〕吾易久遠，燭明四極。〔二〕慈惠所愛，美若休德。〔三〕杳杳冥冥，克綽永福。〔四〕

美（芳）〔若〕。

〔一〕師古曰：「馮馮，盛滿也。翼翼，衆貌也。」

〔二〕晉灼曰：「易，疆易也。久，固也。武帝自言拓境廣遠安固也。」師古曰：「此說非也。久猶長也，自言疆易遠大耳。非武帝時也，不得云拓境。」

〔三〕師古曰：「若，順也。休亦美也。」

〔四〕師古曰：「綽，緩也，亦謂延長也。」

磑磑即即，師象山則。〔一〕烏呼孝哉，案撫戎國。蠻夷竭歡，象來致福。〔二〕兼臨是愛，終無兵革。〔三〕

〔一〕孟康曰：「磑磑，崇積也。即即，充實也。師，衆也。則，法也。積實之盛衆類於山也。」師古曰：「磑音五回反。」

〔二〕李奇曰：「象，譯也。蠻夷遣（擇）〔譯〕致福貢也。」

〔三〕師古曰：「兼臨，言在上位者普包容也。」

嘉薦芳矣，告靈饗矣。告靈既饗，德音孔臧。〔一〕惟德之臧，建侯之常。承保天休，令問不忘。〔二〕

〔一〕師古曰：「饗字合韻皆音鄉。孔，甚也。臧，善也。」

〔二〕師古曰：「建侯，封建諸侯也。易屯卦曰『利建侯』。休，美也。令，善也。問，名也。」

皇皇鴻明，蕩侯休德。〔一〕嘉承天和，伊樂厥福。〔二〕在樂不荒，惟民之則。〔三〕

〔一〕服虔曰：「侯，惟也。」臣瓚曰：「天下蕩平，惟帝之休德。」

〔二〕師古曰：「伊，是也。」

〔三〕師古曰：「則，法也。」

浚則師德，下民咸殖。令問在舊，孔容翼翼。〔一〕

〔一〕師古曰：「浚，深也。師，衆也。則，法也。殖，生也。舊，久也。翼翼，敬也。言有深法衆德，故能生育羣黎，久有善名，其容甚敬也。」

孔容之常，承帝之明。〔一〕下民之樂，子孫保光。〔二〕承順溫良，受帝之光。嘉薦令芳，壽考不忘。〔三〕

〔一〕師古曰：「帝謂天也。下皆類此。」

〔二〕師古曰：「言永保其光寵也。」

〔三〕師古曰：「不忘，言長久也。」

承帝明德，師象山則。〔一〕雲施稱民，永受厥福。〔二〕承容之常，承帝之明。下民安樂，受福無疆。〔三〕

〔一〕師古曰：「衆象山而為法，言不騫不崩。」
〔二〕師古曰：「言稱物平施，其澤如雲也。稱音尺孕反。」
〔三〕師古曰：「疆，竟也。下皆類此。」

郊祀歌十九章，其詩曰：

練時日，侯有望，〔一〕焫膋蕭，延四方。〔二〕九重開，靈之斿，〔三〕垂惠恩，鴻祜休。〔四〕靈之車，結玄雲，駕飛龍，羽旄紛。〔五〕靈之下，若風馬，〔六〕左倉龍，右白虎。〔七〕靈之來，神哉沛，〔八〕先以雨，般裔裔。〔九〕靈之至，慶陰陰，〔一〇〕相放怫，震澹心。〔一一〕靈已坐，五音飭，〔一二〕虞至旦，承靈億。〔一三〕牲繭栗，粢盛香，尊桂酒，賓八鄉。〔一四〕靈安留，吟青黃，〔一五〕徧觀此，眺瑤堂。〔一六〕衆嫭並，綽奇麗，〔一七〕顏如荼，兆逐靡。〔一八〕被華文，廁霧縠，曳阿錫，佩珠玉。〔一九〕俠嘉夜，茝蘭芳，〔二〇〕澹容與，獻嘉觴。〔二一〕

練時日一

〔一〕師古曰：「練，選也。」
〔二〕李奇曰：「膋，腸間脂也。蕭，香蒿也。」師古曰：「以蕭焫脂合馨香也。四方，四方之神也。膋音來彫反。焫音人說反。」
〔三〕師古曰：「天有九重，言皆開門而來降厥福。」

〔四〕師古曰：「鴻，大也。祜，福也。休，美也。祜音怙。」

〔五〕師古曰：「紛紛，言其多。」

〔六〕師古曰：「言速疾也。」

〔七〕師古曰：「以爲衞。」

〔八〕師古曰：「沛，疾貌，音補蓋反。」

〔九〕師古曰：「先以雨，言神欲行，令雨先驅也。般讀與班同。班，布也。裔裔，飛流之貌。」

〔一〇〕師古曰：「言垂陰覆徧於下。」

〔一一〕師古曰：「放怫猶髣髴也。澹，動也。放音昉。怫音沸。澹音大濫反。」

〔一二〕師古曰：「飭讀與敕字同，謂整也。」

〔一三〕師古曰：「虞，樂也。億，安也。」

〔一四〕應劭曰：「桂酒，切桂置酒中也。」晉灼曰：「尊，大尊也。元帝時大宰丞李元記云『以水漬桂，爲大尊酒』。」師古曰：「繭栗，言角之小如繭及栗之形也。八鄉，八方之神。」

〔一五〕服虔曰：「吟音含。」師古曰：「服說非也。吟謂歌誦也。青黃，謂四時之樂也。」

〔一六〕應劭曰：「眺，望也。瑤，石而似玉者也。」師古曰：「以瑤飾堂。瑤音遙。」

〔一七〕孟康曰：「嫭音互。嫭，好也。」如淳曰：「嫭，美目貌。」晉灼曰：「嫭音坼罅之罅。」師古曰：「孟說是也。謂供神女樂，並好麗也。」

〔一八〕應劭曰：「荼，野菅白華也。言此奇麗，白如荼也。」孟康曰：「兆逐靡者，兆民逐觀而猗靡也。」師古曰：「菅，茅也。言美女顏貌如茅荼之柔也。荼者，今俗所謂兼錐也。荼音塗。菅音姦。靡，合韻音武義反。」

〔九〕如淳曰：「阿，細繒。錫，細布也。」師古曰：「廁，雜也。霧縠，言其輕細若雲霧也。」

〔一〇〕如淳曰：「佳、俠，皆美人之稱也。嘉夜，芳草也。」師古曰：「俠與挾同，言懷挾芳草也。茝即今白芷。茝音昌改反。」

〔一一〕師古曰：「澹，安也。容與，言閑舒也。澹音大濫反。」

帝臨二

帝臨中壇，四方承宇，〔一〕繩繩意變，備得其所。〔二〕清和六合，制數以五。〔三〕海內安寧，興文匽武。〔四〕后土富媼，昭明三光。〔五〕穆穆優游，嘉服上黃。〔六〕

〔一〕師古曰：「言天神尊者來降中壇，四方之神各承四宇也。壇字或作䄠，讀亦曰壇。字加示者，神靈之耳。下言紫壇、嘉壇，其義並同。」

〔二〕應劭曰：「繩繩，謹敬更正意也。」孟康曰：「衆多也。」臣瓚曰：「爾雅曰『繩繩，戒也』。」師古曰：「瓚說是也。」

〔三〕張晏曰：「此后土之歌也。土數五。」

〔四〕師古曰：「匽，古偃字。」

〔五〕張晏曰：「媼，老母稱也。坤爲母，故稱媼。海內安定，富媼之功耳。」

〔六〕孟康曰：「土色上黃也。」

青陽開動，根荄以遂，〔一〕膏潤并愛，跂行畢逮。〔二〕霆聲發榮，壛處頃聽，〔三〕枯槁

復產，乃成厥命。〔四〕衆庶熙熙，施及夭胎，〔五〕羣生啿啿，惟春之祺。〔六〕

青陽三　鄒子樂。

〔一〕臣瓚曰：「春爲青陽。」師古曰：「草根曰荄。遂者，言皆生出也。荄音該。」

〔二〕孟康曰：「跂音岐。」師古曰：「幷，兼也。逮，及也。凡有足而行者，稱跂行也。」

〔三〕晉灼曰：「壧，穴也。謂蟄蟲驚聽也。」師古曰：「壧與巖同。言靁霆始發，草木舒榮，則蟄蟲處巖崖者，莫不頃聽而起。頃讀曰傾。」

〔四〕師古曰：「枯槀，謂草木經冬零落者也。槀音口老反。」

〔五〕師古曰：「熙熙，和樂貌也。施，延也。少長曰夭，在孕曰胎。施音弋豉反。夭音烏老反。」

〔六〕服虔曰：「啿音『湛湛露斯』。」如淳曰：「祺，福也。」師古曰：「啿啿，豐厚之貌也，音徒感反。祺音其。」

朱明盛長，旉與萬物，〔一〕桐生茂豫，靡有所詘。〔二〕敷華就實，既阜既昌，〔三〕登成甫田，百鬼迪嘗。〔四〕廣大建祀，肅雍不忘，神若宥之，傳世無疆。〔五〕

朱明四　鄒子樂。

〔一〕臣瓚曰：「夏爲朱明。」師古曰：「旉，古敷字也。旉與，言開舒也。與音弋於反。」

〔二〕師古曰：「桐讀爲通。茂豫，美盛而光悅也。言草木皆通達而生，美悅光澤，各無所詘，皆申遂也。詘音丘物反。」

〔三〕師古曰：「敷，布也。就，成也。阜，大也。昌，盛也。」

〔四〕師古曰：「甫田，大田也。百鬼，百神也。迪，進也。嘗謂歆饗之也。言此衆盛，皆因大田而登成，進於祀所，而爲百神所歆饗也。迪音大歷反。」

〔五〕師古曰：「若，善也。宥，祐也。」

西顥沆碭，秋氣肅殺，〔一〕含秀垂穎，續舊不廢。〔二〕姦僞不萌，祅孽伏息，隅辟越遠，四貉咸服。〔三〕既畏茲威，惟慕純德，附而不驕，正心翊翊。〔四〕

西顥五　鄒子樂。

〔一〕韋昭曰：「西方少昊也。」師古曰：「沆音胡浪反。碭音蕩。沆碭，白氣之貌也。」

〔二〕師古曰：「五穀百草，秀穎成實，皆因舊苗，無廢絕也。不榮而實曰秀，葉末曰穎。廢合韻音發。」

〔三〕師古曰：「四貉猶言四夷。辟讀曰僻。貉音莫客反。」

〔四〕師古曰：「純，大也。言畏威懷德，皆來賓附，無敢驕怠，盡虔敬。」

玄冥陵陰，蟄蟲蓋臧，〔一〕屮木零落，抵冬降霜。〔二〕易亂除邪，革正異俗，〔三〕兆民反本，抱素懷樸。條理信義，望禮五嶽。〔四〕籍斂之時，掩收嘉穀。〔五〕

玄冥六　鄒子樂。

〔一〕師古曰：「玄冥，北方之神也。」

〔二〕孟康曰：「抵，至也，至冬而降霜，音底。」師古曰：「屮，古草字。」

〔三〕師古曰：「易，變；革，改也。」

〔四〕師古曰：「條，分也，暢也。」

〔三〕師古曰：「籍斂，謂收籍田也。」

惟泰元尊，媼神蕃釐，〔一〕經緯天地，作成四時。精建日月，星辰度理，陰陽五行，周而復始。雲風靁電，降甘露雨，百姓蕃滋，咸循厥緒。〔二〕繼統共勤，順皇之德，〔三〕鸞路龍鱗，罔不肸飾。〔四〕嘉籩列陳，庶幾宴享，〔五〕滅除凶災，（列）〔烈〕騰八荒。〔六〕鐘鼓竽笙，雲舞翔翔，招搖靈旗，九夷賓將。〔七〕

惟泰元七　建始元年，丞相匡衡奏罷「鸞路龍鱗」，更定詩曰「涓選休成」。〔八〕

〔一〕李奇曰：「元尊，天也。媼神，地也。祭天燔燎，祭地瘞埋也。」師古曰：「李說非也。泰元，天也。蕃，多也。釐，福也。言天神至尊，而地神多福也。蕃音扶元反。釐讀曰禧。」

〔二〕師古曰：「蕃，多也。滋，益也。循，順也。緒，業也。」

〔三〕師古曰：「共讀曰恭。皇，皇天也。此言天子繼承祖統，恭勤為心而順天也。」

〔四〕蘇林曰：「肸音塈塗之塈。塈，飾也。」師古曰：「罔，無也。肸，振也。謂皆振整而飾之也。肸音許乙反。」

〔五〕師古曰：「嘉籩，謂祭祀之籩實也。木曰豆，竹曰籩。享字合韻宜（因）〔音〕鄉。」

〔六〕師古曰：「言威烈之盛，踰於八荒。」

〔七〕師古曰：「畫招搖於旗以征伐，故稱靈旗。將猶從也。」

〔八〕臣瓚曰：「涓，除也。除惡選取美成者也。」

天地並況，惟予有慕，〔一〕爰熙紫壇，思求厥路。〔二〕恭承禋祀，縕豫為紛，〔三〕黼繡周張，承神至尊。〔四〕千童羅舞成八溢，〔五〕合好効歡虞泰一。〔六〕九歌畢奏斐然殊，鳴琴竽瑟會軒朱。〔七〕璆磬金鼓，靈其有喜，〔八〕百官濟濟，各敬厥事。盛牲實俎進聞膏，〔九〕神奄留，臨須搖。〔一〇〕長麗前掞光耀明，〔一一〕寒暑不忒況皇章。〔一二〕展詩應律鋗玉鳴，〔一三〕函宮吐角激徵清。發梁揚羽申以商，〔一四〕造茲新音永久長。聲氣遠條鳳鳥鷃，〔一五〕神夕奄虞蓋孔享。〔一六〕

天地八　丞相匡衡奏罷「黼繡周張」，更定詩曰「肅若舊典」。〔一七〕

〔一〕師古曰：「況，賜也。」

〔二〕師古曰：「熙，興也。紫壇，壇紫色也。思求降神之路也。」

〔三〕孟康曰：「積聚脩飾，爲此紛華也。」師古曰：「縕音於粉反。」

〔四〕師古曰：「白與黑畫爲斧形謂之黼。」

〔五〕師古曰：「溢與佾同。佾，列也。」

〔六〕師古曰：「虞與娛同。」

〔七〕師古曰：「軒朱即朱軒也。言總合音樂，會於軒檻之前。」

〔八〕師古曰：「璆，美玉名，以爲磬也。喜，合韻音許吏反。」

〔九〕師古曰：「言以牲實俎，以蕭焫脂，則其芬馨達於神所，故曰盛牲實俎進聞膏。」

〔一〇〕晉灼曰：「須搖，須臾也。」師古曰：「奄讀曰淹。」

〔一〕孟康曰：「欲令神宿留，言日雖暮，長更星在前扶助，常有光明也。掞或作扶。」晉灼曰：「掞即光炎字也。」臣瓚曰：「長麗，靈鳥也。故相如賦曰『前長麗而後矞皇』。舊說云鸞也。張衡思玄賦亦曰『前長麗使拂羽』。」師古曰：「晉、瓚二說是也。麗音離。掞音豔。」

〔二〕晉灼曰：「況，賜也。皇，君也。章，明也。言長更星終始不改其光，神永以此明賜君也。」臣瓚曰：「忒，差也。寒暑不差，言陰陽和也，以此賜君，章賢德也。」師古曰：「瓚說是也。」

〔三〕晉灼曰：「鋗，鳴玉聲也。」師古曰：「鋗音火玄反。」

〔四〕晉灼曰：「下有『粱黃鼓員四人』，似新造音樂者姓名也。」師古曰：「晉說非也。自函宮吐角以下，總言五聲之備耳。申，重也。發梁，歌聲繞梁也。函與含同。」

〔五〕師古曰：「條，達也。鶂，古翔字。」

〔六〕師古曰：「虞，樂也。蓋，語辭也。孔，甚也。享，合韻音鄉。」

〔七〕師古曰：「肅，敬也。若，順也。」

日出入九

日出入安窮？時世不與人同。〔一〕故春非我春，夏非我夏，秋非我秋，冬非我冬。泊如四海之池，徧觀是邪謂何？〔二〕吾知所樂，獨樂六龍，六龍之調，使我心若。〔三〕訾黃其何不徠下！〔四〕

〔一〕晉灼曰：「日月無窮，而人命有終，世長而壽短。」

〔二〕晉灼曰：「言人壽不能安固如四海，徧觀是，乃知命甚促。謂何，當如之何也。」師古曰：「泊，水貌也，音步各反，又音魄。」

〔三〕應劭曰：「易曰『時乘六龍以御天』。武帝願乘六龍，仙而升天，曰『吾所樂獨乘六龍然，御六龍得其調，使我心若』。

〔四〕應劭曰：「訾黃一名乘黃，龍翼而馬身，黃帝乘之而仙。武帝意欲得之，曰：『何不來邪？』」師古曰：「訾，嗟歎之辭也。黃，乘黃也。歎乘黃不來下也。訾音咨。」

太一況，天馬下，〔一〕霑赤汗，沫流赭。〔二〕志俶儻，精權奇，籋浮雲，晻上馳。〔三〕體容與，迣萬里，〔四〕今安匹，龍爲友。〔五〕 元狩三年馬生渥洼水中作。

〔一〕師古曰：「言此天馬乃太一所賜，故來下也。」

〔二〕應劭曰：「大宛馬汗血霑濡也，流沫如赭也。」李奇曰：「沬音靧面之靧。」晉灼曰：「沬，古靧字也。」師古曰：「沬、沫兩通。沬者，言被面如頮也，字從水傍午未之未，音呼內反。沫者，言汗流沫出也，字從水傍本末之末，音亦如之。然今書字多作沬面之沬也。」

〔三〕蘇林曰：「籋音躡。言天馬上躡浮雲也。」師古曰：「晻音烏感反。言晻然而上馳。」

〔四〕孟康曰：「迣音逝。」如淳曰：「迣，超踰也。」晉灼曰：「古迾字。」師古曰：「孟音非也。迣讀與厲同，言能厲渡萬里也。」

〔五〕師古曰：「言今更無與匹者，唯龍可爲之友耳。」

天馬徠，從西極，涉流沙，九夷服。〔一〕天馬徠，出泉水，虎脊兩，化若鬼。〔二〕天馬徠，歷無草，徑千里，循東道。〔三〕天馬徠，執徐時，〔四〕將搖舉，誰與期？〔五〕天馬徠，開遠門，竦予身，逝昆侖。〔六〕天馬徠，龍之媒，〔七〕游閶闔，觀玉臺。〔八〕　太初四年誅宛王獲宛馬作。

天馬十

〔一〕師古曰：「言九夷皆服，故此馬遠來也。　徠，古往來字也。」

〔二〕應劭曰：「馬毛色如虎脊〔者〕有兩也。」　師古曰：「言其變化若鬼神。」

〔三〕張晏曰：「馬從西而來東也。」　師古曰：「言馬從西來，經行磧鹵之地無草者，（幾）〔凡〕千里而至東道。」

〔四〕應劭曰：「太歲在辰曰執徐。　言得天馬時歲在辰也。」　孟康曰：「東方震爲龍，又青龍宿。　言以其方來也。」　師古曰：「應說是也。」

〔五〕如淳曰：「遙，遠也。　搖或作遙。」　師古曰：「如說非也。　言當奮搖高舉，不可與期也。」

〔六〕應劭曰：「言天馬雖去人遠，當豫開門以待之也。」　文穎曰：「言武帝好仙，常庶幾天馬來，當乘之往發昆侖也。」　師古曰：「文說是也。」

〔七〕應劭曰：「言天馬者乃神龍之類，今天馬已來，此龍必至之效也。」

〔八〕應劭曰：「閶闔，天門。　玉臺，上帝之所居。」

天門開，詄蕩蕩，〔一〕穆並騁，以臨饗。〔二〕　光夜燭，德信著，〔三〕　靈寖（平而）鴻，長生豫。〔四〕　大朱涂廣，夷石爲堂，〔五〕　飾玉梢以舞歌，體招搖若永望。〔六〕　星留俞，塞隕光，〔七〕照紫幄，珠熉黃。〔八〕幡比翄回集，貳雙飛常羊。〔九〕　月穆穆以金波，日華燿以宣明。〔10〕假清風軋忽，激長至重觴。〔11〕神裴回若留放，殣冀親以肆章。〔12〕函蒙祉福常若期，〔13〕寂漻上天知厥時。〔14〕泛泛滇滇從高斿，〔15〕殷勤此路臚所求。〔16〕佻正嘉吉弘以昌，〔17〕休嘉砰隱溢四方。〔18〕專精厲意逝九閡，〔19〕紛云六幕浮大海。〔20〕

天門十一

〔一〕如淳曰：「詄讀如迭。詄蕩蕩，天體堅清之狀也。」師古曰：「詄音大結反。」

〔二〕師古曰：「言衆神穆然方駕馳騁而臨祠祭。」

〔三〕師古曰：「神光夜照，應誠而來，是德信著明。」

〔四〕師古曰：「神靈德澤所浸，溥博無私，其福甚大，故我得長生之道而安豫也。」

〔五〕師古曰：「涂，道路也。夷，平也。言通神之路，飾以朱丹，又甚廣大。平夷密石，累以爲堂。」

〔六〕師古曰：「梢，竿也，舞者所持。玉梢，以玉飾之也。招搖，申動之貌。永，長也。梢音所交反。招音韶。望，合韻音亡。」

〔七〕師古曰：「兪，答也。言衆星留神，答我饗薦，降其光燿，四面充塞也。兪音踰。」

〔八〕如淳曰：「熉音殞，黃貌也。」師古曰：「紫幄，饗神之幄也。帳上四下而覆曰幄。言光照紫幄，故其珠色熉然而黃也。熉音云。」

〔九〕文穎曰：「舞者骨騰肉飛，如鳥之回翔而雙集也。」師古曰：「常羊，猶逍遙也。」

〔10〕師古曰：「言月光穆穆，若金之波流也。宣，徧也。」

〔一〕師古曰：「軋忽，長遠之貌也。重觴，謂累獻也。」

〔二〕孟康曰：「殣音覲。」師古曰：「言神靈裴回，留而不去，故我得覲見，冀以親附而陳誠意，遂章明之。」

〔三〕師古曰：「函，包也。蒙，被也。言為神所饗，故能包函蒙被，祉福應誠而至，有常期也。」

〔四〕應劭曰：「言天雖寂漻高遠，而知我饗薦之時也。漻音來朝反。」

〔五〕應劭曰：「泛泛，上浮之意也。滇滇，盛貌也。」晉灼曰：「滇音『振旅闐闐』。」師古曰：「音徒千反。」

〔六〕應劭曰：「臚，陳也。言所以殷勤此路，乃欲陳所求也。」師古曰：「臚音力於反。」

〔七〕如淳曰：「佻讀曰肇。肇，始也。」

〔八〕師古曰：「休，美也。嘉，慶也。砰音普萌反。砰隱，盛意。」

〔九〕如淳曰：「閡亦陔也。淮南子曰若士者謂盧敖曰『吾與汗漫期乎九陔之上』。陔，重也。謂九天之上也。」師古曰：「閡，合韻音改，又音亥。」

〔一〇〕師古曰：「紛云，興作之貌。六幕，猶言六合也。」

景星顯見，信星彪列，〔一〕象載昭庭，日親以察。〔二〕參侔開闔，爰推本紀，〔三〕汾脽出鼎，皇祜元始。〔四〕五音六律，依韋饗昭，〔五〕雜變並會，雅聲遠姚。〔六〕空桑琴瑟結信成，〔七〕四興遞代八風生。〔八〕殷殷鐘石羽籥鳴。〔九〕河龍供鯉醇犧牲。〔一〇〕百末旨酒布蘭生。〔一一〕泰尊柘漿析朝酲。〔一二〕微感心攸通修名，〔一三〕周流常羊思所并。〔一四〕穰穰復正直往甯，〔一五〕馮蠵切和疏寫平。〔一六〕上天布施后土成，穰穰豐年四時榮。

景星十二　元鼎五年得鼎汾陰作。

〔一〕如淳曰：「景星者，德星也，見無常，常出有道之國。鎭星爲信星，居國益地。」師古曰：「謂彰著而爲行列也。」

〔二〕師古曰：「象謂縣象也。載，事也。縣象祕事，昭顯於庭，日來親近，甚明察也。」

〔三〕應劭曰：「參，三也。言景星光明開闔，乃三於日月也。」晉灼曰：「侔，等也。開闔，猶開闢也。言今之鼎瑞，參等於上世。」師古曰：「晉說是。」

〔四〕師古曰：「皇，大也。祜，福也。脽音誰。祜音怙。」

〔五〕師古曰：「依韋，諧和不相乖離也。饗讀曰響。昭，明也，言聲響之明也。」

〔六〕師古曰：「姚，僄姚，言飛揚也。」

〔七〕張晏曰：「傳曰『空桑爲瑟，一彈三歎』，祭天質故也。」師古曰：「空桑，地名也，出善木，可爲琴瑟也。」

〔八〕應劭曰：「四時遞代成陰陽，八風以生也。」臣瓚曰：「舞者四縣代奏也。左氏傳曰『夫舞者，所以節八音而行八風』也。」師古曰：「瓚說是也。八方之風，謂東北曰條風，東方曰明庶風，東南曰清明風，南方曰景風，西南曰涼風，西方曰閶闔風，西北曰不周風，北方曰廣莫風。」

〔九〕師古曰：「殷殷，聲盛也。石謂磬也。羽籥，韶舞所持者也。殷音隱。」

〔一〇〕晉灼曰：「河龍，夏之所賜者也。供鯉，給廚祭也。」師古曰：「醇謂色不雜也。犧牲，牛羊全體者也。」

〔一一〕張晏曰：「百末，末作之末也。」晉灼曰：「百日之末酒也，芬香布列，若蘭之生也。」師古曰：「百末，百草華之末也。旨，美也。以百草華末雜酒，故香且美也。事見春秋繁露。」

〔一二〕應劭曰：「柘漿，取甘柘汁以爲飲也。酲，病酒也。析，解也。言柘漿可以解朝酲也。」

〔一三〕師古曰：「言精微所應，其心攸遠，故得通達成長久之名。」

〔一四〕師古曰：「周流，猶周行也。常羊，猶逍遙也。思所并，思與神道合也，下言合所思是也。」

〔一五〕師古曰：「穰穰，多也。復猶歸也。直，當也。甯，願也。言獲福既多，歸於正道，克當往日所願也。復音扶目反，甯合韻音寧。」

〔一六〕晉灼曰：「馮，馮夷，河伯也。蠵，觜蠵，龜屬也。」師古曰：「言馮夷命靈蠵，使切厲諸和水神，令之疏導川瀆，寫散平均，無災害也。蠵音弋隨反，又音攜。」

齊房產草，九莖連葉，〔一〕宮童効異，披圖案諜。〔二〕玄氣之精，回復此都，〔三〕蔓蔓日茂，芝成靈華。〔四〕

齊房十三　元封二年芝生甘泉齊房作。

〔一〕師古曰：「齊讀曰齋。其下並同。」

〔二〕臣瓚曰：「宮之童豎致此異瑞也。」蘇林曰：「諜，譜弟之也。」

〔三〕師古曰：「玄，天也。言天氣之精，回旋反復於此雲陽之都，謂甘泉也。」

〔四〕師古曰：「蔓蔓，言其長久，日以茂盛也。」

后皇嘉壇，立玄黃服，〔一〕物發冀州，兆蒙祉福。〔二〕沇沇四塞，徦狄合處，〔三〕經營萬億，咸遂厥宇。〔四〕

后皇十四

〔一〕師古曰：「壇，祭壇也。服，祭服也。」

〔二〕晉灼曰：「得寶鼎於汾陰也。」臣瓚曰：「汾陰屬冀州。」

〔三〕孟康曰：「沇音兗。」師古曰：「沇沇，流行之貌也。假狄，遠夷也。合處，內附也。假即遐字耳，其字從彳。彳音丑益反。」

〔四〕師古曰：「宇，居也。言我經營萬方億兆，故得咸遂其居。」

華爗爗，固靈根。神之斿，過天門，車千乘，敦昆侖。〔一〕神之出，排玉房，周流雜，拔蘭堂。〔二〕神之行，旌容容，騎沓沓，般縱縱。〔三〕神之徠，泛翊翊，甘露降，慶雲集。〔四〕神之揄，臨壇宇，〔五〕九疑賓，夔龍舞。〔六〕神安坐，鴹吉時，〔七〕共翊翊，合所思。〔八〕神嘉虞，申貳觴，〔九〕福滂洋，邁延長。〔一〇〕沛施祐，汾之阿，〔一一〕揚金光，橫泰河，〔一二〕莽若雲，增陽波。〔一三〕徧臚驩，騰天歌。〔一四〕

華爗爗十五

〔一〕師古曰：「敦讀曰屯。屯，聚也。」

〔二〕師古曰：「拔，舍止也，音步曷反。」

〔三〕孟康曰：「縱音總。」晉灼曰：「音人相從勇作惡。」師古曰：「容容，飛揚之貌。沓沓，疾行也。般，相連也。縱縱，衆也。容音勇。縱音總。一曰容讀如本字，從音才公反。」

〔四〕如淳曰：「天文志云『若烟非烟，若雲非雲，郁郁紛紛，是謂慶雲』。」師古曰：「翊音弋入反，又音立。」

〔五〕師古曰：「揄，引也。壇宇，謂祭祠壇場及宮室。言神引來降臨之也。揄音踰。」

〔六〕如淳曰：「九疑，舜所葬。言以舜為賓客也。夔典樂，龍管納言，皆隨舜而來，舞以樂神。」

〔七〕師古曰：「鴹，古翔字也。言神安坐回翔，皆趣吉時也。」

〔八〕師古曰：「共讀曰恭。翊翊，敬也。」

〔九〕師古曰：「虞，樂也。貳觴，猶重觴也。」

〔一〇〕師古曰：「滂洋，饒廣也。滂音普郎反。洋音羊，又音祥。」

〔一一〕師古曰：「沛音普大反。沛然泛貌也。阿，水之曲隅。」

〔一二〕師古曰：「横，充滿也。泰河，大河也。」

〔一三〕師古曰：「莽，雲貌。言光明之盛，莽莽然如雲也。」

〔一四〕師古曰：「臚，陳也。騰，升也。言陳其歡慶，令歌上升於天。」

五神相，包四鄰，〔一〕土地廣，揚浮雲。扢嘉壇，椒蘭芳，〔二〕璧玉精，垂華光。〔三〕益億年，美始興，〔四〕交於神，若有承。〔五〕廣宣延，咸畢觴，〔六〕靈輿位，偃蹇驤。〔七〕卉汩臚，析奚(道)〔遺〕？〔八〕淫淥澤，洼然歸。〔九〕

五神十六

〔一〕如淳曰：「五帝為太一相也。」師古曰：「包，含也。四鄰，四方。」

〔二〕孟康曰：「扢，摩也。」師古曰：「音公忽反。謂摩拭其壇，加以椒蘭之芳。」

〔三〕師古曰：「言禮神之璧乃玉之精英，故有光華也。」

〔四〕師古曰：「言福慶方興起也。」

〔五〕師古曰：「言神來降臨，故盡其肅恭。」

〔六〕師古曰：「言徧延諸神，咸歆祭祀，畢盡觴爵也。」

〔七〕師古曰：「神既畢饗，則嚴駕靈輿，引其侍從之位偃蹇高驤也。蹇音居偃反。」

〔八〕師古曰：「幷汨，疾意也。臚，陳也。析，分也。奚，何也。言速自陳列分散而歸，無所留也。汨音于筆反。」

〔九〕師古曰：「淫，久也。淥澤，澤名。言我饗神之後，久在淥澤，乃浧然而歸也。淥音綠。浧音烏黃反。」

朝隴首，覽西垠，〔一〕靁電尞，獲白麟。〔二〕爰五止，顯黃德，〔三〕圖匈虐，熏鬻殛。〔四〕闢流離，抑不詳，〔五〕賓百僚，山河饗。〔六〕掩回轅，鬗長馳，〔七〕騰雨師，洒路陂。〔八〕流星隕，感惟風，籋歸雲，撫懷心。〔九〕

朝隴首十七　元狩元年行幸雍獲白麟作。

〔一〕臣瓚曰：「謂朝於隴首而覽西北也。」師古曰：「隴坻之首也。垠，厓也。坻音丁禮反。」

〔二〕臣瓚曰：「尞祭五時，皆有報應，聲若靁，光若電也。」師古曰：「尞，古燎字。」

〔三〕師古曰：「爰，曰也，發語辭也。止，足也。時白麟足有五蹏。」

〔四〕應劭曰：「熏鬻，匈奴本號也。」師古曰：「殛，窮也。一曰，殛，誅也，音居力反。」

〔五〕師古曰：「流離不得其所者，爲開道路，使之安集。違道不詳善者，則抑黜之，以申懲勸也。」

〔六〕師古曰：「百僚，百神之官也。饗，合韻音鄉。」

〔七〕如淳曰：「鬗音樠。鬗鬗，長貌也。」師古曰：「音武元反。」

〔八〕師古曰：「洒，灑也。路陂，路傍也。言使雨師灑道也。洒音灑，又音山豉反。」

〔九〕師古曰：「懷心，懷柔之心也。鑈音躡。」

象載瑜，白集西，〔一〕食甘露，飲榮泉。〔二〕赤鴈集，六紛員，〔三〕殊翁雜，五采文。〔四〕神所見，施祉福，登蓬萊，結無極。〔五〕

象載瑜十八　太始三年行幸東海獲赤鴈作。

〔一〕服虔曰：「象載，鳥名也。」師古曰：「此說非也。象載，象輿也。山出象輿，瑞應車也。瑜，美貌也。言此瑞車瑜然色白而出西方也。西，合韻音先。」

〔二〕師古曰：「駕輿者之所飲食也。榮泉，言泉有光華。」

〔三〕師古曰：「言六者，所獲赤鴈之數也。紛員，多貌也。言西獲象輿，東獲赤鴈，祥瑞多也。員音云。」

〔四〕孟康曰：「翁，鴈頸也。言其文采殊異也。」

〔五〕師古曰：「見，顯示也。蓬萊，神山也，在海中。結，成也。」

赤蛟綏，黃華蓋，〔一〕露夜零，晝晻濭。〔二〕百君禮，六龍位，〔三〕勺椒漿，靈已醉。〔四〕靈既享，錫吉祥，芒芒極，降嘉觴。〔五〕靈殷殷，爛揚光，〔六〕延壽命，永未央。杳冥冥，塞六合，澤汪濊，輯萬國。〔七〕靈禗禗，象輿轙，〔八〕票然逝，旗逶蛇。〔九〕禮樂成，靈將歸，託

玄德，長無衰。〔一〇〕

赤蛟十九

〔一〕師古曰：「綏綏，赤蛟貌。黃華蓋，言其上有黃氣，狀若蓋也。」
〔二〕師古曰：「晻音烏感反。薀音藹。晻薀，雲氣之貌。」
〔三〕師古曰：「百君，亦謂百神也。」
〔四〕師古曰：「勺讀曰酌。」
〔五〕師古曰：「芒芒，廣大貌，音莫郎反。」
〔六〕師古曰：「殷殷，盛也。爛，光貌。殷音隱。」
〔七〕師古曰：「塞，滿也。輯，和也。天地四方謂之六合。汪濊，言饒多也。濊音於廢反，又音烏外反。輯與集同。」
〔八〕孟康曰：「禗音近枲，不安欲去也。轙，待也。」如淳曰：「轙，僕人嚴駕待發之意也。」師古曰：「禗，孟音是也。轙，如說是也。轙音儀。」
〔九〕師古曰：「票然，輕舉意也。逶蛇，旗貌也。票音匹遙反。蛇音移。」
〔一〇〕師古曰：「言託恃天德，冀獲長生，無衰竭也。」

其餘巡狩福應之事，不序郊廟，故弗論。

是時，河間獻王有雅材，亦以爲治道非禮樂不成，因獻所集雅樂。天子下大樂官，常存肄之，〔一〕歲時以備數，然不常御，常御及郊廟皆非雅聲。然詩樂施於後嗣，猶得有所祖述。

昔殷周之雅頌，乃上本有娀、姜原，〔二〕卨、稷始生，玄王、公劉、古公、大伯、王季、姜女、大任、太姒之德，〔三〕乃及成湯、文、武受命，武丁、成、康、宣王中興，〔四〕下及輔佐阿衡、周、召、太公、申伯、召虎、仲山甫之屬，〔五〕君臣男女有功德者，靡不褒揚。功德既信美矣，褒揚之聲盈乎天地之間，是以光名著於當世，遺譽垂於無窮也。今漢郊廟詩歌，未有祖宗之事，八音調均，又不協於鐘律，而內有掖庭材人，外有上林樂府，皆以鄭聲施於朝廷。

〔一〕師古曰：「肄，習也。音弋二反。」

〔二〕應劭曰：「簡狄，有娀之女，呑燕卵而生契。」師古曰：「姜嫄，后稷之母也。」

〔三〕師古曰：「卨，殷之始祖。稷，周之始祖。玄王亦殷之先祖，承黑帝之後，故曰玄王。公劉，后稷之曾孫也。古公亶父，即豳公也。大伯，大王之子，王季之兄也。王季，文王之父也。姜女，亶甫之妃也。大任，文王之母也。太姒，文王之妃，武王之母也。毛、鄭說詩，以玄王即卨也。此志既言卨，又有玄王，則玄王非卨一人矣。」

〔四〕師古曰：「武丁，殷王高宗也。周成王，武王之子也。康王，成王之子也。宣王，厲王之子。」

〔五〕師古曰：「阿衡，伊尹職號也。周，周公旦也。召，召公奭也。太公，師尚父也。申伯、召虎、仲山甫，皆周宣王臣也。」

至成帝時，謁者常山王禹世受(可)〔河〕間樂，能說其義，其弟子宋曅等上書言之，〔一〕下大夫博士平當等考試。當以爲「漢承秦滅道之後，賴先帝聖德，博受兼聽，修廢官，立大學，河間獻王聘求幽隱，修興雅樂以助化。時大儒公孫弘、董仲舒等皆以爲音中正雅，立之大樂。春秋鄉射，作於學官，希闊不講。〔二〕故自公卿大夫觀聽者，但聞(鑑)〔鏗〕鎗，不曉其意，而欲以風諭衆庶，其道無由。〔三〕是以行之百有餘年，德化至今未成。今曅等守習孤學，大指歸於興助教化。衰微之學，興廢在人。宜領屬雅樂，以繼絕表微。〔四〕孔子曰：『人能弘道，非道弘人。』〔五〕河間區區，(不)〔小〕國藩臣，〔六〕以好學修古，能有所存，〔七〕民到于今稱之，況於聖主廣被之資，〔八〕修起舊文，放鄭近雅，述而不作，信而好古，於以風示海內，揚名後世，誠非小功小美也。」事下公卿，以爲久遠難分明，當議復寢。

〔一〕師古曰：「曅音于輒反。」

〔二〕師古曰：「講謂論習也。」

〔三〕師古曰：「風，化也。」

〔四〕師古曰：「表，顯也。」

〔五〕師古曰：「論語載孔子之言。」

〔六〕師古曰：「區區，小貌也。」

〔七〕師古曰：「存意於禮樂。」

〔八〕師古曰：「被猶覆也，音皮義反。」

是時，鄭聲尤甚。黃門名倡丙彊、景武之屬富顯於世，貴戚五侯定陵、富平外戚之家〔一〕淫侈過度，至與人主爭女樂。哀帝自爲定陶王時疾之，又性不好音，及即位，下詔曰：「惟世俗奢泰文巧，而鄭衞之聲興。夫奢泰則下不孫而國貧，〔三〕文巧則趨末背本者衆，〔三〕鄭衞之聲興則淫辟之化流，〔四〕而欲黎庶敦朴家給，猶濁其源而求其清流，〔五〕豈不難哉！孔子不云乎？『放鄭聲，鄭聲淫。』〔六〕其罷樂府官。郊祭樂及古兵法武樂，在經非鄭衞之樂者，條奏，別屬他官。」丞相孔光、大司空何武奏：「郊祭樂人員六十二人，給祠南北郊。大樂鼓員六人，嘉至鼓員十人，邯鄲鼓員二人，騎吹鼓員三人，江南鼓員二人，淮南鼓員四人，巴俞鼓員三十六人，〔七〕歌鼓員二十四人，楚嚴鼓員一人，梁皇鼓員四人，臨淮鼓員三十五人，茲邡鼓員三人，〔八〕凡鼓十二，員百二十八人，朝賀置酒陳殿下，應古兵法。外郊祭員十三人，諸族樂人兼雲招給祠南郊用六十七人，〔九〕兼給事雅樂用四人，夜誦員五人，剛、別柎員二人，〔一〇〕給盛德主調篪員二人，〔一一〕聽工以律知日冬夏至一人，鐘工、磬工、簫工員各一人，僕射二人主領諸樂人，皆不可罷。竽工員三人，一人可罷。〔一二〕琴工員五人，三人可罷。柱工員二人，一人可罷。〔一三〕繩弦工員六人，四人可罷。〔一四〕鄭四會員六十二人，一人給事雅樂，六十一人可罷。張瑟員八人，七人可罷。安世樂鼓員二十人，十九人可罷。沛吹鼓員十二人，族歌鼓員二十七人，陳吹鼓員十三人，商樂鼓員十四人，東海鼓員十六人，長樂鼓員十三人，縵樂鼓員十三人，〔一五〕凡鼓八，員百二十八人，朝賀置酒，陳前殿房中，不應經法。治竽員五人，楚鼓員六人，常從倡三十人，常從象人四人，〔一六〕詔隨常從倡十六人，秦倡員二十九人，秦倡象人員三人，詔隨秦倡一人，雅大人員九人，朝賀置酒爲樂。楚四會員十七人，巴四會員十二人，銚四會員十二人，〔七〕齊四會員十九人，蔡謳員三人，齊謳員六人，竽瑟鐘磬員五人，皆鄭聲，可罷。師學百四十二人，其七十二人給大官挏馬酒，〔八〕其七十人可罷。大凡八百二十九人，其三百八十八人不可罷，可領屬大樂，其四百四十一人不應經法，或鄭衞之聲，皆可罷。」奏可。然百姓漸漬日久，又不制雅樂有以相變，豪富吏民湛沔自若，〔九〕陵夷壞于王莽。

〔一〕師古曰：「五侯，王鳳以下也。定陵，淳于長也。富平，張放。」

〔二〕師古曰：「孫讀曰遜。」

〔三〕師古曰：「趨讀曰趣。趣，嚮也。」

〔四〕師古曰：「辟讀曰僻也。」

〔五〕師古曰：「源，水泉之本。」

〔六〕師古曰：「論語載孔子之言。」

〔七〕師古曰：「巴，巴人也。俞，俞人也。當高祖初爲漢王，得巴俞人，並趫捷善鬭，與之定三秦滅楚，因存其武樂也。巴俞之樂因此始也。巴即今之巴州，俞即今之（俞）〔渝〕州，各其本地。」

〔八〕晉灼曰：「邡音方。」

〔九〕師古曰：「招讀與翹同。」

〔一〇〕師古曰：「剛及別柎皆鼓名也。柎音膚。」
〔一一〕師古曰：「篪以竹爲之，七孔，亦笛之類也，音池。」
〔一二〕師古曰：「竽，笙類也，三十六簧，音于。」
〔一三〕師古曰：「柱工，主箏瑟之柱者。」
〔一四〕師古曰：「弦，琴瑟之弦。繩言主糾合作之也。」
〔一五〕師古曰：「縵樂，雜樂也，音漫。」
〔一六〕孟康曰：「象人，若今戲蝦魚師子者也。」韋昭曰：「著假面者也。」師古曰：「孟說是。」
〔一七〕李奇曰：「疑是鼗。」韋昭曰：「銚，國名，音繇。」師古曰：「韋說是也。銚音姚。」
〔一八〕李奇曰：「以馬乳爲酒，撞挏乃成也。」師古曰：「挏音動。馬酪味如酒，而飲之亦可醉，故呼馬酒也。」
〔一九〕師古曰：「湛讀曰沈，又讀曰耽。自若，言自如故也。」

今海內更始，民人歸本，戶口歲息，〔一〕平其刑辟，牧以賢良，至於家給，既庶且富，則須庠序禮樂之教化矣。〔二〕今幸有前聖遺制之威儀，誠可法象而補備之，經紀可因緣而存著也。孔子曰：「殷因於夏禮，所損益，可知也；周因於殷禮，所損益，可知也；其或繼周者，百世可知也。」〔三〕今大漢繼周，久曠大儀，未有立禮成樂，此賈(宜)〔誼〕、仲舒、王吉、劉向之徒所爲發憤而增嘆也。〔四〕

〔一〕師古曰：「今謂班氏撰書時也。息，生也。」

〔二〕師古曰：「家給，解已在前。庶，衆也。論語云孔子曰：『庶矣哉！』冉有曰：『既庶矣，又何加焉？』曰：『富之。』曰：『既富矣，又何加焉？』曰：『教之。』故班氏引之也。」

〔三〕師古曰：「論語載孔子答子張之言也。」

〔四〕師古曰：「感嘆也。」

校勘記

一〇三四頁三行　(大不備)或莫甚焉。　王先謙說「大不備」三字誤衍。「或」古「惑」字。通鑑不重三字，「或」作「惑」，是所見本不誤。

一〇三六頁四行　(毋常人)〔每常大〕行禮乃置。　「毋常人」，景祐本作「每常大」。殿本「常」作「當」。

一〇三七頁七行　皆安其位而不相奪(也)，足以感動人之善心(而)〔也〕，不使邪氣得接焉，　景祐本如此。

一〇三七頁一三行　麤(古)〔作〕麄字，〔非是〕。　景祐本如此。按「麄」是「麤」之俗字，故說非是。

一〇四一頁一六行　而說論語者乃以為(追)魯哀公時禮壞樂崩，　景祐、殿本無「追」字。

一〇四四頁七行　高(祖)廟奏武德、文始、五行之舞；　王念孫說「祖」字涉上下文而衍，景祐本作「高廟」，是也。

一〇四四頁一〇行　以(明)示天下之安和也。　王念孫說「明」字涉下兩「明」字而衍，景祐本無。

一〇四五頁一〇行　更重立(之)〔也〕。　景祐、殿本都作「也」。

一〇四七頁一六行　言各置(郊)〔部〕校，　景祐、殿、局本都作「部」。王先謙說作「部」是。

一〇四九頁二行　桂華　錢大昭說，此二字是練時日、帝臨、青陽之類，所以記章數也。但存桂華、美若二章之名，其餘俱脫去耳。

一〇五〇頁四行　美（芳）〔若〕　劉奉世說，桂華、美芳皆二詩章名，本側注在前章之末，傳寫之誤，遂以冠後。後詞無「美芳」，亦當作「美若」矣。

一〇五〇頁一三行　蠻夷遣（擇）〔譯〕致福貢也。　景祐、殿本都作「譯」。王先謙說作「譯」是。

一〇五七頁四行　（列）〔烈〕騰八荒。　景祐、殿本都作「烈」。王先謙說作「烈」是。

一〇五七頁一三行　享字合韻宜（因）〔音〕鄉。　景祐、殿本都作「音」。王先謙說作「音」是。

一〇六一頁五行　馬毛色如虎脊〔者〕有兩也。　「者」字據景祐、殿本補。

一〇六一頁六行　（幾）〔凡〕千里而至東道。　景祐、殿本都作「凡」。王先謙說作「凡」是。

一〇六二頁一四行　靈𨗨（平而）鴻，長生豫。　王先謙說，八字不成句義，「平而」二字當衍。顏注亦未爲「平」字釋義，衍文明矣。

一〇六七頁一三行　析奚（道）〔遺〕？　景祐、殿、局本都作「遺」。王先謙說作「遺」是。

一〇七一頁一四行　世受（可）〔河〕間樂，　錢大昭說「可」當作「河」。按景祐、殿、局本都作「河」。

一〇七二頁一行　但聞（鎰）〔鏗〕鎗，　景祐、殿、局本都作「鏗」。王先謙說作「鏗」是。

一〇七二頁四行　（不）〔小〕國蕃臣，　錢大昭說「不」疑「小」字之譌。按景祐、殿本都作「小」。

一〇七三頁八行　剛、別柎員二人，〔一〇〕給盛德主調篪員二人，　注〔一〇〕原在「盛德」下。王先謙說「給盛德」三字當下屬。

一〇七四頁一四行　兪卽今之(兪)〔渝〕州。　景祐、殿本都作「渝」。王先謙說作「渝」是。

一〇七五頁一四行　賈(宜)〔誼〕　景祐、殿本都作「誼」。王先謙說作「誼」是。

漢書卷二十三

刑法志第三

夫人宵天地之貌，〔一〕懷五常之性，〔二〕聰明精粹，〔三〕有生之最靈者也。爪牙不足以供耆欲，趨走不足以避利害，〔四〕無毛羽以禦寒暑，必將役物以爲養，任智而不恃力，此其所以爲貴也。故不仁愛則不能羣，不能羣則不勝物，不勝物則養不足。羣而不足，爭心將作，上聖卓然先行敬讓博愛之德者，衆心説而從之。〔五〕從之成羣，是爲君矣；歸而往之，是爲王矣。〔六〕洪範曰：「天子作民父母，爲天下王。」〔七〕聖人取類以正名，而謂君爲父母，明仁愛德讓，王道之本也。愛待敬而不敗，德須威而久立，故制禮以崇敬，作刑以明威也。聖人既躬明悊之性，〔八〕必通天地之心，制禮作教，立法設刑，動緣民情，而則天象地。〔九〕故曰先王立禮，「則天之明，因地之性」也。〔一〇〕刑罰威獄，以類天之震曜殺戮也；〔一一〕溫慈惠和，以效天之生殖長育也。書云「天秩有禮」，「天討有罪」。〔一二〕故聖人因天秩而制五禮，〔一三〕因天討而作五刑。〔一四〕大刑用甲兵，〔一五〕其次用斧鉞；〔一六〕中刑用刀鋸，〔一七〕其次用鑽鑿；〔一八〕薄刑用鞭

扑。〔一九〕大者陳諸原野，〔二〇〕小者致之市朝，〔二一〕其所繇來者上矣。〔二二〕

〔一〕應劭曰：「宵，類也。頭圓象天，足方象地。」孟康曰：「宵，化也，言稟天地氣化而生也。」師古曰：「宵義與肖同，應說是也。故庸安之人謂之不肖，言其狀貇無所象似也。貇，古貌字。」

〔二〕師古曰：「五常，仁、義、禮、智、信。」

〔三〕師古曰：「精，細也，言其識性細密也。粹，淳也，音先遂反。」

〔四〕師古曰：「耆讀曰嗜。」

〔五〕師古曰：「說讀曰悅。」

〔六〕師古曰：「言爭往而歸之也。」

〔七〕師古曰：「洪範，周書也。」

〔八〕師古曰：「躬謂身親有之。」

〔九〕師古曰：「則，法也。」

〔一〇〕師古曰：「春秋左氏傳載鄭大夫子太叔之辭也。」

〔一一〕師古曰：「震謂雷電也。」

〔一二〕師古曰：「此虞書咎繇謨之辭也。秩，敍也。言有禮者天則進敍之，有罪者天則討治之。」

〔一三〕師古曰：「五禮，吉、凶、賓、軍、嘉。」

〔一四〕師古曰：「其說在下也。」

〔一五〕張晏曰：「以六師誅暴亂。」

〔一六〕韋昭曰：「斬刑也。」

〔一七〕韋昭曰：「刀，割刑。鋸，刖刑也。」

〔一八〕韋昭曰：「鑽，髕刑也。鑿，黥刑也。」師古曰：「鑽，鑽去其髕骨也。鑽音子端反。髕音頻忍反。」

〔一九〕師古曰：「扑，杖也，音普木反。」

〔二〇〕師古曰：「謂征討所殺也。」

〔二一〕應劭曰：「大夫以上尸諸朝，士以下尸諸市。」

〔二二〕師古曰：「繇讀與由同。」

自黃帝有涿鹿之戰以定火災，〔一〕顓頊有共工之陳以定水害。〔二〕唐虞之際，至治之極，猶流共工，放讙兜，竄三苗，殛鯀，然後天下服。〔三〕夏有甘扈之誓，〔四〕殷、周以兵定天下矣。〔五〕天下既定，戢臧干戈，教以文德，〔六〕而猶立司馬之官，設六軍之衆，〔七〕因井田而制軍賦。地方一里爲井，井十爲通，通十爲成，成方十里；成十爲終，終十爲同，同方百里；同十爲封，封十爲畿，畿方千里。有稅有（租）〔賦〕。〔八〕稅以足食，賦以足兵。故四井爲邑，四邑爲丘。丘，十六井也，有戎馬一匹，牛三頭。四丘爲甸。甸，六十四井也，有戎馬四匹，兵車一乘，牛十二頭，甲士三人，卒七十二人，干戈備具，是謂乘馬之法。〔九〕一同百里，提封萬井，〔一〇〕除山川沈斥，城池邑居，園囿術路，三千六百井，〔一一〕定出賦六千四百井，戎馬四百匹，兵車百乘，此卿大夫采地之大者也，〔一二〕是謂百乘之家。一封三百一十六里，提封十萬井，定出賦六萬四千井，戎馬四千匹，兵車千乘，此諸侯之大者也，是謂千乘之國。天子畿方千里，提封百萬井，定出賦六十四萬井，戎馬四萬匹，兵車萬乘，故稱萬乘之主。戎馬車徒干戈素具，春振旅以搜，夏拔舍以苗，秋治兵以獮，冬大閱以狩，〔一三〕皆於農隙以講事焉。〔一四〕五國為屬，屬有長；十國為連，連有帥；〔一五〕三十國為卒，卒有正；二百一十國為州，州有牧。連帥比年簡車，〔一六〕卒正三年簡徒，〔一七〕羣牧五載大簡車徒，此先王為國立武足兵之大略也。

〔一〕鄭氏曰：「涿鹿在彭城南。與炎帝戰，炎帝火行，故云火（炎）〔災〕。」李奇曰：「黃帝與炎帝戰於阪泉，今言涿鹿，地有二名也。」文穎曰：「國語云，黃帝，炎帝弟也。炎帝號神農，火行也，後子孫暴虐，黃帝伐之，故言以定火災。律曆志云『與炎帝後戰於阪泉』。涿鹿在上谷，今見有阪泉地黃帝祠。」師古曰：「文說是也。彭城者，上谷北別有彭城，非宋之彭城也。」

〔二〕文穎曰：「共工，主水官也，少昊氏衰，秉政作害，顓頊伐之。本主水官，因為水行也。」師古曰：「共讀曰龔。次下亦同。」

〔三〕師古曰：「舜受堯禪而流共工于幽州，放讙兜于崇山，竄三苗于三危，殛鯀于羽山也。殛，誅也，音居力反。」

〔四〕師古曰：「謂啓與有扈戰于甘之野，作甘誓，事見夏書。扈國，今鄠縣是也。甘即甘水之上。」

〔五〕師古曰：「謂湯及武王。」

〔六〕師古曰：「戢，斂也。」

〔七〕師古曰：「司馬，夏官卿，掌邦政，軍旅屬焉。萬二千五百人爲軍，王則六軍也。」

〔八〕師古曰：「稅者，田租也。賦謂發斂財也。」

〔九〕鄭氏曰：「甲士在車上也。」師古曰：「乘音食證反。其下並同。」

〔一〇〕蘇林曰：「提音秖，陳留人謂舉田爲秖。」李奇曰：「提，舉也，舉四封之內也。」師古曰：「李說是也。提讀如本字，蘇音非也。說者或以爲積土而封謂之隄封，既改文字，又失義也。」

〔一一〕臣瓚曰：「沈斥，水田舃鹵也。」如淳曰：「術，大道也。」師古曰「川謂水之通流者也。沈謂居深水之下也。斥，鹹鹵之地。」

〔一二〕師古曰：「采，官也。因官食地，故曰采地。爾雅曰『采、寮，官也』。說者不曉采地之義，因謂菜地，云以種菜，非也。」

〔一三〕師古曰：「振旅，整衆也。搜，搜擇不任孕者。拔舍，草止，不妨農也。苗，爲苗除害也。治兵，觀威武也。獮，應殺氣也。大閱，簡車馬也。狩，火田。一曰，狩，守也，圍守而取之。拔音步末反。」

〔一四〕師古曰：「隙，空閑也。講，和習之也。」

〔一五〕師古曰：「長音竹兩反。帥音所類反。」

〔一六〕師古曰：「比年，頻年也。」

〔一七〕師古曰：「徒，人衆。」

周道衰，法度墮，〔一〕至齊桓公任用管仲，而國富民安。公問行伯用師之道，〔二〕管仲曰：「公欲定卒伍，修甲兵，大國亦將修之，而小國設備，則難以速得志矣。」於是乃作內政而寓軍令焉，〔三〕故卒伍定虖里，而軍政成虖郊。連其什伍，〔四〕居處同樂，死生同憂，禍福共之，故夜戰則其聲相聞，晝戰則其目相見，緩急足以相死。其教已成，外攘夷狄，內尊天子，以安諸夏。〔五〕齊(威)〔桓〕既沒，晉文接之，亦先定其民，作被廬之法，〔六〕總帥諸侯，迭爲盟主。〔七〕然其禮已頗僭差，又隨時苟合以求欲速之功，故不能充王制。二伯之後，寖以陵夷，〔八〕至魯成公作丘甲，〔九〕哀公用田賦，〔一〇〕搜狩治兵大閱之事皆失其正。春秋書而譏之，以存王道。於是師旅亟動，百姓罷敝，〔一一〕無伏節死難之誼。孔子傷焉，曰：「以不教民戰，是謂棄之。」〔一二〕故稱子路曰：「由也，千乘之國，可使治其賦也。」而子路亦曰：「千乘之國，攝虖大國之間，加之以師旅，因之以饑饉，由也爲之，比及三年，可使有勇，且知方也。」〔一三〕治其賦兵教以禮誼之謂也。

〔一〕師古曰：「墮即隳字。隳，毀也，音火規反。」

〔二〕師古曰：「伯讀曰霸。」

〔三〕師古曰：「寓，寄也，寄於內政而修軍令也。」

〔四〕師古曰：「五人爲伍，二伍爲什。」

〔五〕師古曰：「攘，卻也。諸夏，中國之諸侯也。夏，大也，言大於四夷也。攘音人羊反。」

〔六〕應劭曰：「搜於被廬之地，作執秩以爲六官之法，因以名之也。」師古曰：「被廬，晉地也。被音皮義反。」

〔七〕師古曰：「迭，互也，音大結反。」

〔八〕師古曰：「寖，漸也。陵夷，頹替也。二伯，齊桓公、晉文公也。伯讀曰霸。」

〔九〕師古曰：「丘，十六井也，止出戎馬一匹，牛三頭。四丘爲甸。甸，六十四井也，乃出戎馬四匹，兵車一乘，牛十二頭，甲士三人，卒七十二人耳。今乃使丘出甸賦，違常制也。一說，別令人爲丘作甲也。士農工商四類異業，甲者非凡人所能爲，而令作之，譏不正也。」

〔一〇〕師古曰：「田賦者，別計田畝及家財各爲一賦。言不依古制，役煩斂重也。」

〔一一〕師古曰：「亟，屢也，音丘吏反。罷讀曰疲。」

〔一二〕師古曰：「論語載孔子之言也，非其不素習。」

〔一三〕師古曰：「皆論語所載也。方，道也。比音必寐反。」

春秋之後，滅弱吞小，並爲戰國，稍增講武之禮，以爲戲樂，用相夸視。〔一〕而秦更名角抵，〔二〕先王之禮沒於淫樂中矣。雄桀之士因勢輔時，作爲權詐以相傾覆，吳有孫武，齊有孫臏，〔三〕魏有吳起，秦有商鞅，皆禽敵立勝，垂著篇籍。當此之時，合從連衡，〔四〕轉相攻伐，代爲雌雄。〔五〕齊愍以技擊彊，〔六〕魏惠以武卒奮，〔七〕秦昭以銳士勝。〔八〕世方爭於功利，而馳說者以孫、吳爲宗。時唯孫卿明於王道，〔九〕而非之曰：「彼孫、吳者，上勢利而貴變詐；施於暴亂昏嫚之國，君臣有間，〔一〇〕上下離心，政謀不良，故可變而詐也。夫仁人在上，爲下所卬，〔一一〕猶子弟之衞父兄，若手足之扞頭目，何可當也？〔一二〕鄰國望我，歡若親戚，芬若椒蘭，顧視其上，猶焚灼仇讎。人情豈肯爲其所惡而攻其所好哉？故以桀攻桀，猶有巧拙；以桀詐堯，若卵投石，夫何幸之有！〔一三〕詩曰：『武王載旆，有虔秉鉞，如火烈烈，則莫我敢遏。』〔四〕言以仁誼綏民者，無敵於天下也。若齊之技擊，得一首則受賜金。事小敵脃，則媮可用也；〔五〕事鉅敵堅，則渙然離矣。〔六〕是亡國之兵也。魏氏武卒，衣三屬之甲，〔七〕操十二石之弩，負矢五十个，置戈其上，冠冑帶劍，贏三日之糧，〔八〕日中而趨百里，〔九〕中試則復其戶，利其田宅。〔一〇〕如此，則其地雖廣，其稅必寡，其氣力數年而衰。是危國之兵也。秦人，其生民也陿阸，其使民也酷烈。〔一一〕劫之以勢，隱之以阸，〔一二〕狃之以賞慶，道之以刑罰，〔一三〕使其民所以要利於上者，非戰無由也。功賞相長，五甲首而隸五家，〔一四〕是最爲有數，故能四世有勝於天下。然皆干賞蹈利之兵，庸徒鬻賣之道耳，〔一五〕未有安制矜節之理也。〔一六〕故雖地廣兵彊，鰓鰓常恐天下之一合而共軋己也。〔一七〕至乎齊桓、晉文之兵，可謂入其域而有節制矣，〔一八〕然猶未本仁義之統也。故齊之技擊不可以遇魏之武卒，魏之武卒不可以直秦之銳士，〔一九〕秦之銳士不可以當桓、文之節制，桓、文之節制不可以敵湯、武之仁義。」

〔一〕師古曰：「視讀曰示。」

〔二〕師古曰：「抵音丁禮反，解在武紀。」

〔三〕師古曰：「臏音頻忍反。」

〔四〕師古曰：「衡，橫也。戰國時，齊、楚、韓、魏、燕、趙爲從，秦國爲衡。從音子容反。謂其地形南北從長也。秦地形東西橫長，故爲衡也。」

〔五〕師古曰：「代亦迭也。」

〔六〕孟康曰：「兵家之技巧。技巧者，習手足，便器械，積機關，以立攻守之勝。」

〔七〕師古曰：「奮，盛起。」

〔八〕師古曰：「銳，勇利。」

〔九〕師古曰：「孫卿，楚人也，姓荀字況，避漢宣帝之諱，故改曰孫卿。」

〔一〇〕師古曰：「言有間隙不諧和。」

〔一一〕師古曰：「卬讀曰仰。」

〔一二〕師古曰：「扞，禦難也，音下旦反。」

〔一三〕師古曰：「言往必破碎。」

〔一四〕師古曰：「殷頌長發之詩也。武王謂湯也。虔，敬也。遏，止也。言湯建號興師，本猶仁義，雖執戚鉞，以敬爲先，故得如火之盛，無能止也。」

〔一五〕師古曰：「婾與偷同，謂苟且。」

〔一六〕師古曰：「鉅，大也。渙然，散貌。」

〔一七〕服虔曰：「作大甲三屬，竟人身也。」蘇林曰：「兜鍪也，盆領也，髀褌也。」如淳曰：「上身一，髀褌一，踁繳一，凡三屬也。」師古曰：「如說是也。屬，聯也，音之欲反。髀音陛。踁即脛字。」

〔一八〕師古曰：「个讀曰箇。箇，枚也。胄，兜鍪也。冠胄帶劍者，著兜鍪而又帶劍也。贏謂擔負也，音盈。」

〔九〕師古曰：「中，一日之中。」

〔一〇〕師古曰：「中試，試之而中科條也。復謂免其賦稅也。利田宅者，給其便利之處也。中音竹仲反。復音方目反。」

〔一一〕師古曰：「陿，地小也。隘，險固也。酷，重厚也。烈，猛威也。」

〔一二〕鄭氏曰：「秦地多隘，藏隱其民於隘中也。」臣瓚曰：「秦政急峻，隱括其民於隘狹之法。」師古曰：「鄭說是也。」

〔一三〕師古曰：「狃，串習也，音女九反。道讀曰導。」

〔一四〕服虔曰：「能得著甲者五人首，使得隸役五家也。」如淳曰：「役隸五家，是為相君長。」

〔一五〕師古曰：「鬻音育。」

〔一六〕師古曰：「矜，（特）〔持〕也。」

〔一七〕蘇林曰：「鰓音愼而無禮則葸之葸。鰓，懼貌也。」張晏曰：「軋，踐轢也。」師古曰：「鰓音先祀反。軋音於黠反。」

〔一八〕孟康曰：「入王兵之域，而未盡善也。」

〔一九〕師古曰：「直亦當也。」

故曰：「善師者不陳，〔一〕善陳者不戰，善戰者不敗，善敗者不亡。」若夫舜修百僚，咎繇作士，〔二〕命以「蠻夷猾夏，寇賊姦軌」，〔三〕而刑無所用，所謂善師不陳者也。湯、武征伐，陳師誓衆，而放禽桀、紂，〔四〕所謂善陳不戰者也。齊桓南服彊楚，使貢周室，〔五〕北伐山戎，為燕開路，〔六〕存亡繼絕，功為伯首，〔七〕所謂善戰不敗者也。楚昭王遭闔廬之禍，國滅出亡，〔八〕父老送之。王曰：「父老反矣！何患無君？」父老曰：「有君如是其賢也！」〔九〕相與從之。或犇走赴秦，號哭請救，〔一〇〕秦人（憐之調）〔爲〕之出兵。〔一一〕二國并力，遂走吳師，〔一二〕昭王返國，〔一三〕所謂善敗不亡者也。若秦因四世之勝，據河山之阻，任用白起、王翦豺狼之徒，奮其爪牙，禽獵六國，以并天下。〔一四〕窮武極詐，士民不附，卒隸之徒，還爲敵讎，〔一五〕猋起雲合，果共軋之。〔一六〕斯爲下矣。凡兵，所以存亡繼絕，救亂除害也。故伊、呂之將，子孫有國，與商周並。〔一七〕至於末世，苟任詐力，以快貪殘，爭城殺人盈城，爭地殺人滿野。孫、吳、商、白之徒，皆身誅戮於前，而（功）〔國〕滅亡於後。〔一八〕報應之勢，各以類至，其道然矣。

〔一〕師古曰：「戰陳之義本因陳列爲名，而音變耳，字則作陳，更無別體。而末代學者輒改其字旁從車，非經史之本文也。今宜依古，不從流俗也。」

〔二〕師古曰：「士師，理官，謂司寇之職也。」

〔三〕師古曰：「虞書舜典舜命咎繇之文也。猾，亂也。夏，諸夏也。寇謂攻剽，賊謂殺人。在外爲姦，在內爲軌。」

〔四〕師古曰：「謂湯誓、泰誓、牧誓是也。」

〔五〕師古曰：「謂僖四年伐楚，次于陘，責包茅不入，王祭不供也。」

〔六〕師古曰：「謂莊三十年伐山戎，以其病燕故也。」

〔七〕師古曰：「謂存三亡國，衞、邢、魯也。伯讀曰霸。」

〔八〕師古曰：「謂定四年吳入郢，楚子出，涉睢濟江，入于雲中也。」

〔九〕師古曰：「言無有如此君者。」

〔一〇〕師古曰：「謂申包胥如秦乞師也。犇，古奔字。」

〔一一〕師古曰：「謂秦子蒲、子武帥車五百乘以救楚也。」

〔一二〕師古曰：「謂子蒲大敗夫槩王于沂，（遂）〔蘧〕射之子從子西敗吳師於軍祥。」

〔一三〕師古曰：「吳師已歸，楚子入郢。」

〔一四〕師古曰：「言如獵之取獸。」

〔一五〕師古曰：「謂陳勝、吳廣、英布之徒也。」

〔一六〕師古曰：「猋，疾風也。如猋之起，言其速也。如雲之合，言其盛也。猋音必遙反。」

〔一七〕師古曰：「言其同盛衰也。」

〔一八〕師古曰：「孫武、孫臏、吳起、商鞅、白起也。」

漢興，高祖躬神武之材，行寬仁之厚，總擥英雄，以誅秦、項。任蕭、曹之文，用良、平之謀，騁陸、酈之辯，明叔孫通之儀，文武相配，大略舉焉。天下既定，踵秦而置材官於郡國，〔一〕京師有南北軍之屯。至武帝平百粵，內增七校，〔二〕外有樓船，皆歲時講肄，修武備云。〔三〕至元帝時，以貢禹議，始罷角抵，而未正治兵振旅之事也。

〔一〕師古曰：「踵，因也。」

〔二〕晉灼曰：「百官表中壘、屯騎、步兵、越騎、長水、胡騎、射聲、虎賁，凡八校尉，胡騎不常置，故此言七也。」

〔三〕師古曰：「肄，習也，音弋二反。」

古人有言：「天生五材，民並用之，〔一〕廢一不可，誰能去兵？」鞭扑不可弛於家，〔二〕刑罰不可廢於國，征伐不可偃於天下；用之有本末，行之有逆順耳。孔子曰：「工欲善其事，必先利其器。」〔三〕文德者，帝王之利器；威武者，文德之輔助也。夫文之所加者深，則武之所服者大；德之所施者博，則威之所制者廣。三代之盛，至於刑錯兵寢者，其本末有序，帝王之極功也。〔四〕

〔一〕師古曰：「五材，金、木、水、火、土也。」

〔二〕師古曰：「弛，放也，音式爾反。」

〔三〕師古曰：「論語載孔子之言。」

〔四〕師古曰：「刑錯兵寢，皆謂置而弗用也。」

昔周之法，建三典以刑邦國，詰四方：〔一〕一曰，刑新邦用輕典；〔二〕二曰，刑平邦用中典；〔三〕三曰，刑亂邦用重典。〔四〕五刑，墨罪五百，劓罪五百，宮罪五百，刖罪五百，殺罪五百，所謂刑平邦用中典者也。〔五〕凡殺人者踣諸市，〔六〕墨者使守門，〔七〕劓者使守關，〔八〕宮者使守內，〔九〕刖者使守囿，〔一〇〕完者使守積。〔一一〕其奴，男子入于罪隸，〔一二〕女子入舂槁。〔一三〕凡有爵者，與七十者，與未齔者，皆不爲奴。〔一四〕

〔一〕師古曰：「詰，責也，音口一反。字或作誥，音工到反。誥，謹也，以刑治之令謹敕也。」

〔二〕師古曰：「新闢地立君之國，其人未習於教，故用輕法。」

〔三〕師古曰：「承平守成之國，則用中典常行之法也。」

〔四〕師古曰：「篡殺畔逆之國，化惡難移，則用重法誅殺之也。自此以上，(書)〔大〕司寇所職也。」

〔五〕師古曰：「墨，黥也，鑿其面以墨涅之。劓，截鼻也。宮，淫刑也，男子割腐，婦人幽閉。刖，斷足也。殺，死刑也。自此以上，司刑所職也。劓音牛冀反。刖音五刮反，又音月。」

〔六〕師古曰：「踣謂斃之也，音妨付反。」

〔七〕師古曰：「黥面之人不妨禁衞也。」

〔八〕師古曰：「以其貌毀，故遠之。」

〔九〕師古曰：「人道既絕，於事便也。」

〔一〇〕師古曰：「驅御禽獸，無足可也。」

〔一一〕師古曰：「完謂不虧其體，但居作也。積，積聚之物也。自此以上，掌戮所職也。」

〔一二〕李奇曰：「男女徒總名爲奴。」

〔一三〕孟康曰：「主暴燥舂之也。」韋昭曰：「舂，舂人；槁，槁人也。給此二官之役。」師古曰：「槁音古老反。」

〔一四〕師古曰：「有爵，謂命士以上也。齔，毀齒，男子八歲，女子七歲，而毀齒矣。自此以上，司厲所職也。」

周道既衰，穆王眊荒，命甫侯度時作刑，以詰四方。〔一〕墨罰之屬千，劓罰之屬千，髕罰之屬五百，宮罰之屬三百，大辟之罰其屬二百。〔二〕五刑之屬三千，〔三〕蓋多於平邦中典五百章，所謂刑亂邦用重典者也。

〔一〕師古曰：「穆王，昭王之子也，享國既百年，而王眊亂荒忽，乃命甫侯爲司寇，商度時宜，而作刑之制，以治四方也。甫，國名也。眊音莫報反。度音大各反。」

〔二〕師古曰：「髕罰，去膝頭骨。大辟，死刑也。髕音頻忍反。」

〔三〕師古曰：「五者之刑凡三千。」

春秋之時，王道寖壞，教化不行，〔一〕子產相鄭而鑄刑書。〔二〕晉叔嚮非之曰：〔三〕「昔先王議事以制，不爲刑辟。〔四〕懼民之有爭心也，猶不可禁禦，是故閑之以誼，糾之以政，〔五〕行之以禮，守之以信，奉之以仁；〔六〕制爲祿位以勸其從，〔七〕嚴斷刑罰以威其淫。〔八〕懼其未也，故誨之以忠，愯之以行，〔九〕教之以務，〔一〇〕使之以和，〔一一〕臨之以敬，莅之以彊，〔一二〕斷之以剛。猶求聖哲之上，明察之官，忠信之長，慈惠之師。〔一三〕民於是乎可任使也，而不生禍亂。民知有辟，則不忌於上，並有爭心，以徵於書，而徼幸以成之，弗可爲矣。〔一四〕夏有亂政而作禹刑，商有亂政而作湯刑，周有亂政而作九刑。〔一五〕三辟之興，皆叔世也。〔一六〕今吾子相鄭國，制參辟，鑄刑書，〔一七〕將以靖民，不亦難乎！〔一八〕詩曰：『儀式刑文王之德，日靖四方。』〔一九〕又曰：『儀刑文王，萬邦作孚。』〔二〇〕如是，何辟之有？〔二一〕民知爭端矣，將棄禮而徵於書。〔二二〕錐刀之末，將盡爭之，〔二三〕亂獄滋豐，貨賂並行。〔二四〕終子之世，鄭其敗虖！」子產報曰：「若吾子之言，僑不材，不能及子孫，吾以救世也。」〔二五〕媮薄之政，自是滋矣。孔子傷之，曰：「導之以德，齊之以禮，有恥且格；導之以政，齊之以刑，民免而無恥。」〔二六〕「禮樂不興，則刑罰不中；刑罰不中，則民無所錯手足。」〔二七〕孟氏使陽膚爲士師，〔二八〕問於曾子，〔二九〕亦曰：「上失其道，民散久矣。如得其情，則哀矜而勿喜。」〔三〇〕

〔一〕師古曰：「寖，漸也。」
〔二〕師古曰：「子產，鄭大夫公孫僑也。鑄刑法於鼎，事在昭六年。」
〔三〕師古曰：「叔嚮，晉大夫羊舌肸也。遺其書以非之。嚮音許兩反。」
〔四〕李奇曰：「先議其犯事，議定然後乃斷其罪，不爲一成之刑著於鼎也。」師古曰：「虞舜則象以典刑，流宥五刑。周禮則三典五刑，以詰邦國。非不豫設，但弗宣露使人知之。」
〔五〕師古曰：「閑，防也。糾，舉也。」
〔六〕師古曰：「奉，養也。」
〔七〕師古曰：「勸其從敎之心也。」
〔八〕師古曰：「淫，放也。」
〔九〕晉灼曰：「懮，古竦字也。」師古曰：「懮謂奬也，又音所項反。」
〔一〇〕師古曰：「時所急。」
〔一一〕師古曰：「悅以使人也。」

〔一二〕師古曰：「莅謂監視也。」

〔一三〕師古曰：「上謂公侯也。官，卿佐也。長，師，皆列職之首也。」

〔一四〕師古曰：「辟，法也。爲，治也。權移於法，故人不畏上，因危文以生詐妄，徼幸而成巧，則弗可治也。」

〔一五〕韋昭曰：「謂正刑五，及流、贖、鞭、扑也。」

〔一六〕師古曰：「叔世言晚時也。」

〔一七〕孟康曰：「謂夏、殷、周亂政所制三辟也。」

〔一八〕師古曰：「靖，安也，一曰治也。」

〔一九〕師古曰：「周頌我將之詩也。言法象文王之德，以爲儀式，則四方日以安靖也。」

〔二〇〕師古曰：「大雅文王詩也。孚，信也。又言法象文王，則萬國皆信順也。」

〔二一〕師古曰：「若詩所言，不宜制刑辟。」

〔二二〕師古曰：「取證於刑書。」

〔二三〕師古曰：「喻微細。」

〔二四〕師古曰：「滋，益也。」

〔二五〕師古曰：「言雖非長久之法，且救當時之敝。」

〔二六〕師古曰：「論語載孔子之言也。格，正也。言用德禮，則人有恥而自正；偩政刑，則下苟免而無恥。」

〔二七〕師古曰：「亦論語所載孔子之言也。禮以治人，樂以易俗，二者不興，則刑罰濫矣。錯，置（矣）〔也〕。」

〔二八〕師古曰：「亦論語所載。陽膚，曾子弟子也。士師，獄官。」

〔三九〕師古曰：「問何以居此職也。」

〔四〇〕師古曰：「此曾子對辭。(前)〔言〕萌俗澆離，輕犯於法，乃由上失其道，非下之過。今汝雖得獄情，當哀矜之，勿(自)喜也。」

陵夷至於戰國，韓任申子，秦用商鞅，連相坐之法，造參夷之誅；〔一〕增加肉刑、大辟，有鑿顚、抽脅、鑊亨之刑。〔二〕

〔一〕師古曰：「參夷，夷三族。」

〔二〕師古曰：「鼎大而無足曰鑊，以鬻人也。」

至於秦始皇，兼吞戰國，遂毀先王之法，滅禮誼之官，專任刑罰，躬操文墨，〔一〕晝斷獄，夜理書，自程決事，日縣石之一。〔二〕而姦邪並生，赭衣塞路，囹圄成市，天下愁怨，潰而叛之。

〔一〕師古曰：「躬，身也。操，執持也，音千高反。」

〔二〕服虔曰：「縣，稱也。石，百二十斤也。始皇省讀文書，日以百二十斤爲程。」

漢興，高祖初入關，約法三章曰：「殺人者死，傷人及盜抵罪。」蠲削煩苛，兆民大說。〔一〕其後四夷未附，兵革未息，三章之法不足以禦姦，〔二〕於是相國蕭何攈摭秦法，〔三〕取其宜於時者，作律九章。

〔一〕師古曰：「說讀曰悅。」

〔四〕師古曰：「禦，止也。」

〔五〕師古曰：「攈摭，謂收拾也。攈音九問反。摭音之石反。」

當孝惠、高后時，百姓新免毒蠚，人欲長幼養老。〔一〕蕭、曹爲相，填以無爲，〔二〕從民之欲，而不擾亂，是以衣食滋殖，刑罰用稀。

〔一〕師古曰：「蠚音呼各反。」

〔二〕師古曰：「言以無爲之法填安百姓也。填音竹刃反。」

及孝文即位，躬脩玄默，勸趣農桑，減省租賦。而將相皆舊功臣，少文多質，懲惡亡秦之政，論議務在寬厚，恥言人之過失。化行天下，告訏之俗易。〔一〕吏安其官，民樂其業，畜積歲增，戶口寖息。〔二〕風流篤厚，禁罔疏闊。選張釋之爲廷尉，罪疑者予民，〔三〕是以刑罰大省，至於斷獄四百，〔四〕有刑錯之風。

〔一〕師古曰：「訏，面相斥罪也，音居謁反。」

〔二〕師古曰：「畜讀曰蓄。寖，益也。息，生也。」

〔三〕師古曰：「從輕斷。」

〔四〕師古曰：「謂普天之下重罪者也。」

即位十三年，齊太倉令淳于公有罪當刑，詔獄逮繫長安。〔一〕淳于公無男，有五女，當行會逮，罵其女曰：「生子不生男，緩急非有益（也）！」其少女緹縈，自傷悲泣，〔二〕乃隨其父至長安，上書曰：「妾父爲吏，齊中皆稱其廉平，今坐法當刑。妾傷夫死者不可復生，刑者不可復屬，〔三〕雖後欲改過自新，其道亡繇也。〔四〕妾願沒入爲官婢，以贖父刑罪，使得自新。」書奏天子，天子憐悲其意，遂下令曰：「制詔御史：蓋聞有虞氏之時，畫衣冠異章服以爲戮，而民弗犯，何治之至也！今法有肉刑三，〔五〕而姦不止，其咎安在？非乃朕德之薄，而教不明與！〔六〕吾甚自愧。故夫訓道不純而愚民陷焉。〔七〕詩曰：『愷弟君子，民之父母。』〔八〕今人有過，教未施而刑已加焉，或欲改行爲善，而道亡繇至，〔九〕朕甚憐之。夫刑至斷支體，刻肌膚，終身不息，〔一○〕何其刑之痛而不德也！豈稱爲民父母之意哉？其除肉刑，有以易之；及令罪人各以輕重，不亡逃，有年而免。〔一一〕具爲令。」〔一二〕

〔一〕師古曰：「逮，及也。辭之所及，則追捕之，故謂之逮。一曰逮者，在道將送，防禦不絕，若今之傳送囚也。」

〔二〕師古曰：「緹縈，女名也。緹音他弟反。」

〔三〕師古曰：「屬，聯也，音之欲反。」

〔四〕師古曰：「繇讀與由同。由，從也。」

〔五〕孟康曰：「黥、劓二，(則)〔刖〕左右趾合一，凡三也。」

〔六〕師古曰：「與讀曰歟。」

〔七〕師古曰：「道讀曰導。」

〔八〕師古曰：「大雅泂酌之詩也。言君子有和樂簡易之德，則其下尊之如父，親之如母也。」

〔九〕師古曰：「繇讀與由同。」

〔一〇〕師古曰：「息，生也。」

〔一一〕孟康曰：「其不亡逃者，滿其年數，得免爲庶人。」

〔一二〕師古曰：「使更爲條制。」

丞相張蒼、御史大夫馮敬奏言：「肉刑所以禁姦，所由來者久矣。陛下下明詔，憐萬民之一有過被刑者終身不息，及罪人欲改行爲善而道亡繇至，於盛德，臣等所不及也。臣謹議請定律曰：諸當完者，完爲城旦舂；〔一〕當黥者，髡鉗爲城旦舂；當劓者，笞三百；當斬左止者，笞五百；當斬右止，及殺人先自告，及吏坐受賕枉法，守縣官財物而卽盜之，已論命復有笞罪者，皆棄市。〔二〕罪人獄已決，完爲城旦舂，滿三歲爲鬼薪白粲。鬼薪白粲一歲，爲隸臣妾。隸臣妾一歲，免爲庶人。〔三〕隸臣妾滿二歲，爲司寇。司寇一歲，及作如司寇二歲，皆免爲庶人。〔四〕其亡逃及有罪耐以上，不用此令。〔五〕前令之刑城旦舂歲而非禁錮者，如完爲城旦舂歲數以免。〔六〕臣昧死請。」制曰：「可。」是後，外有輕刑之名，內實殺人。斬右止者又當死。斬左止者笞五百，當劓者笞三百，率多死。〔七〕

〔一〕臣瓚曰：「文帝除肉刑，皆有以易之，故以完易髡，以笞代劓，以釱左右止代刖。今旣曰完矣，不復云以完代完也。此當言髡者完也。」

〔二〕李奇曰：「命，逃亡也。復於論命中有罪也。」晉灼曰：「命者，名也，成其罪也。」師古曰：「止，足也。當斬右足者，以其辠次重，故從棄市也。殺人先自告，謂殺人而自首，得免罪者也。吏受賕枉法，謂曲公法而受賂者也。守縣官財物而卽盜之，卽今律所謂主守自盜者也。殺人害重，受賕盜物，贓汙之身，故此三罪已被論名而又犯笞，亦皆棄市也。今流俗書本「笞三百」「笞五百」之上及「劓者」之下有「籍笞」字，「復有笞罪」亦云「復有籍笞罪」，皆後人妄加耳，舊本無也。」

〔三〕師古曰：「男子爲隸臣，女子爲隸妾。鬼薪白粲滿（三）〔一〕歲爲隸臣，隸臣一歲免爲庶人。隸妾亦然也。」

〔四〕如淳曰：「罪降爲司寇，故一歲，正司寇，故二歲也。」

〔五〕師古曰：「於本罪中又重犯者也。」

〔六〕李奇曰：「謂文帝作此令之前有刑者。」

〔七〕師古曰：「斬右止者棄市，故入於死。以笞五百代斬左止，笞三百代劓，笞數既多，亦不活也。」

景帝元年，下詔曰：「加笞與重罪無異，〔一〕幸而不死，不可爲人。〔二〕其定律：笞五百曰三百，笞三百曰二百。」猶尚不全。至中六年，又下詔曰：「加笞者，或至死而笞未畢，朕甚憐之。其減笞三百曰二百，笞二百曰一百。」又曰：「笞者，所以教之也，其定箠令。」〔三〕丞相劉舍、御史大夫衞綰請：「笞者，箠長五尺，其本大一寸，其竹也，末薄半寸，皆平其節。當笞者笞臀。〔四〕毋得更人，〔五〕畢一罪乃更人。」自是笞者得全，然酷吏猶以爲威。死刑既重，而生刑又輕，民易犯之。

〔一〕孟康曰：「重罪謂死刑。」

〔二〕師古曰：「謂不能自起居也。」

〔三〕師古曰：「箠，策也，所以擊者也，音止蘂反。」

〔四〕如淳曰：「然則先時笞背也。」師古曰：「臀音徒門反。」

〔五〕師古曰：「謂行笞者不更易人也。」

及至孝武即位，外事四夷之功，內盛耳目之好，徵發煩數，百姓貧耗，〔一〕窮民犯法，酷吏擊斷，姦軌不勝。於是招進張湯、趙禹之屬，條定法令，作見知故縱、監臨部主之法，〔二〕緩深故之罪，〔三〕急縱出之誅。〔四〕其後姦猾巧法，轉相比況，禁罔寖密。〔五〕律令凡三百五十九章，大辟四百九條，千八百八十二事，死罪決事比萬三千四百七十二事。〔六〕文書盈於几閣，典者不能徧睹。是以郡國承用者駮，〔七〕或罪同而論異。姦吏因緣為市，〔八〕所欲活則傅生議，所欲陷則予死比，〔九〕議者咸冤傷之。

〔一〕師古曰：「耗，損也，音呼到反。」

〔二〕師古曰：「見知人犯法不舉告為故縱，而所監臨部主有罪并連坐也。」

〔三〕孟康曰：「孝武欲急刑，吏深害及故入人罪者，皆寬緩。」

〔四〕師古曰：「吏釋罪人，疑以為縱出，則急誅之。亦言尚酷。」

〔五〕師古曰：「寖，漸也。其下亦同。」

〔六〕師古曰：「比，以例相比況也。」

〔七〕師古曰：「不曉其指，用意不同也。」
〔八〕師古曰：「弄法而受財，若市買之交易。」
〔九〕師古曰：「傅讀曰附。」

宣帝自在閭閻而知其若此，及即尊位，廷史路温舒上疏，言秦有十失，其一尚存，治獄之吏是也。語在温舒傳。上深愍焉，乃下詔曰：「間者吏用法，巧文寖深，是朕之不德也。夫決獄不當，使有罪興邪，不辜蒙戮，〔一〕父子悲恨，朕甚傷之。今遣廷史與郡鞠獄，任輕祿薄，〔二〕其爲置廷平，秩六百石，員四人。其務平之，以稱朕意。」於是選于定國爲廷尉，求明察寬恕黃霸等以爲廷平，季秋後請讞。時上常幸宣室，齋居而決事，〔三〕獄刑號爲平矣。時涿郡太守鄭昌上疏言：「聖王置諫爭之臣者，非以崇德，防逸豫之生也；立法明刑者，非以爲治，救衰亂之起也。今明主躬垂明聽，雖不置廷平，獄將自正；若開後嗣，不若删定律令。〔四〕律令一定，愚民知所避，姦吏無所弄矣。今不正其本，而置廷平以理其末也，政衰聽怠，則廷平將招權而爲亂首矣。」〔五〕宣帝未及修正。

〔一〕晉灼曰：「當重而輕，使有罪者起邪惡之心也。」師古曰：「有罪者更興邪惡，無辜者反陷重刑，是決獄不平故。」
〔二〕如淳曰：「廷史，廷尉史也。以囚辭決獄事爲鞠，謂疑獄也。」李奇曰：「鞠，窮也，獄事窮竟也。」師古曰：「李說是也。」
〔三〕如淳曰：「宣室，布政教之室也。重用刑，故齋戒以決事。」晉灼曰：「未央宮中有宣室殿。」師古曰：「晉說是也。

賈誼傳亦云受釐坐宣室，蓋其殿在前殿之側也，齋則居之。」

〔四〕師古曰：「刪，刊也。有不便者，則刊而除之。」

〔五〕蘇林曰：「招音翹。翹，舉也，猶賣弄也。」孟康曰：「招，求也，招致權著己也。」師古曰：「孟說是也。」

至元帝初立，乃下詔曰：「夫法令者，所以抑暴扶弱，欲其難犯而易避也。今律令煩多而不約，自典文者不能分明，而欲羅元元之不逮，〔一〕斯豈刑中之意哉！〔二〕其議律令可蠲除輕減者，條奏，唯在便安萬姓而已。」

〔一〕師古曰：「羅，網也。不逮，言意識所不及。」

〔二〕師古曰：「中，當也。」

至成帝河平中，復下詔曰：「甫刑云『五刑之屬三千，大辟之罰其屬二百』，〔一〕今大辟之刑千有餘條，律令煩多，百有餘萬言，奇請它比，日以益滋，〔二〕自明習者不知所由，〔三〕欲以曉喻衆庶，不亦難乎！於以羅元元之民，夭絕亡辜，豈不哀哉！其與中二千石、二千石、博士及明習律令者議減死刑及可蠲除約省者，令較然易知，條奏。書不云乎？『惟刑之恤哉！』〔四〕其審核之，務準古法，〔五〕朕將盡心覽焉。」有司無仲山父將明之材，〔六〕不能因時廣宣主恩，建立明制，爲一代之法，而徒鉤摭微細，毛舉數事，以塞詔而已。〔七〕是以大議不立，遂以至今。議者或曰，法難數變，此庸人不達，疑塞治道，聖智之所常患者也。〔八〕故略舉漢興以來，法令稍定而合古便今者。

〔一〕師古曰：「甫刑，即周書呂刑。初為呂侯，號曰呂刑，後為甫侯，又稱甫刑。」

〔二〕師古曰：「奇請，謂常文之外，主者別有所請以定罪也。它比，謂引它類以比附之，稍增律條也。奇音居宜反。」

〔三〕師古曰：「由，從也。」

〔四〕師古曰：「虞書舜典之辭。恤，憂也，言當憂刑也。」

〔五〕師古曰：「核，究其實也。」

〔六〕師古曰：「有司以下，史家之言也。大雅蒸人之詩曰：『肅肅王命，仲山父將之；邦國若否，仲山父明之。』將，行也。否，不善也。言王有誥命，則仲山父行之；邦國有不善之事，則仲山父明之。故引以為美，傷今不能然也。」

〔七〕師古曰：「毛舉，言舉毫毛之事，輕小之甚(者)。塞猶當(者)也。」

〔八〕師古曰：「塞謂不通也。」

漢興之初，雖有約法三章，網漏吞舟之魚，〔一〕然其大辟，尚有夷三族之令。令曰：「當三族者，皆先黥，劓，斬左右止，笞殺之，梟其首，菹其骨肉於市。〔二〕其誹謗詈詛者，又先斷舌。」故謂之具五刑。彭越、韓信之屬皆受此誅。至高后元年，乃除三族罪、祅言令。孝文二年，又詔丞相、太尉、御史：「法者，治之正，所以禁暴而衞善人也。今犯法者已論，而使無罪之父母妻子同產坐之及收，朕甚弗取。其議。」左右丞相周勃、陳平奏言：「父母妻子同產相坐及收，所以累其心，使重犯法也。〔三〕收之之道，所由來久矣。臣之愚計，以為如其故便。」文帝復曰：「朕聞之，法正則民愨，罪當則民從。〔四〕且夫牧民而道之以善者，吏也；〔五〕既不能道，又以不正之法罪之，是法反害於民，爲暴者也。〔六〕朕未見其便，宜孰計之。」平、勃乃曰：「陛下幸加大惠於天下，使有罪不收，無罪不相坐，甚盛德，臣等所不及也。臣等謹奉詔，盡除收律、相坐法。」其後，新垣平謀爲逆，復行三族之誅。由是言之，風俗移易，人性相近而習相遠，信矣。〔七〕夫以孝文之仁，平、勃之知，猶有過刑謬論如此甚也，而況庸材溺於末流者乎？

〔一〕師古曰：「言疏闊。吞舟，謂大魚也。」
〔二〕師古曰：「菹謂醢也。菹音側於反。」
〔三〕師古曰：「重，難也。累音力瑞反。」
〔四〕師古曰：「愨，謹也，音丘角反。」
〔五〕師古曰：「道讀曰導。以善導之也。」
〔六〕師古曰：「法害於人，是法爲暴。」
〔七〕師古曰：「論語云孔子曰『性相近，習相遠』也，言人同稟五常之性，其所取舍本相近也，但所習各異，漸漬而移，則相遠矣。」

周官有五聽、八議、三刺、三宥、三赦之法。〔一〕五聽：一曰辭聽，〔二〕二曰色聽，〔三〕三曰氣聽，〔四〕四曰耳聽，〔五〕五曰目聽。〔六〕八議：一曰議親，〔七〕二曰議故，〔八〕三曰議賢，〔九〕四曰議能，〔一〇〕五曰議功，〔一一〕六曰議貴，〔一二〕七曰議勤，〔一三〕八曰議賓。〔一四〕三刺：一曰訊羣臣，二曰訊羣吏，三曰訊萬民。〔一五〕三宥：一曰弗識，二曰過失，三曰遺忘。〔一六〕三赦：一曰幼弱，二曰老眊，三曰惷愚。〔一七〕凡囚，「上罪梏拲而桎，中罪梏桎，下罪梏；王之同族拲，有爵者桎，以待弊。」〔一八〕高皇帝七年，制詔御史：「獄之疑者，吏或不敢決，有罪者久而不論，無罪者久繫不決。自今以來，縣道官獄疑者，各讞所屬二千石官，二千石官以其罪名當報之。〔一九〕所不能決者，皆移廷尉，廷尉亦當報之。廷尉所不能決，謹具爲奏，傅所當比律令以聞。」〔二〇〕上恩如此，吏猶不能奉宣。故孝景中五年復下詔曰：「諸獄疑，雖文致於法而於人心不厭者，輒讞之。」其後獄吏復避微文，遂其愚心。至後元年，又下詔曰：「獄，重事也。人有愚智，官有上下。獄疑者讞，有令讞者已報讞而後不當，讞者不爲失。」〔二一〕自此之後，獄刑益詳，近於五聽三宥之意。三年復下詔曰：「高年老長，人所尊敬也；鰥寡不屬逮者，人所哀憐也。〔二二〕其著令：年八十以上，八歲以下，及孕者未乳，〔二三〕師、朱儒〔二四〕當鞠繫者，頌繫之。」〔二五〕至孝宣元康四年，又下詔曰：「朕念夫耆老之人，髮齒墮落，血氣既衰，亦無暴逆之心，今或羅于文法，執于囹圄，不得終其年命，朕甚憐之。自今以來，諸年八十非誣告殺傷人，它皆勿坐。」至成帝鴻嘉元年，定令：「年未滿七歲，賊鬭殺人及犯殊死者，上請廷尉以聞，得減死。」合於三赦幼弱老眊之人。此皆法令稍定，近古而便民者也。〔二六〕

〔一〕師古曰：「刺，殺也。訊而有罪，則殺之也。宥，寬也。赦，舍也，謂釋置也。」

〔二〕師古曰：「觀其出言，不直則煩。」

〔三〕師古曰：「觀其顏色，不直則變。」

〔四〕師古曰：「觀其氣息，不直則喘。」

〔五〕師古曰：「觀其聽聆，不直則惑。」

〔六〕師古曰：「觀其瞻視，不直則亂。」

〔七〕師古曰：「王之親族也。」

〔八〕師古曰：「王之故舊也。」

〔九〕師古曰：「有德行者也。」

〔一〇〕師古曰：「有道藝者。」

〔一一〕師古曰：「有大勳力者。」

〔一二〕師古曰：「爵位高者也。」

〔一三〕師古曰：「謂盡悴事國者也。」

〔一四〕師古曰：「謂前代之後，王所不臣者也。自五聽以下至此，皆小司寇所職也。」

〔一五〕師古曰：「訊，問也，音信。」

〔一六〕師古曰：「弗識，不審也。過失，非意也。遺忘，（勿）〔忽〕忘也。」

〔一七〕師古曰：「幼弱，謂七歲以下。老眊，謂八十以上。惷愚，生而癡騃者。自三刺以下至此，皆司刺所職也。眊讀與耄同。惷音丑江反，又音貞巷反。」

〔一八〕師古曰：「械在手曰梏，兩手同械曰拲，在足曰桎。弊，斷罪也。自此以上掌囚所職也。梏音古篤反。拲即拱字也。桎音之日反。弊音蔽。」

〔一九〕師古曰：「當謂處斷也。」

〔二〇〕師古曰：「傅讀曰附。」

〔二一〕師古曰：「解並在景紀。」

〔二二〕師古曰：「屬音之欲反。」

〔二三〕師古曰：「乳，産也，音人喩反。」

〔二四〕如淳曰：「師，樂師盲瞽者。朱儒，短人不能走者。」

〔二五〕師古曰：「頌讀曰容。容，寬容之，不桎梏。」

〔二六〕師古曰：「近音其靳反。」

孔子曰：「如有王者，必世而後仁；善人爲國百年，可以勝殘去殺矣。」〔一〕言聖王承衰撥亂而起，被民以德教，〔二〕變而化之，必世然後仁道成焉；至於善人，不入於室，然猶百年勝殘去殺矣。〔三〕此爲國者之程式也。今漢道至盛，歷世二百餘載，〔四〕考自昭、宣、元、成、哀、平六世之間，斷獄殊死，率歲千餘口而一人，〔五〕耐罪上至右止，三倍有餘。〔六〕古人有言：「滿堂而飮酒，有一人鄉隅而悲泣，〔七〕則一堂皆爲之不樂。」王者之於天下，譬猶一堂之上也，故一人不得其平，爲之悽愴於心。今郡國被刑而死者歲以萬數，天下獄二千餘所，其寃死者多少相覆，獄不減一人，此和氣所以未洽者也。

〔一〕師古曰：「論語載孔子之言。此謂若有受命之王，必三十年仁政乃成也。勝殘，謂勝殘暴之人，使不爲惡。去殺，不行殺戮也。」

〔二〕師古曰：「被，加也，音皮義反。」

〔三〕師古曰：「論語稱子張問善人之道，子曰：『不踐迹，亦不入于室也。』言善人不但修踐舊迹而已，固少自創制，然亦不能入聖人之室。」

〔四〕師古曰：「今謂撰志時。」

〔五〕如淳曰：「率天下犯罪者千口而有一人死。」

〔六〕李奇曰：「耐從司寇以上至右止，爲千口三人刑。」

〔七〕師古曰：「鄉讀曰嚮。」

原獄刑所以蕃若此者，〔一〕禮教不立，刑法不明，民多貧窮，豪桀務私，姦不輒得，獄犴不平之所致也。〔二〕書云「伯夷降典，悊民惟刑」，〔三〕言制禮以止刑，猶隄之防溢水也。今隄防淩遲，禮制未立；死刑過制，生刑易犯；饑寒並至，窮斯濫溢；豪桀擅私，爲之囊橐，〔四〕姦有所隱，則狃而寖廣：〔五〕此刑之所以蕃也。孔子曰：「古之知法者能省刑，本也；今之知法者不失有罪，末矣。」〔六〕又曰：「今之聽獄者，求所以殺之；古之聽獄者，求所以生之。」

與其殺不辜，寧失有罪。今之獄吏，上下相驅，以刻爲明，深者獲功名，平者多後患。諺曰：「鬻棺者欲歲之疫。」〔七〕非憎人欲殺之，利在於人死也。今治獄吏欲陷害人，亦猶此矣。凡此五疾，獄刑所以尤多者也。

〔一〕師古曰：「蕃，多也，音扶元反。」

〔二〕服虔曰：「鄉亭之獄曰犴。」臣瓚曰：「獄岸，獄訟也。」師古曰：「小雅小宛之詩云『宜岸宜獄』。瓚說是也。」

〔三〕師古曰：「周書甫刑之辭也。悊，知也。言伯夷下禮法以道人，人習知禮，然後用刑也。」

〔四〕師古曰：「有底曰囊，無底曰橐。言容隱姦邪，若囊橐之盛物。」

〔五〕師古曰：「狃，串習也。寖，漸也。狃音女救反。」

〔六〕師古曰：「省謂減除之，絕於未然，故曰本也。不失有罪，事止聽訟，所以爲末。」

〔七〕師古曰：「鬻，賣也。疫，癘病也。鬻音育。疫音役。」

自建武、永平，民亦新免兵革之禍，人有樂生之慮，與高、惠之間同，而政在抑彊扶弱，朝無威福之臣，邑無豪桀之俠。以口率計，斷獄少於成、哀之間什八，可謂清矣。〔一〕然而未能稱意比隆於古者，以其疾未盡除，而刑本不正。

〔一〕師古曰：「十少其八也。」

善乎！孫卿之論刑也，曰：「世俗之爲說者，以爲治古者無肉刑，〔一〕有象刑墨黥之屬，非履赭衣而不純，〔二〕是不然矣。以爲治古，則人莫觸罪邪，豈獨無肉刑哉，亦不待象刑矣。〔三〕以爲人或觸罪矣，而直輕其刑，是殺人者不死，而傷人者不刑也。罪至重而刑至輕，民無所畏，亂莫大焉。凡制刑之本，將以禁暴惡，且懲其（末）〔未〕也。〔四〕殺人者不死，傷人者不刑，是惠暴而寬惡也。故象刑非生（於）治古，方起於亂今也。〔五〕凡爵列官職，賞慶刑罰，皆以類相從者也。一物失稱，亂之端也。〔六〕德不稱位，能不稱官，賞不當功，刑不當罪，不祥莫大（矣）焉。夫征暴誅悖，治之威也。殺人者死，傷人者刑，是百王之所同也，未有知其所由來者也。故治則刑重，亂則刑輕，〔七〕犯治之罪固重，犯亂之罪固輕也。書云『刑罰世重世輕』，此之謂也。」〔八〕所謂「象刑惟明」者，言象天道而作刑，〔九〕安有菲屨赭衣者哉？

〔一〕師古曰：「治古，謂上古至治之時也。治音丈吏反。」

〔二〕師古曰：「菲，草屨也。純，緣也。衣不加緣，示有恥也。菲音扶味反。純音之允反。」

〔三〕師古曰：「人不犯法，則象刑無所施也。」

〔四〕師古曰：「懲，止也。」

〔五〕如淳曰：「古無象刑也，所有象刑之言者，近起今人惡刑之重，故遂推言古之聖君但以象刑，天下自治。」

〔六〕師古曰：「稱，宜也，音尺孕反。」

〔七〕李奇曰：「世所以治者，乃刑重也；所以亂者，乃刑輕也。」

〔八〕師古曰：「周書甫刑之辭也。言刑罰輕重，各隨其時。」

〔九〕師古曰：「虞書益稷曰『咎繇方祗厥敍，方施象刑惟明』，言敬其次敍，施其法刑皆明白也。」

孫卿之言既然，又因俗說而論之曰：禹承堯舜之後，自以德衰而制肉刑，湯武順而行之者，以俗薄於唐虞故也。今漢承衰周暴秦極敝之流，俗已薄於三代，而行堯舜之刑，是猶以鞿而御駻突，〔一〕違救時之宜矣。且除肉刑者，本欲以全民也，今去髡鉗一等，轉而入於大辟。以死罔民，失本惠矣。〔二〕故死者歲以萬數，刑重之所致也。至乎穿窬之盜，忿怒傷人，男女淫佚，吏爲姦臧，〔三〕若此之惡，髡鉗之罰又不足以懲也。故刑者歲十萬數，民既不畏，又曾不恥，刑輕之所生也。故俗之能吏，公以殺盜爲威，專殺者勝任，奉法者不治，亂名傷制，不可勝條。是以罔密而姦不塞，刑蕃而民愈嫚。〔四〕必世而未仁，百年而不勝殘，誠以禮樂闕而刑不正也。豈宜惟思所以清原正本之論，刪定律令，籑二百章，以應大辟。〔五〕其餘罪次，於古當生，今觸死者，皆可募行肉刑。〔六〕及傷人與盜，吏受賕枉法，男女淫亂，皆復古刑，爲三千章。詆欺文致微細之法，悉蠲除。〔七〕如此，則刑可畏而禁易避，吏不專殺，法無二門，輕重當罪，民命得全，合刑罰之中，殷天人之和，〔八〕順稽古之制，成時雍之化。成康刑錯，雖未可致，孝文斷獄，庶幾可及。詩云「宜民宜人，受祿于天」。〔九〕書曰「立功立事，可以永年」。〔一〇〕言爲政而宜於民者，功成事立，則受天祿而永年命，所謂「一人有慶，萬民賴之」者也。〔一一〕

〔一〕孟康曰：「以繩縛馬口之謂鞿。」晉灼曰：「鞿，古羈字也。」如淳曰：「駻音捍。突，惡馬也。」師古曰：「馬絡頭曰羈也。」

〔二〕師古曰：「罔，謂羅網也。」

〔三〕師古曰：「佚讀與逸同。」

〔四〕師古曰：「蹇，止也。蕃，多也，音扶元反。嫚與慢同。」

〔五〕孟康曰：「纂音撰。」

〔六〕李奇曰：「欲死邪，欲腐邪？」

〔七〕師古曰：「詆謂誣也，音丁禮反。」

〔八〕李奇曰：「殷亦中。」

〔九〕師古曰：「大雅假樂之詩也。蓋嘉成王之德云。」

〔一〇〕師古曰：「今文泰誓之辭也。永，長也。」

〔一一〕師古曰：「呂刑之辭也。一人，天子也。言天子用刑詳審，有福慶之惠，則衆庶咸賴之也。」

校勘記

一〇八一頁一三行　有稅有（租）〔賦〕。　王鳴盛說下文即云「稅以足食，賦以足兵」，證之顏注則合作「有稅有賦」。按景祐、殿本都作「有賦」。

一〇八二頁七行　炎帝火行，故云火（炎）〔災〕。　景祐、殿本都作「災」。王先謙說作「災」是。

一〇八四頁二行　齊（威）〔桓〕既沒，　景祐、殿本都作「桓」。

一〇八八頁八行　矜，(特)〔持〕也。　景祐、殿本都作「持」。

一〇八九頁一行　秦人(憐之謂)〔爲〕之出兵。　景祐本無「憐之」二字。　王念孫說通典亦無，疑後人所加。
「謂」作「爲」。

一〇八九頁六行　而(功)〔國〕滅亡於後。　錢大昭說監本、閩本「功」作「國」。　按景祐、殿本都作「國」。　王
先謙說作「國」是。

一〇九〇頁三行　(遂)〔蓫〕射之子　王先謙說「遂」當爲「蓫」，各本皆誤。　按景祐本作「蓫」，不誤。

一〇九二頁四行　自此以上，(皆)〔大〕司寇所職也。　景祐、殿本都作「大」。

一〇九五頁一六行　錯，置(矣)〔也〕。　景祐、殿、局本都作「也」。　王先謙說作「也」是。

一〇九六頁二行　(前)〔言〕萌俗澆離，　景祐本「前」作「言」。　殿本「萌」作「民」。　下「勿自喜也」，　景祐本
無「自」字。

一〇九七頁一六行　緩急非有益(也)！　宋祁說姚本「益也」刪去「也」字。　按景祐本無「也」字。

一〇九八頁一三行　(則)〔刖〕左右趾合一，　景祐、殿、局本都作「刖」。　王先謙說「則」乃「刖」之誤。

一一〇〇頁五行　鬼薪白粲滿(三)〔一〕歲爲隸臣，　王先謙說「三歲」誤，當爲「一歲」。

一一〇四頁九行　言舉毫毛之事，輕小之甚〔者〕。　塞猶當(者)也。　王先謙說「者」字當在「甚」字下。

一一〇七頁一六行　遺忘，(勿)〔忽〕忘也。　景祐、殿本作「忽」。　王先謙說作「忽」是。

一一二二頁二行　且懲其〔末〕〔未〕也。錢大昭說荀子作「未」。按殿本作「未」。

一一二二頁三行　故象刑非生〔於〕治古，「於」字據景祐、殿本補。

一一二二頁五行　不祥莫大〔矣〕焉。錢大昭說「矣」字衍。按殿本無。

漢書卷二十四上

食貨志第四上

洪範八政，一曰食，二曰貨。食謂農殖嘉穀可食之物，〔一〕貨謂布帛可衣，〔二〕及金刀龜貝，所以分財布利通有無者也。〔三〕二者，生民之本，興自神農之世。「斲木爲耜，煣木爲耒，耒（吕）〔耨〕之利以教天下」，而食足；〔四〕「日中爲市，致天下之民，聚天下之貨，交易而退，各得其所」，而貨通。〔五〕食足貨通，然後國實民富，而教化成。黄帝以下「通其變，使民不倦」。〔六〕堯命四子以「敬授民時」，〔七〕舜命后稷以「黎民祖飢」，〔八〕是爲政首。禹平洪水，定九州，〔九〕制土田，各因所生遠近，賦入貢棐，〔一〇〕楙遷有無，萬國作乂。〔一一〕殷周之盛，詩書所述，要在安民，富而教之。故易稱「天地之大德曰生，聖人之大寶曰位；何以守位曰仁；何以聚人曰財。」〔一二〕財者，帝王所以聚人守位，養成羣生，奉順天德，治國安民之本也。故曰：「不患寡而患不均，不患貧而患不安；蓋均亡貧，和亡寡，安亡傾。」〔一三〕是以聖王域民，〔一四〕築城郭以居之，制廬井以均之，〔一五〕開市肆以通之，〔一六〕設庠序以教之；〔一七〕士農工商，四民有業。學以居位曰士，闢土殖穀曰農，作巧成器曰工，通財鬻貨曰商。〔八〕聖王量能授事，四民陳力受職，故朝亡廢官，邑亡敖民，地亡曠土。〔九〕

〔一〕師古曰：「殖，生也。嘉，善也。」

〔二〕師古曰：「衣音於既反。」

〔三〕師古曰：「金謂五色之金也。黃者曰金，白者曰銀，赤者曰銅，青者曰鉛，黑者曰鐵。刀謂錢幣也。龜以卜占，貝以表飾，故皆為寶貨也。」

〔四〕師古曰：「斲，斫也。煣，屈也。耒，手耕曲木也。耜，耒端木所以施金也。耨，耘田也。耜音似。煣音人九反。耒音來內反。耨音乃搆反。」

〔五〕師古曰：「自『斲木為耜』以至於此，事見易上繫辭。」

〔六〕李奇曰：「器幣有不便於時，則變更通利之，使民樂其業而不倦也。」

〔七〕師古曰：「四子謂羲仲、羲叔、和仲、和叔也。事見虞書堯典也。」

〔八〕孟康曰：「祖，始也。黎民始飢，命棄為稷官也。古文言阻。」師古曰：「事見〔虞書〕舜典。」

〔九〕師古曰：「九州謂冀、兗、青、徐、揚、荊、豫、梁、雍。」

〔一〇〕應劭曰：「棐，竹器也，所以盛。方曰筐，隋曰棐。」師古曰：「棐讀與匪同，禹貢所謂『厥貢漆絲，厥篚織文』之類是也。隋，圓而長也。隋音他果反。」

〔一一〕師古曰：「楙與茂同，勉也。言勸勉天下，遷易有無，使之交足，則萬國皆治。」

〔一二〕師古曰：「下繫之辭。」

〔一三〕師古曰：「論語載孔子之言。」

〔一四〕師古曰：「爲邦域。」

〔一五〕師古曰：「井田之中爲屋廬。」

〔一六〕師古曰：「肆，列也。」

〔一七〕師古曰：「庠序，禮官養老之處。」

〔一八〕師古曰：「鬻，賣也。鬻音弋六反。」

〔一九〕師古曰：「敖謂逸游也。曠，空也。」

理民之道，地著爲本。〔一〕故必建步立晦，正其經界。〔二〕六尺爲步，步百爲晦，晦百爲夫，夫三爲屋，屋三爲井，井方一里，是爲九夫。八家共之，各受私田百晦，公田十晦，是爲八百八十晦，餘二十晦以爲廬舍。〔三〕出入相友，守望相助，疾病(則)〔相〕救，民是以和睦，而教化齊同，力役生產可得而平也。

〔一〕師古曰：「地著，謂安土也。著音直略反。」

〔二〕師古曰：「晦，古畝字也。」

〔三〕師古曰：「廬，田中屋也。春夏居之，秋冬則去。」

民受田，上田夫百晦，中田夫二百晦，下田夫三百晦。歲耕種者爲不易上田；休一歲者爲一易中田；休二歲者爲再易下田，三歲更耕之，自爰其處。〔一〕農民戶人己受田，其家衆男爲餘夫，亦以口受田如比。〔二〕士工商家受田，五口乃當農夫一人。此謂平土可以爲法者也。若山林藪澤原陵淳鹵之地，〔三〕各以肥磽多少爲差。〔四〕有賦有稅。稅謂公田什一及工商衡虞之入也。〔五〕賦共車馬甲兵士徒之役，〔六〕充實府庫賜予之用。稅給郊社宗廟百神之祀，天子奉養百官祿食庶事之費。民年二十受田，六十歸田。七十以上，上所養也；十歲以下，上所長也；十一以上，上所強也。〔七〕種穀必雜五種，以備災害。〔八〕田中不得有樹，用妨五穀。力耕數耘，收穫如寇盜之至。〔九〕還廬樹桑，〔一〇〕菜茹有畦，瓜瓠果蓏〔一一〕殖於疆易。〔一二〕雞豚狗彘毋失其時，〔一三〕女修蠶織，則五十可以衣帛，七十可以食肉。

〔一〕孟康曰：「爰，於也。」師古曰：「更，互也，音工衡反。」

〔二〕師古曰：「比，例也，音必寐反。」

〔三〕晉灼曰：「淳，盡也，爲鹵之田不生五穀也。」

〔四〕師古曰：「磽，磽确也，謂瘠薄之田也，音口交反。」

〔五〕師古曰：「賦謂計口發財，稅謂收其田入也。什一，謂十取其一也。工、商、衡、虞雖不墾殖，亦取其稅者，工有技巧之作，商有行販之利，衡虞取山澤之材產也。」

〔六〕師古曰：「徒，衆也。共讀曰供。」

〔七〕師古曰：「勉強勸之，令習事也。強音其兩反。」

〔八〕師古曰：「歲月有宜，及水旱之利也。種即五穀，謂黍、稷、麻、麥、豆也。」

〔九〕師古曰：「力謂勤作之也。如寇盜之至，謂促遽之甚，恐爲風雨所損。」

〔10〕師古曰：「還，繞也。」

〔11〕應劭曰：「木實曰果，草實曰蓏。」張晏曰：「有核曰果，無核曰蓏。」臣瓚曰：「案木上曰果，地上曰蓏也。」師古曰：「茹，所食之菜也。畦，區也。茹音人豫反。畦音胡圭反。蓏音來果反。」

〔12〕張晏曰：「至此易主，故曰易。」師古曰：「詩小雅信南山云『中田有廬，疆場有瓜』，即謂此也。」

〔13〕師古曰：「彘即豕。」

在壄曰廬，在邑曰里。〔一〕五家爲鄰，五鄰爲里，四里爲族，五族爲黨，五黨爲州，五州爲鄉。鄉，萬二千五百戶也。鄰長位下士，自此以上，稍登一級，至鄉而爲卿也。於〔是〕里有序而鄉有庠。序以明教，庠則行禮而視化焉。〔二〕春令民畢出在壄，冬則畢入於邑。其詩曰：「四之日舉止，同我婦子，饁彼南晦。」〔三〕又曰：「十月蟋蟀，入我牀下，嗟我婦子，聿爲改歲，入此室處。」〔四〕所以順陰陽，備寇賊，習禮文也。春，〔秋〕〔將〕出民，里胥平旦坐於右塾，鄰長坐於（右）〔左〕塾，〔五〕畢出然後歸，夕亦如之。〔六〕入者必持薪樵，輕重相分，班白不提挈。〔七〕冬，民既入，婦人同巷，相從夜績，女工一月得四十五日。〔八〕必相從者，所以省費燎火，同巧拙而合習俗也。〔九〕男女有不得其所者，因相與歌詠，各言其傷。〔10〕

〔一〕師古曰：「廬各在其田中，而里聚居也。」

〔二〕師古曰：「視讀爲示也。」

〔三〕師古曰：「此豳詩七月之章也。饁，饋也。四之日，周之四月，夏之二月也。農人無不舉足而耕也，則其婦與子同以食來至南晦治田之處而饋之也。饁音于輒反。」

〔四〕師古曰：「亦七月之章也。蟋蟀，蛬也，今謂之促織。聿，曰也。言寒氣既至，蟋蟀漸來，則婦子皆曰歲將改矣，而去田中入室處也。蛬音拱。」

〔五〕孟康曰：「里胥，如今里吏也。」師古曰：「門側之堂曰塾。坐於門側者，督促勸之，知其早晏，防怠惰也。塾音孰。」

〔六〕師古曰：「言里胥鄰長亦待入畢，然後歸也。」

〔七〕師古曰：「班白者，謂髮雜色也。不提挈者，所以優老人也。」

〔八〕服虔曰：「一月之中，又得夜半爲十五日，凡四十五日也。」

〔九〕師古曰：「省費燎火，省燎火之費也。燎所以爲明，火所以爲溫也。燎音力召反。」

〔10〕師古曰：「怨刺之詩也。」

是月，餘子亦在于序室。〔一〕八歲入小學，學六甲五方書計之事，〔二〕始知室家長幼之節。十五入大學，學先聖禮樂，而知朝廷君臣之禮。其有秀異者，移鄉學于庠序；庠序之異者，移國學于少學。諸侯歲貢少學之異者於天子，學于大學，命曰造士。〔三〕行同能偶，則別之以射，〔四〕然後爵命焉。

〔一〕蘇林曰：「餘子，庶子也。或曰，未任役爲餘子。」師古曰：「未任役者是也。幼童皆當受業，豈論嫡庶乎？」

〔二〕蘇林曰：「五方之異書，如今祕書學外國書也。」臣瓚曰：「辨五方之名及書藝也。」師古曰：「瓚說是也。」

〔三〕李奇曰：「造，成也。」

〔四〕師古曰：「以射試之。」

孟春之月，羣居者將散，〔一〕行人振木鐸徇于路，以采詩，〔二〕獻之大師，比其音律，以聞於天子。〔三〕故曰王者不窺牖戶而知天下。

〔一〕師古曰：「謂各趣農畮也。」

〔二〕師古曰：「行人，遒人也，主號令之官。鐸，大鈴也，以木爲舌，謂之木鐸。徇，巡也。采詩，采取怨刺之詩也。」

〔三〕師古曰：「大師，掌音律之官，敎六詩以六律爲之音者。比謂次之也。比音頻二反。」

此先王制土處民富而敎之之大略也。故孔子曰：「道千乘之國，敬事而信，節用而愛人，使民以時。」〔一〕故民皆勸功樂業，先公而後私。其詩曰：「有渰淒淒，興雲祁祁，雨我公田，遂及我私。」〔二〕民三年耕，則餘一年之畜。〔三〕衣食足而知榮辱，廉讓生而爭訟息，故三載考績。〔四〕孔子曰「苟有用我者，期月而已可也，三年有成」，成此功也。〔五〕三考黜陟，餘三年食，進業曰登；〔六〕再登曰平，餘六年食；三登曰泰平，二十七歲，遺九年食。然後（王）〔至〕德流洽，禮樂成焉。故曰「如有王者，必世而後仁」，〔七〕繇此道也。〔八〕

〔一〕師古曰：「論語載孔子之言。道，治也。舉事必敬，施令必信，不爲奢侈，愛養其民，無奪農時。」

〔二〕師古曰：「小雅大田之詩也。渰，陰雲也。淒淒，雲起貌也。祁祁，徐也。言陰陽和，風雨時，民庶慶悅，喜其先雨公田，乃及私也。」

〔三〕師古曰：「畜讀曰蓄。其下並同。」

〔四〕師古曰：「績，功也。言主治民者，三年一考其功也。」

〔五〕師古曰：「論語載孔子之言也。用謂使爲政，期月可以易俗，三年乃得成功也。」

〔六〕鄭氏曰：「進上百工之業也。或曰進上農工諸事業，名曰登。」

〔七〕師古曰：「亦孔子之言也。解在刑法志。」

〔八〕師古曰：「繇讀與由同。由，用也，從也。」

周室既衰，暴君汙吏慢其經界，〔一〕繇役橫作，〔二〕政令不信，上下相詐，公田不治。故魯宣公「初稅畮」，春秋譏焉。〔三〕於是上貪民怨，災害生而禍亂作。

〔一〕師古曰：「汙謂貪穢也。」

〔二〕師古曰：「繇讀曰傜。橫音胡孟反。」

〔三〕孟康曰：「春秋謂之履畮，履踐民所種好者而取之，譏其貪也。」

陵夷至於戰國，貴詐力而賤仁誼，先富有而後禮讓。是時，李悝爲魏文侯作盡地力之教，〔一〕以爲地方百里，提封九萬頃，除山澤邑居參分去一，爲田六百萬畮，治田勤謹則畮益三升，〔二〕不勤則損亦如之。地方百里之增減，輒爲粟百八十萬石矣。又曰糴甚貴傷民，〔三〕甚賤傷農；民傷則離散，農傷則國貧。故甚貴與甚賤，其傷一也。善爲國者，使民毋傷而農益勸。今一夫挾五口，治田百晦，歲收晦一石半，爲粟百五十石，除十一之稅十五石，餘百三十五石。食，人月一石半，五人終歲爲粟九十石，餘有四十五石。石三十，爲錢千三百五十，除社閭嘗新春秋之祠，用錢三百，餘千五十。衣，人率用錢三百，五人終歲用千五百，不足四百五十。〔四〕不幸疾病死喪之費，及上賦斂，又未與此。〔五〕此農夫所以常困，有不勸耕之心，而令糴至於甚貴者也。是故善平糴者，必謹觀歲有上中下孰。上孰其收自四，餘四百石；〔六〕中孰自三，餘三百石；〔七〕下孰自倍，餘百石。〔八〕小飢則收百石，〔九〕中飢七十石，〔一〇〕大飢三十石。〔一一〕故大孰則上糴三而舍一，中孰則糴二，下孰則糴一，使民適足，賈平則止。〔一二〕小飢則發小孰之所斂，〔一三〕中飢則發中孰之所斂，大飢則發大孰之所斂，而糶之。故雖遇饑饉水旱，糴不貴而民不散，取有餘以補不足也。行之魏國，國以富彊。

〔一〕師古曰：「李悝，文侯臣也。悝音恢。」

〔二〕服虔曰：「與之三升也。」臣瓚曰：「當言三斗。謂治田勤，則晦加三斗也。」師古曰：「計數而言，字當爲斗。瓚說是也。」

〔三〕韋昭曰：「此民謂士工商也。」

〔四〕師古曰：「少四百五十，不足也。」

〔五〕師古曰：「與讀曰豫。」

〔六〕張晏曰：「平歲百晦收百五十石，今大孰四倍，收六百石，計民食終歲長四百石，官糴三百石，此爲糴三舍一也。」

〔七〕張晏曰：「自三，四百五十石也。終歲長三百石，官糴二百石，此爲糴二而舍一也。」
〔八〕張晏曰：「自倍，收三百石，終歲長百石，官糴其五十石，云下孰糴一，謂中分百石之一。」
〔九〕張晏曰：「平歲百畮之收，收百五十石，今小飢收百石，收三分之二也。」
〔一〇〕張晏曰：「收二分之一。」
〔一一〕張晏曰：「收五分之一也。以此準之，大小中飢之率也。」
〔一二〕師古曰：「賈讀曰價。」
〔一三〕李奇曰：「官以斂藏出糶也。」

及秦孝公用商君，壞井田，開仟伯，〔一〕急耕戰之賞，雖非古道，猶以務本之故，傾鄰國而雄諸侯。然王制遂滅，僭差亡度。庶人之富者累鉅萬，〔二〕而貧者食糟糠；有國彊者兼州域，而弱者喪社稷。至於始皇，遂并天下，內興功作，外攘夷狄，收泰半之賦，〔三〕發閭左之戍。〔四〕男子力耕不足糧饟，〔五〕女子紡績不足衣服。竭天下之資財以奉其政，猶未足以澹其欲也。〔六〕海內愁怨，遂用潰畔。〔七〕

〔一〕師古曰：「仟伯，田間之道也。南北曰仟，東西曰伯。伯音莫白反。」
〔二〕師古曰：「鉅，大也。大萬，謂萬萬也。累者兼數，非止一也。言其貲財積累萬萬也。」
〔三〕師古曰：「泰半，三分取其二。」
〔四〕應劭曰：「秦時以適發之，名適戍。先發吏有過及贅壻、賈人，後以嘗有市籍者發，又後以大父母、父母嘗有市籍者。戍者曹輩盡，復入閭，取其左發之，未及取右而秦亡。」師古曰：「閭，里門也。言居在（閭）〔里〕門之左者，一切發之。此閭左之釋，應最得之，諸家之義煩穢舛錯，故無所取也。」

〔五〕師古曰：「饟，古餉字也。」

〔六〕師古曰：「澹，古贍字也。贍，給也。其下並同。」

〔七〕師古曰：「下逃其上曰潰。」

漢興，接秦之敝，諸侯並起，民失作業，而大饑饉。凡米石五千，人相食，死者過半。高祖乃令民得賣子，就食蜀漢。天下既定，民亡蓋臧，〔一〕自天子不能具醇駟，〔二〕而將相或乘牛車。〔三〕上於是約法省禁，輕田租，什五而稅一，量吏祿，度官用，以賦於民。〔四〕而山川園池市肆租稅之入，自天子以至封君湯沐邑，皆各爲私奉養，不領於天子之經費。〔五〕漕轉關東粟以給中都官，歲不過數十萬石。〔六〕孝惠、高后之間，衣食滋殖。文帝卽位，躬修儉節，思安百姓。時民近戰國，皆背本趨末，賈誼說上曰：

〔一〕蘇林曰：「無物可蓋臧。」

〔二〕師古曰：「醇，不雜也。無醇色之駟，謂四馬雜色也。」

〔三〕師古曰：「以牛駕車也。」

〔四〕師古曰：「纔取足。」

〔五〕師古曰：「言各收其所賦稅以自供，不入國朝之倉廩府庫也。經，常也。」

〔六〕師古曰：「中都官，京師諸官府也。」

筦子曰「倉廩實而知禮節」。〔一〕民不足而可治者，自古及今，未之嘗聞。古之人曰：「一夫不耕，或受之飢；一女不織，或受之寒。」生之有時，而用之亡度，則物力必屈。〔二〕古之治天下，至孅至悉也，〔三〕故其畜積足恃。今背本而趨末，食者甚衆，是天下之大殘也；〔四〕淫侈之俗，日日以長，是天下之大賊也。殘賊公行，莫之或止；大命將泛，〔五〕莫之振救。〔六〕生之者甚少而靡之者甚多，〔七〕天下財產何得不蹷！〔八〕漢之爲漢幾四十年矣，〔九〕公私之積猶可哀痛。〔一〇〕失時不雨，民且狼顧；〔一一〕歲惡不入，請賣爵、子。〔一二〕既聞耳矣，〔一三〕安有爲天下阽危者若是而上不驚者！〔一四〕

〔一〕師古曰：「筦與管同。管子，管仲之書也。」
〔二〕師古曰：「屈，盡也。音其勿反。」
〔三〕師古曰：「孅，細也。悉，盡其事也。孅與纖同。」
〔四〕師古曰：「本，農業也。末，工商也。言人已棄農而務工商矣，其食米粟者又甚衆。殘謂傷害也。」
〔五〕孟康曰：「泛音方勇反。泛，覆也。」師古曰：「字本作覂，此通用也。」
〔六〕師古曰：「振，舉也。」
〔七〕師古曰：「靡，散也，音縻。」
〔八〕應劭曰：「蹷，傾竭也。」師古曰：「蹷音厥。」

〔九〕師古曰：「幾，近也。音鉅衣反。」

〔10〕師古曰：「言年載已多，而無儲積。」

〔一一〕鄭氏曰：「民欲有畔意，若狼之顧望也。」李奇曰：「狼性怯，走喜還顧。言民見天不雨，今亦恐也。」師古曰：「李說是也。」

〔一二〕如淳曰：「賣爵級又賣子也。」

〔一三〕如淳曰：「聞於天子之耳。」

〔一四〕師古曰：「阽危，欲墜之意也。音閻，又音丁念反。」

世之有飢穰，天之行也，〔一〕禹、湯被之矣。〔二〕即不幸有方二三千里之旱，國胡以相恤？〔三〕卒然邊境有急，數十百萬之衆，國胡以餽之？〔四〕兵旱相乘，天下大屈，〔五〕有勇力者聚徒而衡擊，〔六〕罷夫羸老易子而齩其骨。〔七〕政治未畢通也，遠方之能疑者並舉而爭起矣，〔八〕乃駭而圖之，豈將有及乎？〔九〕

〔一〕李奇曰：「天之行氣，不能常孰也。或曰，行，道也。」師古曰：「穰，豐也，音人常反。」

〔二〕師古曰：「謂禹遭水，而湯遭旱也。」

〔三〕師古曰：「胡，何也。」

〔四〕師古曰：「卒讀曰猝。餽亦饋字也。」

〔五〕師古曰：「屈音其勿反。」

〔六〕師古曰：「衡，橫也。」
〔七〕師古曰：「罷讀曰疲。齩，齧也，音五巧反。」
〔八〕師古曰：「儗讀曰擬。擬，僭也，謂與天子相比擬。」
〔九〕師古曰：「圖謂謀也。」

夫積貯者，天下之大命也。苟粟多而財有餘，何爲而不成？以攻則取，以守則固，以戰則勝。懷敵附遠，何招而不至？〔一〕今毆民而歸之農，皆著於本，〔二〕使天下各食其力，末技游食之民轉而緣南晦，〔三〕則畜積足而人樂其所矣。可以爲富安天下，而直爲此廩廩也，〔四〕竊爲陛下惜之！

〔一〕師古曰：「懷，來也，安也。」
〔二〕師古曰：「毆亦驅字。著音直略反。」
〔三〕師古曰：「言皆趨農作也。」
〔四〕李奇曰：「廩廩，危也。」師古曰：「言務耕農，厚畜積，則天下富安，何乃不爲，而常不足廩廩若此。」

於是上感誼言，始開籍田，躬耕以勸百姓。鼂錯復說上曰：

聖王在上而民不凍飢者，非能耕而食之，織而衣之也，〔一〕爲開其資財之道也。故堯、禹有九年之水，湯有七年之旱，而國亡捐瘠者，〔二〕以畜積多而備先具也。今海內爲一，土地人民之衆不避湯、禹，加以亡天災數年之水旱，而畜積未及者，何也？地有遺利，民有餘力，生穀之土未盡墾，山澤之利未盡出也，游食之民未盡歸農也。民貧，則姦邪生。貧生於不足，不足生於不農，不農則不地著，不地著則離鄉輕家，民如鳥獸，雖有高城深池，嚴法重刑，猶不能禁也。

〔一〕師古曰：「食讀曰飤。衣音於既反。」

〔二〕孟康曰：「肉腐爲瘠。捐，骨不埋者。或曰，捐謂民有飢相棄捐者。或謂貧乞者爲捐。」蘇林曰：「瘠音漬。」師古曰：「瘠，瘦病也。言無相棄捐而瘦病者耳。不當音漬也。貧乞之釋，尤疏僻焉。」

夫寒之於衣，不待輕煖；〔一〕飢之於食，不待甘旨；〔二〕飢寒至身，不顧廉恥。人情，一日不再食則飢，終歲不製衣則寒。夫腹飢不得食，膚寒不得衣，雖慈母不能保其子，君安能以有其民哉！明主知其然也，故務民於農桑，薄賦斂，廣畜積，以實倉廩，備水旱，故民可得而有也。

〔一〕師古曰：「以禦風霜，不求靡麗也。煖音乃短反。」

〔二〕師古曰：「旨，美也。」

民者，在上所以牧之，趨利如水走下，四方亡擇也。〔一〕夫珠玉金銀，飢不可食，寒不可衣，然而衆貴之者，以上用之故也。其爲物輕微易臧，在於把握，可以周海內而亡飢寒之患。〔二〕此令臣輕背其主，而民易去其鄉，盜賊有所勸，亡逃者得輕資也。粟米布帛生於地，長於時，聚於力，非可一日成也；數石之重，中人弗勝，〔三〕不爲姦邪所利，一日弗得而飢寒至。是故明君貴五穀而賤金玉。

〔一〕師古曰：「走音奏。」

〔二〕師古曰：「周謂周徧而游行。」

〔三〕師古曰：「中人者，處強弱之中也。」

今農夫五口之家，其服役者不下二人，〔一〕其能耕者不過百晦，百晦之收不過百石。春耕夏耘，秋穫冬臧，伐薪樵，治官府，給繇役；春不得避風塵，夏不得避暑熱，秋不得避陰雨，冬不得避寒凍，四時之間亡日休息；又私自送往迎來，弔死問疾，養孤長幼在其中。勤苦如此，尚復被水旱之災，急政暴（虐）〔賦〕，賦斂不時，朝令而暮改。當具有者半賈而賣，〔二〕亡者取倍稱之息，〔三〕於是有賣田宅鬻子孫以償責者矣。而商賈大者積貯倍息，小者坐列販賣，〔四〕操其奇贏，日游都市，〔五〕乘上之急，所賣必倍。〔六〕故其男不耕耘，女不蠶織，衣必文采，食必（梁）〔粱〕肉；〔七〕亡農夫之苦，有仟伯之得。〔八〕因其富厚，交通王侯，力過吏勢，以利相傾；千里游敖，冠蓋相望，乘堅策肥，履絲曳縞。〔九〕此商人所以兼并農人，農人所以流亡者也。

〔一〕師古曰：「服，事也，給公事之役也。」

〔二〕師古曰：「本直千錢者，止得五百也。賈讀曰價。」
〔三〕如淳曰：「取一償二爲倍稱。」師古曰：「稱，舉也，今俗所謂舉錢者也。」
〔四〕師古曰：「行賣曰商，坐販曰賈。列者，若今市中賣物行也。賈音古。」
〔五〕師古曰：「奇羸，謂有餘財而畜聚奇異之物也。一說，（字）〔奇〕謂殘餘物也，音居宜反。」
〔六〕師古曰：「上所急求，則其價倍貴。」
〔七〕師古曰：「（梁）〔粱〕，好粟也，即今之（梁）〔粱〕米。」
〔八〕師古曰：「仟謂千錢，佰謂百錢也。伯音莫白反。今俗猶謂百錢爲一伯。」
〔九〕師古曰：「堅謂好車也。縞，皓素也，繒之精白者也。」

今法律賤商人，商人已富貴矣；尊農夫，農夫已貧賤矣。故俗之所貴，主之所賤也；吏之所卑，法之所尊也。上下相反，好惡乖迕，〔一〕而欲國富法立，不可得也。方今之務，莫若使民務農而已矣。欲民務農，在於貴粟；貴粟之道，在於使民以粟爲賞罰。今募天下入粟縣官，得以拜爵，得以除罪。如此，富人有爵，農民有錢，粟有所渫。〔二〕夫能入粟以受爵，皆有餘者也；取於有餘，以供上用，則貧民之賦可損，〔三〕所謂損有餘補不足，令出而民利者也。順於民心，所補者三：一曰主用足，二曰民賦少，三曰勸農功。今令民有車騎馬一匹者，復卒三人。〔四〕車騎者，天下武備也，故爲復卒。〔五〕神農之教曰：「有石城十仞，〔六〕湯池百步，〔七〕帶甲百萬，而亡粟，弗能守也。」以是觀之，粟者，王者大用，政之本務。令民入粟受爵至五大夫以上，乃復一人耳，〔八〕此其與騎馬之功相去遠矣。爵者，上之所擅，出於口而亡窮；〔九〕粟者，民之所種，生於地而不乏。夫得高爵與免罪，人之所甚欲也。使天下〔人〕入粟於邊，以受爵免罪，不過三歲，塞下之粟必多矣。」

〔一〕師古曰：「迕，違也。好音呼到反。惡音烏故反。迕音五故反。」
〔二〕師古曰：「渫，散也，音先列反。此下亦同也。」
〔三〕師古曰：「損，減也。」
〔四〕如淳曰：「復三卒之算錢也。或曰，除三夫不作甲卒也。」師古曰：「當爲卒者，免其三人；不爲卒者，復其錢耳。復音方目反。」
〔五〕師古曰：「爲音于僞反。」
〔六〕應劭曰：「仞，五尺六寸也。」師古曰：「此說非也。八尺曰仞，取人申臂之一尋也。」
〔七〕師古曰：「池，城邊池也。以沸湯爲池，不可輒近，喻嚴固之(基)〔甚〕。」
〔八〕師古曰：「五大夫，第九等爵也。復音方目反。」
〔九〕師古曰：「擅，專也。」

於是文帝從錯之言，令民入粟邊，六百石爵上造，〔一〕稍增至四千石爲五大夫，〔二〕萬二千石爲大庶長，〔三〕各以多少級數爲差。錯復奏言：「陛下幸使天下入粟塞下以拜爵，甚大惠也。竊恐塞卒之食不足用大漢天下粟。邊食足以支五歲，可令入粟郡縣矣；〔四〕足支一歲以上，可時赦，勿收農民租。如此，德澤加於萬民，民俞勤農。〔五〕時有軍役，若遭水旱，民不困乏，天下安寧；歲孰且美，則民大富樂矣。」上復從其言，乃下詔賜民十二年租稅之半。明年，遂除民田之租稅。

〔一〕師古曰：「上造，第二等爵也。」
〔二〕師古曰：「五大夫，第九等爵。」
〔三〕師古曰：「大庶長，第十八等爵也。」
〔四〕師古曰：「入諸郡縣，以備凶災也。」
〔五〕師古曰：「俞，進也，音踰，又音愈。」

後十三歲，孝景二年，令民半出田租，三十而稅一也。其後，上郡以西旱，復修賣爵令，而裁其賈以招民；〔一〕及徒復作，得輸粟於縣官以除罪。〔二〕始造苑馬以廣用，〔三〕宮室列館車馬益增修矣。然婁敕有司以農爲務，〔四〕民遂樂業。至武帝之初七十年間，國家亡事，非遇水旱，則民人給家足，都鄙廩庾盡滿，而府庫餘財。京師之錢累百鉅萬，貫朽而不可校。〔五〕太倉之粟陳陳相因，〔六〕充溢露積於外，腐敗不可食。衆庶街巷有馬，仟伯之間成羣，〔七〕乘牸牝者擯而不得會聚。〔八〕守閭閻者食粱肉；爲吏者長子孫；〔九〕居官者以爲姓號。〔一〇〕人人自愛而重犯法，〔一一〕先行誼而黜媿辱焉。〔一二〕於是罔疏而民富，役財驕溢，或至并兼豪黨之徒以武斷於鄉曲。〔一三〕宗室有土，公卿大夫以下爭於奢侈，〔一四〕室廬車服僭上亡限。物盛而衰，固其變也。

〔一〕師古曰：「賈讀曰價。裁謂減省之也。」

〔二〕師古曰：「復音房目反。解在宣紀。」

〔三〕師古曰：「苑馬，謂爲苑以牧馬。」

〔四〕師古曰：「婁，古屢字。」

〔五〕師古曰：「累百鉅萬，謂數百萬萬也。校謂計數也。」

〔六〕師古曰：「陳謂久舊也。」

〔七〕師古曰：「謂田中之阡陌也。」

〔八〕孟康曰：「皆乘父馬，有牝馬間其間則踶齧，故斥出不得會同。」師古曰：「言時富饒，故恥乘牸牝，不必以其踶齧也。踶，蹋也，音大奚反。」

〔九〕如淳曰：「時無事，吏不數轉，至於(長生)〔生長〕子孫而不轉職也。」

〔一〇〕如淳曰：「貨殖傳倉氏、庾氏是也。」

〔一一〕師古曰：「重，難也。」

〔一二〕師古曰：「以行誼爲先，以媿辱相黜也。行音下更反。」

〔一三〕師古曰：「恃其饒富，則擅行威罰也。斷音丁喚反。」

〔四〕師古曰：「有土，謂國之宗姓受封邑土地者也。」

是後，外事四夷，內興功利，役費並興，而民去本。董仲舒說上曰：「春秋它穀不書，至於麥禾不成則書之，以此見聖人於五穀最重麥與禾也。今關中俗不好種麥，是歲失春秋之所重，而損生民之具也。願陛下幸詔大司農，使關中民益種宿麥，令毋後時。」〔一〕又言：「古者稅民不過什一，其求易共；〔二〕使民不過三日，其力易足。民財內足以養老盡孝，外足以事上共稅，下足以畜妻子極愛，故民說從上。〔三〕至秦則不然，用商鞅之法，改帝王之制，除井田，民得賣買，富者田連仟伯，貧者亡立錐之地。又顓川澤之利，管山林之饒，〔四〕荒淫越制，踰侈以相高；邑有人君之尊，里有公侯之富，小民安得不困？又加月爲更卒，已，復爲正一歲，屯戍一歲，力役三十倍於古；〔五〕田租口賦，鹽鐵之利，二十倍於古。〔六〕或耕豪民之田，見稅什五。〔七〕故貧民常衣牛馬之衣，而食犬彘之食。重以貪暴之吏，刑戮妄加，〔八〕民愁亡聊，亡逃山林，轉爲盜賊，赭衣半道，斷獄歲以千萬數。漢興，循而未改。古井田法雖難卒行，宜少近古，〔九〕限民名田，以澹不足，〔一〇〕塞并兼之路。鹽鐵皆歸於民。去奴婢，除專殺之威。〔一一〕薄賦斂，省繇役，以寬民力。然後可善治也。」仲舒死後，功費愈甚，天下虛耗，人復相食。〔一二〕

〔一〕師古曰：「宿麥，謂其苗經冬。」

〔二〕師古曰：「共讀曰供。次下亦同。」

〔三〕師古曰：「說讀曰悅也。」

〔四〕師古曰：「顓與專同。管，主也。」

〔五〕師古曰：「更卒，謂給郡縣一月而更者也。正卒，謂給中都官者也。率計今人一歲之中，屯戍及力役之事三十倍多於古也。更音工衡反。」

〔六〕如淳曰：「秦賣鹽鐵貴，故下民受其困也。」師古曰：「既收田租，又出口賦，而官更奪鹽鐵之利。率計今人一歲之中，失其資產，二十倍多於古也。」

〔七〕如淳曰：「十稅其五。」師古曰：「言下戶貧人，自無田而耕墾豪富家田，十分之中，以五輸本田主也。」

〔八〕師古曰：「重音直用反。」

〔九〕師古曰：「卒讀曰猝。近音其靳反。」

〔一〇〕師古曰：「名田，占田也。各爲立限，不使富者過制，則貧弱之家可足也。」

〔一一〕服虔曰：「不得專殺奴婢也。」

〔一二〕師古曰：「耗音呼到反。」

武帝末年，悔征伐之事，乃封丞相爲富民侯。〔一〕下詔曰：「方今之務，在於力農。」以趙過爲搜粟都尉。過能爲代田，一晦三甽。〔二〕歲代處，故曰代田，〔三〕古法也。后稷始甽田，以二耜爲耦，〔四〕廣尺深尺曰甽，長終晦。一晦三甽，一夫三百甽，而播種於甽中。〔五〕苗生葉以上，稍耨隴草，〔六〕因隤其土以附（根苗）〔苗根〕。〔七〕故其詩曰：「或芸或芓，黍稷儗儗。」〔八〕芸，除草也。（耔）〔芓〕，附根也。言苗稍壯，每耨輒附根，比盛暑，隴盡而根深，〔九〕能風與旱，〔一〇〕故儗儗而盛也。其耕耘下種田器，皆有便巧。率十二夫爲田一井一屋，故畮五頃，〔一一〕用耦犂，二牛三人，一歲之收常過縵田畮一斛以上，〔一二〕善者倍之。〔一三〕過使教田太常、三輔，〔一四〕大農置工巧奴與從事，爲作田器。二千石遣令長、三老、力田及里父老善田者受田器，學耕種養苗狀。〔一五〕民或苦少牛，亡以趨澤，〔一六〕故平都令光教過以人輓犂。〔一七〕過奏光以爲丞，教民相與庸輓犂。〔一八〕率多人者田日三十畮，少者十三畮，以故田多墾闢。過試以離宮卒田其宮壖地，〔一九〕課得穀皆多其旁田畮一斛以上。令命家田三輔公田，〔二〇〕又教邊郡及居延城。〔二一〕是後邊城、河東、弘農、三輔、太常民皆便代田，用力少而得穀多。

〔一〕韋昭曰：「沛蘄縣也。」師古曰：「欲百姓之殷實，故取其嘉名也。」

〔二〕師古曰：「甽，壟也，音工犬反，字或作畎。」

〔三〕師古曰：「代，易也。」

〔四〕師古曰：「併兩耜而耕。」

〔五〕師古曰：「播，布也。種謂穀子也。」

〔六〕師古曰：「耨，鉏也。」

〔七〕師古曰：「隤謂下之也，音頹。」

〔八〕師古曰：「小雅甫田之詩。儗儗，盛貌。芸音云。耔音子。儗音擬。」

〔九〕師古曰：「比音必寐反。」

〔一〇〕師古曰：「能讀曰耐也。」

〔一一〕鄧展曰：「九夫爲井，三夫爲屋。夫百畮，於古爲十二頃。古百步爲畮，漢時二百四十步爲畮，古千二百畮，則得今五頃。」

〔一二〕師古曰：「縵田，謂不爲（畮）〔甽〕者也。縵音莫幹反。」

〔一三〕師古曰：「善爲甽者，又過縵田二斛以上也。」

〔一四〕蘇林曰：「太常主諸陵，有民，故亦課田種也。」

〔一五〕蘇林曰：「爲法意狀也。」

〔一六〕師古曰：「趨讀曰趣。趣，及也。澤，雨之潤澤也。」

〔一七〕師古曰：「輓，引也，音晚。」

〔一八〕師古曰：「庸，功也，言（挽）〔換〕功共作也。義亦與庸賃同。」

〔一九〕師古曰：「離宮，別處之宮，非天子所常居也。壖，餘也。宮壖地，謂外垣之內，內垣之外也。諸緣河壖地，廟垣壖地，其義皆同。守離宮卒，閑而無事，因令於壖地爲田也。壖音而緣反。」

〔二〇〕李奇曰：「令，使也。命者，敎也。令離宮卒敎其家田公田也。」韋昭曰：「命謂爵命者。命家，謂受爵命一爵爲公士以上，令得田公田，優之也。」師古曰：「令音力成反。」

〔二一〕韋昭曰：「居延，張掖縣也。時有甲卒也。」

至昭帝時，流民稍還，田野益闢，頗有畜積。宣帝即位，用吏多選賢良，百姓安土，歲數豐穰，〔一〕穀至石五錢，農人少利。時大司農中丞耿壽昌以善爲算能商功利〔二〕得幸於上，五鳳中奏言：「故事，歲漕關東穀四百萬斛以給京師，〔三〕用卒六萬人。宜糴三輔、弘農、河東、上黨、太原郡穀足供京師，可以省關東漕卒過半。」又白增海租三倍，天子皆從其計。御史大夫蕭望之奏言：「故御史屬徐宮〔四〕家在東萊，言往年加海租，魚不出。長老皆言武帝時縣官嘗自漁，海魚不出，後復予民，魚乃出。夫陰陽之感，物類相應，萬事盡然。今壽昌欲近糴漕關內之穀，築倉治船，費直二萬萬餘，〔五〕有動衆之功，恐生旱氣，民被其災。壽昌習於商功分銖之事，其深計遠慮，誠未足任，宜且如故。」上不聽。漕事果便，壽昌遂白令邊郡皆築倉，以穀賤時增其賈而糴，以利農，穀貴時減賈而糶，名曰常平倉。〔六〕民便之。上乃下詔，賜壽昌爵關內侯。而蔡癸以好農使勸郡國，至大官。〔七〕

〔一〕師古曰：「數音所角反。穰音人常反。」
〔二〕師古曰：「商，度也。」
〔三〕師古曰：「漕，水運。」
〔四〕李奇曰：「御史大夫屬。」
〔五〕服虔曰：「萬萬，億也。」

〔六〕師古曰：「賈並讀曰價。」

〔七〕師古曰：「爲使而勸郡國也。使音山（史）〔吏〕反。」

元帝即位，天下大水，關東郡十一尤甚。二年，齊地飢，穀石三百餘，民多餓死，琅邪郡人相食。在位諸儒多言鹽鐵官及北假田官、常平倉可罷，〔一〕毋與民爭利。上從其議，皆罷之。又罷建章、甘泉宮衞，角抵，齊三服官，省禁苑以予貧民，減諸侯王廟衞卒半。又減關中卒五百人，轉穀振貸窮乏。其後用度不足，獨復鹽鐵官。

〔一〕孟康曰：「北假，地名也。」

成帝時，天下亡兵革之事，號爲安樂，然俗奢侈，不以畜聚爲意。永始二年，梁國、平原郡比年傷水災，〔一〕人相食，刺史守相坐免。

〔一〕師古曰：「比，頻也。」

哀帝即位，師丹輔政，建言：「古之聖王莫不設井田，然後治乃可平。〔一〕孝文皇帝承亡周亂秦兵革之後，天下空虛，故務勸農桑，帥以節儉。民始充實，未有并兼之害，故不爲民田及奴婢爲限。〔二〕今累世承平，豪富吏民訾數鉅萬，而貧弱俞困。蓋君子爲政，貴因循而重改作，〔三〕然所以有改者，將以救急也。亦未可詳，宜略爲限。」〔四〕天子下其議。丞相孔光、大司空何武奏請：「諸侯王、列侯皆得名田國中。列侯在長安，公主名田縣道，及關內侯、吏民名田皆毋過三十頃。諸侯王奴婢二百人，列侯、公主百人，關內侯、吏民三十人。期盡三年，犯者沒入官。」時田宅奴婢賈爲減賤，丁、傅用事，董賢隆貴，皆不便也。〔五〕詔書且須後，〔六〕遂寢不行。宮室苑囿府庫之臧已侈，百姓訾富雖不及文景，然天下戶口最盛矣。

〔一〕師古曰：「建，立也，立其議也。」

〔二〕師古曰：「不爲作限制。上爲音于僞反。」

〔三〕師古曰：「重，難也。」

〔四〕師古曰：「詳謂悉盡也。」

〔五〕師古曰：「丁、傅及董賢之家皆不便此事也。」

〔六〕師古曰：「須，待也。」

平帝崩，王莽居攝，遂篡位。王莽因漢承平之業，匈奴稱藩，百蠻賓服，舟車所通，盡爲臣妾，府庫百官之富，天下晏然。莽一朝有之，其心意未滿，〔一〕陿小漢家制度，以爲疏闊。〔二〕宣帝始賜單于印璽，與天子同，而西南夷鉤町稱王。〔三〕莽乃遣使易單于印，貶鉤町王爲侯。二方始怨，侵犯邊境。莽遂興師，發三十萬衆，欲同時十道並出，一舉滅匈奴；募發天下囚徒丁男甲卒轉委輸兵器，自負海江淮而至北邊，〔四〕使者馳傳督趣，〔五〕海內擾矣。又動欲慕古，不度時宜，〔六〕分裂州郡，改職作官，下令曰：「漢氏減輕田租，三十而稅一，常有更賦，罷癃咸出，〔七〕而豪民侵陵，分田劫假，〔八〕厥名三十，實什稅五也。富者驕而爲邪，貧者窮而爲姦，俱陷於辜，刑用不錯。〔九〕今更名天下田曰王田，奴婢曰私屬，皆不得賣買。其男口不滿八，而田過一井者，分餘田與九族鄉黨。」犯令，法至死，制度又不定，吏緣爲姦，天下謷謷然，陷刑者衆。〔一〇〕

〔一〕師古曰：「謂愛惜之意未厭飽也。」

〔二〕師古曰：「莽以漢家制度爲泰疏闊，而更之令陿小。」

〔三〕師古曰：「鉤音鉅于反。町音大鼎反。」

〔四〕如淳曰：「負，背也。」

〔五〕師古曰：「傳音張戀反。趣讀曰促。」

〔六〕師古曰：「度音大各反。」

〔七〕晉灼曰：「雖老病者，皆復出口算。」師古曰：「更音工衡反。罷讀曰疲。」

〔八〕師古曰：「分田，謂貧者無田而取富人田耕種，共分其所收也。假亦謂貧人賃富人之田也。劫者，富人劫奪其稅，侵欺之也。」

〔九〕師古曰：「錯，置也。」

〔一〇〕師古曰：「謷謷，衆口愁聲也，音敖。」

後三年，莽知民愁，下詔諸食王田及私屬皆得賣買，勿拘以法。然刑罰深刻，它政誖亂。〔一〕邊兵二十餘萬人仰縣官衣食，〔二〕用度不足，數橫賦斂，〔三〕民俞貧困。常苦枯旱，亡

有平歲，穀賈翔貴。〔四〕

〔一〕師古曰：「誖，乖也，音布內反。」

〔二〕師古曰：「仰音牛向反。」

〔三〕師古曰：「數音所角反。橫（因）〔音〕胡孟反。」

〔四〕晉灼曰：「翔音常。」師古曰：「晉說非也。翔言如鳥之回翔，謂不離于貴也。若暴貴，稱騰踊也。」

末年，盜賊羣起，發軍擊之，將吏放縱於外。北邊及青徐地人相食，雒陽以東米石二千。莽遣三公將軍開東方諸倉振貸窮乏，又分遣大夫謁者教民煑木爲酪；〔一〕酪不可食，重爲煩擾。〔二〕流民入關者數十萬人，置養澹官以稟之，吏盜其稟，〔三〕飢死者什七八。莽恥爲政所致，乃下詔曰：「予遭陽九之阸，百六之會，〔四〕枯旱霜蝗，饑饉荐臻，蠻夷猾夏，寇賊姦軌，百姓流離。予甚悼之，害氣將究矣。」〔五〕歲爲此言，以至於亡。

〔一〕服虔曰：「煑木實，或曰如今餌朮之屬也。」如淳曰：「作杏酪之屬也。」師古曰：「如說是也。」

〔二〕師古曰：「重音直用反。」

〔三〕師古曰：「稟，給也。盜其稟者，盜所給之物。稟音彼甚反。」

〔四〕師古曰：「此曆法應有災歲之期也。事在律曆志。」

〔五〕師古曰：「究，竟盡也。」

校勘記

一一二七頁五行　耒(㠯)〔耨〕之利以教天下，王先謙說據顏注，作「耨」是。按景祐、殿本都作「耨」。

一一二八頁三行　事見(虞書)舜典。王先謙說唐寫本「事見」下有「虞書」二字。按景祐本有。

一一二九頁一〇行　疾病(則)〔相〕救。景祐、殿本都作「相」。王先謙說作「相」是。

一一三一頁八行　於〔是〕里有序而鄉有庠；宋祁說「於里有序」「於」字下當添「是」字。按景祐本有「是」字。

一一三一頁二行　春，(秋)〔將〕出民，張文虎說粵本「秋」作「將」，是。按景祐、殿本都作「將」。

一一三二頁一二行　鄰長坐於(右)〔左〕塾，景祐、殿、局本都作「左」，此誤。

一一三三頁一三行　然後(㠯)〔至〕德流洽，景祐本作「至」。王先謙說作「至」是。

一一三七頁一行　言居在(閭)〔里〕門之左者，景祐、殿本都作「里」。

一一三三頁九行　急政暴(虐)〔賦〕，景祐本作「賦」。王念孫說作「賦」是。按通鑑亦作「賦」。

一一三三頁三行　食必(梁)〔粱〕肉，景祐、殿、局本都作「粱」。王先謙說作「粱」是。注同。

一一三三頁四行　一說，(字)〔奇〕謂殘餘物也，景祐、殿、局本都作「奇」。王先謙說作「奇」是。

一一三四頁三行　使天下〔人〕入粟於邊，景祐、殿本都有「人」字，通鑑亦有。

一一三四頁一二行　喻嚴固之(基)〔甚〕。景祐、殿本都作「甚」。王先謙說作「甚」是。

一二三六頁三行　至於（長生）〔生長〕子孫而不轉職也。　景祐、殿本都作「生長」。

一二三九頁一行　因隤其土以附（根苗）〔苗根〕。　景祐、殿本都作「苗根」。王先謙說作「苗根」是。

一二三九頁二行　（秄）〔芓〕，附根也。　王先謙說殿本「秄」作「芓」是。

一二四〇頁六行　縵田，謂不爲（畮）〔甽〕者也。　景祐、殿本都作「甽」。王先謙說作「甽」是。

一二四〇頁一三行　言（挽）〔換〕功共作也。　景祐、殿本都作「換」。王先謙說作「換」是。

一二四三頁二行　使音山（史）〔吏〕反。　景祐、殿本都作「吏」。王先謙說唐寫本同。

一二四五頁四行　橫（因）〔音〕胡孟反。　景祐、殿本都作「音」，此誤。

漢書卷二十四下

食貨志第四下

凡貨，金錢布帛之用，夏殷以前其詳靡記云。太公爲周立九府圜法：〔一〕黃金方寸，而重一斤；錢圜函方，〔二〕輕重以銖；〔三〕布帛廣二尺二寸爲幅，長四丈爲匹。故貨寶於金，利於刀，〔四〕流於泉，〔五〕布於布，〔六〕束於帛。〔七〕

〔一〕李奇曰：「圜卽錢也。圜一寸，而重九兩。」師古曰：「此說非也。周官太府、玉府、內府、外府、泉府、天府、職內、職金、職幣皆掌財幣之官，故云九府。圜謂均而通也。」

〔二〕孟康曰：「外圜而內孔方也。」

〔三〕師古曰：「言黃金以斤爲名，錢則以銖爲重也。」

〔四〕如淳曰：「名錢爲刀者，以其利於民也。」

〔五〕如淳曰：「流行如泉也。」

〔六〕如淳曰：「布於民間。」

〔七〕李奇曰：「束，聚也。」

太公退，又行之于齊。至管仲相桓公，通輕重之權，曰：「歲有凶穰，故穀有貴賤；〔一〕令有緩急，故物有輕重。〔二〕人君不理，則畜賈游於市，〔三〕乘民之不給，百倍其本矣。〔四〕故萬乘之國必有萬金之賈，千乘之國必有千金之賈者，利有所并也。計本量委則足矣，〔五〕然而民有飢餓者，穀有所臧也。〔六〕民有餘則輕之，故人君斂之以輕；民不足則重之，故人君散之以重。〔七〕凡輕重斂散之以時，則準平。〔守準平〕，使萬室之邑必有萬鍾之臧，臧繦千萬；〔八〕千室之邑必有千鍾之臧，臧繦百萬。春以奉耕，夏以奉耘，〔九〕耒耜器械，種饟糧食，必取澹焉。〔一〇〕故大賈畜家不得豪奪吾民矣。」〔一一〕桓公遂用區區之齊合諸侯，顯伯名。〔一二〕

〔一〕師古曰：「穰音人常反。」

〔二〕李奇曰：「上令急於求米則民重米，緩於求米則民輕米。」

〔三〕師古曰：「畜讀曰蓄。蓄賈，謂賈人之多蓄積者。」

〔四〕師古曰：「給，足也。」

〔五〕李奇曰：「委，積也。」

〔六〕師古曰：「言富人多臧穀，故令貧者食不足也。」

〔七〕李奇曰：「民輕之時，爲斂糴之；重之時，官爲散也。」

〔八〕李奇曰：「繦，落也。」孟康曰：「六斛四斗爲鍾。繦，錢貫也。管子曰『凶（戾）〔歲〕糴，釜十繦』。」師古曰：「孟說是也。繦音居兩反。」

〔九〕師古曰：「奉謂供事也。」
〔一〇〕師古曰：「種，五穀之種也。 鐻字與餉同，謂餉田之具也。」
〔一一〕師古曰：「畜讀曰蓄。 豪謂輕侮之也，字本作勢，蓋通用耳。」
〔一二〕師古曰：「伯讀曰霸。」

其後百餘年，周景王時患錢輕，將更鑄大錢，〔一〕單穆公曰：「不可。〔二〕古者天降災戾，〔三〕於是乎量資幣，權輕重，以救民。〔四〕民患輕，則爲之作重幣以行之，於是有母權子而行，民皆得焉。〔五〕若不堪重，則多作輕而行之，亦不廢重，於是乎有子權母而行，小大利之。〔六〕今王廢輕而作重，民失其資，能無匱乎？民若匱，王用將有所乏；乏將厚取於民；〔七〕民不給，將有遠志，是離民也。〔八〕且絕民用以實王府，猶塞川原爲潢洿也，〔九〕竭亡日矣。王其圖之。」弗聽，卒鑄大錢，文曰「寶貨」，肉好皆有周郭，〔一〇〕以勸農澹不足，百姓蒙利焉。〔一一〕

〔一〕應劭曰：「大於舊錢，其價重也。」
〔二〕師古曰：「單穆公，周大夫單旗。 單音善。」
〔三〕師古曰：「戾，惡氣也。 一曰，戾，至也。」
〔四〕應劭曰：「資，財也。 量資幣多少有無，平其輕重也。」 師古曰：「凡言幣者，皆所以通貨物，易有無也，故金之與錢，皆名爲幣也。」

〔五〕應劭曰：「母，重也，其大倍，故爲母也。子，輕也，其輕少半，故爲子也。民患幣之輕而物貴，爲重幣以平之，權時而行，以廢其輕。故曰母權子，猶言重權輕也。民皆得者，本末有無皆得其利也。」孟康曰：「重爲母，輕爲子，若市八十錢物，以母當五十，以子三十續之。」

〔六〕應劭曰：「民患幣重，則多作輕錢而行之，亦不廢去重者，言重者行其貴，輕者行其賤也。」

〔七〕師古曰：「厚猶多也，重也。」

〔八〕師古曰：「遠志，謂去其本居而散（忘）〔亡〕也。」

〔九〕師古曰：「原謂水泉之本也。潢洿，停水也。潢音黃。洿音一胡反。」

〔一〇〕韋昭曰：「肉，錢形也。好，孔也。」

〔一一〕孟康曰：「單穆公曰『竭無日矣』，不得復云百姓蒙利焉。」臣瓚曰：「但是不聽不鑄大錢耳，猶自從其不廢輕，此言母子並用，故蒙其利也。」師古曰：「二說皆非也。單旗雖有此言，王終自鑄錢，果有便，故百姓蒙其利也。」

秦兼天下，幣爲二等：黃金以溢爲名，上幣；〔一〕銅錢質如周錢，〔二〕文曰「半兩」，重如其文。而珠玉龜貝銀錫之屬爲器飾寶藏，不爲幣，然各隨時而輕重無常。

〔一〕孟康曰：「二十兩爲溢。」師古曰：「改周一斤之制，更以溢爲金之名數也。高祖初賜張良金百溢，此尙秦制也。上幣者，二等之中黃金爲上而錢爲下也。」

〔二〕臣瓚曰：「言錢之形質如周錢，唯文異耳。」

漢興，以爲秦錢重難用，更令民鑄莢錢。〔一〕黃金一斤。〔二〕而不軌逐利之民畜積餘贏以稽市物，痛騰躍，〔三〕米至石萬錢，馬至匹百金。天下已平，高祖乃令賈人不得衣絲乘車，重稅租以困辱之。〔四〕孝惠、高后時，爲天下初定，復弛商賈之律，〔五〕然市井子孫亦不得〔宦爲吏〕〔爲官吏〕。孝文五年，爲錢益多而輕，乃更鑄四銖錢，其文爲「半兩」。除盜鑄錢令，使民放鑄。〔六〕賈誼諫曰：

〔一〕如淳曰：「如榆莢也。」師古曰：「莢音頰。」

〔二〕師古曰：「復周之制，更以斤名金。」

〔三〕李奇曰：「稽，貯滯也。」晉灼曰：「痛，甚也。言計市物賤，豫益畜之，物貴而出賣，故使物甚騰躍也。」師古曰：「不軌，謂不循軌度者也。言以其贏餘之財蓄積羣貨，使物稽滯在己，故市價甚騰貴。今書本痛字或作踊者，誤耳。踊、騰一也，不當重累言之。畜讀曰蓄。」

〔四〕師古曰：「欲令務農。」

〔五〕師古曰：「弛，解也。」

〔六〕師古曰：「恣其私鑄。」

法使天下公得顧租鑄銅錫爲錢，敢雜以鉛鐵爲它巧者，其罪黥。〔一〕然鑄錢之情，非殽雜爲巧，則不可得贏；〔二〕而殽之甚微，爲利甚厚。〔三〕夫事有召禍而法有起姦，今令細民人操造幣之勢，〔四〕各隱屏而鑄作，因欲禁其厚利微姦，雖黥罪日報，其勢不止。〔五〕乃者，民人抵罪，多者一縣百數，及吏之所疑，榜笞奔走者甚衆。夫縣法以誘

民，〔六〕使入陷阱，孰積於此！〔七〕曩禁鑄錢，死罪積下；〔八〕今公鑄錢，黥罪積下。爲法若此，上何賴焉？〔九〕

〔一〕師古曰：「顧租，謂顧庸之直，或租其本。」

〔二〕師古曰：「殽謂亂雜也。贏，餘利也。言不雜鉛鐵，則無利也。殽音爻。」

〔三〕師古曰：「微謂精妙也。言殽雜鉛鐵，其術精妙，不可覺知，而得利甚厚，故令人輕犯之，姦不可止也。」

〔四〕師古曰：「操，持也。人人皆得鑄錢也。操音千高反。」

〔五〕鄭氏曰：「報，論。」

〔六〕師古曰：「縣謂開立之。」

〔七〕師古曰：「阱，穿地以陷獸也。積，多也。阱音才性反。」

〔八〕蘇林曰：「下，報也，積累下報論之也。」張晏曰：「死罪者多，委積於下也。」師古曰：「蘇說是也。下音胡亞反。次後亦同。」

〔九〕師古曰：「賴，利也。一曰恃也。」

又民用錢，郡縣不同：或用輕錢，百加若干；〔一〕或用重錢，平稱不受。〔二〕法錢不立，〔三〕吏急而壹之虖，則大爲煩苛，而力不能勝；縱而弗呵虖，〔四〕則市肆異用，錢文大亂。苟非其術，何鄉而可哉！〔五〕

〔一〕應劭曰：「時錢重四銖，法錢百枚，當重一斤十六銖，輕則以錢足之若干枚，令滿平也。」師古曰：「若干，且設數之言也。干猶箇也，謂當如此箇數耳。而胡廣云『若，順也；干，求也』。當順所求而與之矣。」

〔二〕應劭曰：「用重錢，則平稱有餘，不能受也。」臣瓚曰：「秦錢重半兩，漢初鑄莢錢，文帝更鑄四銖錢。秦錢與莢錢皆當廢，而故與四銖並行。民以其見廢，故用輕錢，則百加若干；用重錢，雖以一當一猶復不受之。是以郡縣不同也。」師古曰：「應說是也。稱音尺孕反。」

〔三〕師古曰：「法錢，依法之錢也。」

〔四〕師古曰：「呵，責怒也，音火何反。」

〔五〕師古曰：「鄉讀曰嚮。」

今農事棄捐而采銅者日蕃，〔一〕釋其耒耨，冶鎔炊炭，〔二〕姦錢日多，五穀不爲多。〔三〕善人怵而爲姦邪，〔四〕愿民陷而之刑戮，〔五〕刑戮將甚不詳，奈何而忽！〔六〕國知患此，吏議必曰禁之。禁之不得其術，其傷必大。令禁鑄錢，則錢必重；〔七〕重則其利深，盜鑄如雲而起，〔八〕棄市之罪又不足以禁矣。姦數不勝而法禁數潰，銅使之然也。〔九〕故銅布於天下，其爲禍博矣。〔一〇〕

〔一〕師古曰：「蕃，多也，音扶元反。其下亦同。」

〔二〕應劭曰：「鎔，形容也，作錢模也。」師古曰：「鎔音容。」

〔三〕師古曰：「言皆采銅鑄錢，廢其農業，故五穀不多也。爲音於僞反。不爲多，猶言爲之不多也。」

〔四〕李奇曰：「怵，誘也，動心於姦邪也。」師古曰：「怵音先律反，又音黜。」

〔五〕師古曰：「愿，謹也。」
〔六〕師古曰：「詳，平也。怱，忽忘也。」
〔七〕師古曰：「令謂法令也。」
〔八〕師古曰：「言其多。」
〔九〕師古曰：「數，並音所角反。」
〔10〕師古曰：「博，大也。」

今博禍可除，而七福可致也。何謂七福？上收銅勿令布，則民不鑄錢，黥罪不積，一矣。僞錢不蓄，民不相疑，二矣。采銅鑄作者反於耕田，三矣。銅畢歸於上，上挾銅積以御輕重，〔一〕錢輕則以術斂之，重則以術散之，貨物必平，四矣。以作兵器，以假貴臣，多少有制，用別貴賤，五矣。〔二〕以臨萬貨，以調盈虛，以收奇羨，〔三〕則官富實而末民困，六矣。〔四〕制吾棄財，以與匈奴逐爭其民，則敵必懷，七矣。〔五〕故善爲天下者，因禍而爲福，轉敗而爲功。今久退七福而行博禍，臣誠傷之。

〔一〕師古曰：「銅積，謂多積銅也。」
〔二〕如淳曰：「古者以銅爲兵，秦銷鋒鍉鑄金人十二，是也。」
〔三〕師古曰：「調，平均也。奇，殘餘也。羨，饒溢也。奇音居宜反。羨音弋戰反。」
〔四〕師古曰：「末謂工商之業也。」

〔三〕師古曰：「末業既困，農人敦本，倉廩積實，布帛有餘，則招誘胡人，多來降附。故言制吾棄財逐爭其人也。棄財者，可棄之財。逐，競也。」

上不聽。是時，吳以諸侯卽山鑄錢，富埒天子，〔一〕後卒叛逆。鄧通，大夫也，以鑄錢財過王者。故吳、鄧錢布天下。

〔一〕師古曰：「卽，就也。埒，等也。」

武帝因文、景之畜，忿胡、粵之害，〔一〕卽位數年，嚴助、朱買臣等招徠東甌，事兩粵，江淮之間蕭然煩費矣。〔二〕唐蒙、司馬相如始開西南夷，鑿山通道千餘里，以廣巴蜀，巴蜀之民罷焉。〔三〕彭吳穿穢貊、朝鮮，置滄海郡，〔四〕則燕齊之間靡然發動。及王恢謀馬邑，匈奴絕和親，侵擾北邊，兵連而不解，天下共其勞。〔五〕干戈日滋，行者齎，居者送，〔六〕中外騷擾相奉，百姓抏敝以巧法，〔七〕財賂衰耗而不澹。〔八〕入物者補官，出貨者除罪，選舉陵夷，廉恥相冒，〔九〕武力進用，法嚴令具。興利之臣自此而始。〔一〇〕

〔一〕師古曰：「畜讀曰蓄。」

〔二〕師古曰：「蕭然猶騷然，勞動之貌。」

〔三〕師古曰：「罷讀曰疲。」

〔四〕師古曰：「彭吳，人姓名也。本皆荒梗，始開通之也，故言穿也。」

〔五〕師古曰：「共猶同。」

〔六〕師古曰：「齎謂將衣食之具以自隨也，音子奚反。」

〔七〕師古曰：「抏，訛也，謂摧挫也。巧法，爲巧詐以避法也。抏音五官反。」

〔八〕師古曰：「秏，減也。澹，足也。」

〔九〕師古曰：「冒，蒙也。」

〔10〕師古曰：「謂桑弘羊、東郭咸陽、孔僅之屬也。」

其後，衞青歲以數萬騎出擊匈奴，遂取河南地，築朔方。時又通西南夷道，作者數萬人，千里負擔餽饟，〔一〕率十餘鍾致一石，〔二〕散幣於邛僰以輯之。〔三〕數歲而道不通，蠻夷因以數攻（吏），吏發兵誅之。悉巴蜀租賦不足以更之，〔四〕乃募豪民田南夷，入粟縣官，而內受錢於都內。〔五〕東置滄海郡，人徒之費疑於南夷。〔六〕又興十餘萬人築衞朔方，〔七〕轉漕甚遠，自山東咸被其勞，費數十百鉅萬，〔八〕府庫並虛。乃募民能入奴婢得以終身復，爲郎增秩，〔九〕及入羊爲郎，始於此。

〔一〕師古曰：「餽亦饋字。饟，古餉字。」

〔二〕師古曰：「言其勞費用功重。」

〔三〕應劭曰：「邛屬臨邛，僰屬犍爲。」晉灼曰：「僰音蒲賊反。」師古曰：「本西南夷兩種也。邛，今邛州也。僰，今僰道縣也。輯與集同，謂安定也。」

〔四〕李奇曰：「不足用，終更其事也。」韋昭曰：「更，續也。」師古曰：「二說並非也。悉，盡也。更，償也。雖盡租賦不足償其功費也。更音庚。」

〔五〕服虔曰：「入穀於外縣，而受粟錢於內府也。」師古曰：「此說非也。都內，京師主臧者也。百官公卿表大司農屬官有都內令丞也。」

〔六〕師古曰：「疑讀曰擬。擬謂比也。」

〔七〕師古曰：「既築其城，又守衞之。」

〔八〕師古曰：「數十萬乃至百萬萬。」

〔九〕師古曰：「庶人入奴婢則復終身，先爲郎者就增其秩也。一曰入奴婢少者復終身，多者得爲郎，舊爲郎更增秩也。」

此後四年，衞青比歲十餘萬衆擊胡，〔一〕斬捕首虜之士受賜黃金二十餘萬斤，而漢軍士馬死者十餘萬，兵甲轉漕之費不與焉。〔二〕於是大司農陳臧錢經用，賦稅既竭，不足以奉戰士。〔三〕有司請令民得買爵及贖禁錮免(臧)〔減〕罪；請置賞官，名曰武功爵。〔四〕級十七萬，凡直三十餘萬金。諸買武功爵官首者試補吏，先除；千夫如五大夫；〔五〕其有罪又減二等；爵得至樂卿，〔六〕以顯軍功。軍功多用超等，大者封侯卿大夫，小者郎。吏道雜而多端，則官職秏廢。〔七〕

〔一〕師古曰：「比歲，頻歲也。」

〔二〕師古曰：「與讀曰豫。」

〔三〕師古曰：「陳謂列奏之。經，常也。旣，盡也。言常用之錢及諸賦稅並竭盡也。」

〔四〕臣瓚曰：「茂陵中書有武功爵，一級曰造士，二級曰閑輿衞，三級曰良士，四級曰元戎士，五級曰官首，六級曰秉鐸，七級曰千夫，八級曰樂卿，九級曰執戎，十級曰政戾庶長，十一級曰軍衞。此武帝所制，以寵軍功。」師古曰：「此下云級十七萬，凡直三十餘萬金，今瓚所引茂陵中書止於十一級，則計數不足，與本文乖矣。或者茂陵書說之不盡也。」

〔五〕師古曰：「五大夫，舊二十等爵之第九級也。至此以上，始免繇役，故每先選以爲吏。千夫者，武功十一等爵之第七也，亦得免役，今則先除爲吏，比於五大夫也。」

〔六〕師古曰：「樂卿者，武功爵第八等也。言買爵唯得至第八也。此文止論武功爵級，而作注者乃以舊二十等爵解之，失其本意，故删而不取。」

〔七〕師古曰：「秏，亂也，音莫報反。」

自〔公〕孫弘以春秋之義繩臣下取漢相，張湯以峻文決理爲廷尉，於是見知之法生，而廢格沮誹窮治之獄用矣。〔一〕其明年，淮南、衡山、江都王謀反迹見，〔二〕而公卿尋端治之，竟其黨與，坐而死者數萬人，吏益慘急而法令察。〔三〕當是時，招尊方正賢良文學之士，或至公卿大夫。公孫弘以宰相，布被，食不重味，爲下先，然而無益於俗，稍務於功利矣。

〔一〕張晏曰：「吏見知不舉劾爲故縱，官有所作，廢格沮敗誹謗，則窮治之也。」如淳曰：「廢格天子文法，使不行也。誹謂非上所行，若顏異反脣之比也。」師古曰：「沮，(上)〔止〕壞之，音材汝反。」

〔三〕師古曰：「蹤跡顯見也。」

〔三〕師古曰：「憯，毒也。 察，微視也。」

其明年，票騎仍再出擊胡，大克獲。〔一〕渾邪王率數萬衆來降，〔二〕於是漢發車三萬兩迎之。〔三〕既至，受賞，賜及有功之士。是歲費凡百餘鉅萬。

〔一〕師古曰：「仍，頻也。」

〔二〕師古曰：「渾音胡昆反。」

〔三〕師古曰：「一兩，一乘。」

先是十餘歲，河決，灌梁、楚地，固已數困，而緣河之郡隄塞河，輒壞決，費不可勝計。其後番係欲省底柱之漕，〔一〕穿汾、河渠以爲溉田；鄭當時爲渭漕回遠，鑿漕直渠自長安至華陰；〔二〕而朔方亦穿溉渠。作者各數萬人，歷二三期而功未就，費亦各以鉅萬十數。〔三〕

〔一〕師古曰：「番，姓；係，名也。 番音普安反。 係音工系反。」

〔二〕師古曰：「回，曲繞也，音胡內反。」

〔三〕師古曰：「謂十萬萬也。」

天子爲伐胡故，盛養馬，馬之往來食長安者數萬匹，〔一〕卒掌者關中不足，乃調旁近郡。〔二〕而胡降者數萬人皆得厚賞，衣食仰給縣官，〔三〕縣官不給，〔四〕天子乃損膳，解乘輿駟，出御府禁藏以澹之。

〔一〕師古曰：「食讀曰飤。」

〔二〕師古曰：「調謂選發之也。調音徒釣反。」

〔三〕師古曰：「仰音牛向反。次下亦同。」

〔四〕師古曰：「給，足也。」

其明年，山東被水災，民多飢乏，於是天子遣使虛郡國倉廩以振貧。猶不足，又募豪富人相假貸。〔一〕尚不能相救，乃徙貧民於關以西，及充朔方以南新秦中，〔二〕七十餘萬口，衣食皆仰給於縣官。數歲，貸與產業，使者分部護，〔三〕冠蓋相望，費以億計，縣官大空。而富商賈或墆財役貧，〔四〕轉轂百數，〔五〕廢居居邑，〔六〕封君皆氐首仰給焉。〔七〕冶鑄煮鹽，財或累萬金，而不佐公家之急，黎民重困。〔八〕

〔一〕師古曰：「貸音土戴反。次下亦同。」

〔二〕應劭曰：「秦始皇遣蒙恬攘卻匈奴，得其河南造陽之北千里地甚好，於是爲築城郭，徙民充之，名曰新秦。四方雜錯，奢儉不同，今俗名新富貴者爲『新秦』，由是名也。」

〔三〕師古曰：「分音扶問反。」

〔四〕孟康曰：「墆，停也。」晉灼曰：「墆音滯。」

〔五〕李奇曰：「轂，車也。」

〔六〕服虔曰：「居穀於邑也。」如淳曰：「居賤物於邑中以待貴也。」師古曰：「二說皆未盡也。此言或有所廢置，有所居蓄，而居於邑中，以乘時射利也。」

〔七〕晉灼曰：「氐音抵距之抵。」服虔曰：「仰給於商賈，言百姓好末作也。」師古曰：「二說皆非也。封君，受封邑者，謂公主及列侯之屬也。氐首，猶俯首也。時公主、列侯雖有國邑而無餘財，其朝夕所須皆俯首而取給於富商大賈，後方以邑入償之。氐音丁奚反。」

〔八〕師古曰：「重音直用反。」

於是天子與公卿議，更造錢幣以澹用，〔一〕而摧浮淫幷兼之徒。是時禁苑有白鹿而少府多銀錫。自孝文更造四銖錢，至是歲四十餘年，從建元以來，用少，縣官往往即多銅山而鑄錢，〔二〕民亦盜鑄，不可勝數。錢益多而輕，〔三〕物益少而貴。〔四〕有司言曰：「古者皮幣，諸侯以聘享。金有三等，黃金爲上，白金爲中，赤金爲下。〔五〕今半兩錢法重四銖，〔六〕而姦或盜摩錢質而取鋊，〔七〕錢益輕薄而物貴，則遠方用幣煩費不省。」乃以白鹿皮方尺，緣以繢，爲皮幣，〔八〕直四十萬。王侯宗室朝覲聘享，必以皮幣薦璧，然後得行。

〔一〕師古曰：「更，改也。」

〔二〕師古曰：「就多銅之山而鑄錢也。」

〔三〕臣瓚曰：「鑄錢者多，故錢輕。輕亦賤也。」

〔四〕如淳曰：「民但鑄錢，不作餘物故也。」

〔五〕孟康曰：「白金，銀也。赤金，丹陽銅也。」

〔六〕鄭氏曰：「其文爲半兩，實（爲）〔重〕四銖也。」

〔七〕如淳曰：「錢一面有文，一面幕，幕爲質。民盜摩漫面而取其鋊，以更鑄作錢也。」臣瓚曰：「許愼云『鋊，銅屑也』。摩錢漫面以取其屑，更以鑄錢。西京黃圖敍曰『民摩錢取屑』是也。」師古曰：「鋊音浴。瓚說是也。」

〔八〕師古曰：「繢，繡也，繪五綵而爲之。」

又造銀錫白金。〔一〕以爲天用莫如龍，地用莫如馬，人用莫如龜，故白金三品：其一曰重八兩，圜之，其文龍，名「白撰」，直三千；二曰以重差小，方之，其文馬，直五百；〔二〕三曰復小，橢之，其文龜，直三百。〔三〕令縣官銷半兩錢，更鑄三銖錢，重如其文。盜鑄諸金錢罪皆死，而吏民之犯者不可勝數。

〔一〕如淳曰：「雜鑄銀錫爲白金。」

〔二〕晉灼曰：「以半斤之重差爲三品，此重六兩，則下品重四兩也。」

〔三〕師古曰：「橢，圜而長也，音佗果反。」

於是以東郭咸陽、孔僅爲大農丞，〔一〕領鹽鐵事，而桑弘羊貴幸。咸陽，齊之大鬻鹽，孔僅，南陽大冶，皆致產累千金，故鄭當時進言之。弘羊，洛陽賈人之子，以心計，〔二〕年十三侍中。故三人言利事析秋豪矣。

〔一〕師古曰：「二人也，姓東郭名咸陽，姓孔名僅。僅音鉅刃反。」

〔三〕師古曰：「不用籌算。」

法既益嚴，吏多廢免。兵革數動，民多買復〔一〕及五大夫、千夫，徵發之士益鮮。〔二〕於是除千夫、五大夫爲吏，不欲者出馬；〔三〕故吏皆適令伐棘上林，作昆明池。〔四〕

〔一〕師古曰：「入財於官，以取優復。復音方目反。」

〔二〕師古曰：「鮮，少也，音先淺反。」

〔三〕如淳曰：「千夫、五大夫不欲爲吏者，令之出馬也。」

〔四〕師古曰：「適讀曰讁。讁，責罰也，以其久爲姦利。」

其明年，大將軍、票騎大出擊胡，賞賜五十萬金，軍馬死者十餘萬匹，轉漕車甲之費不與焉。〔一〕是時財匱，〔二〕戰士頗不得祿矣。

〔一〕師古曰：「與讀曰豫。」

〔二〕師古曰：「匱，空也。」

有司言三銖錢輕，輕錢易作姦詐，乃更請郡國鑄五銖錢，周郭其質，令不可得摩取（鋊）〔鋊〕。〔一〕

〔一〕孟康曰：「周匝爲郭，文漫皆有。」

大農上鹽鐵丞孔僅、咸陽言：〔一〕「山海，天地之臧，宜屬少府，陛下弗私，以屬大農佐賦。願募民自給費，因官器作鬻鹽，官與牢盆。〔二〕浮食奇民欲擅斡山海之貨，以致富羨，〔三〕

役利細民。其沮事之議，不可勝聽。敢私鑄鐵器鬻鹽者，釱左趾，〔四〕沒入其器物。郡不出鐵者，置小鐵官，〔五〕使屬在所縣。」使僅、咸陽乘傳舉行天下鹽鐵，〔六〕作官府，〔七〕除故鹽鐵家富者爲吏。吏益多賈人矣。

〔一〕師古曰：「奏上其言也。」

〔二〕蘇林曰：「牢，價直也。今世人言顧手牢。」如淳曰：「牢，廩食也。古者名廩爲牢。盆，鬻鹽盆也。」師古曰：「牢，蘇說是也。鬻，古煮字也。」

〔三〕師古曰：「幹謂主領也，讀與管同。羨，饒也，音弋戰反。」

〔四〕師古曰：「釱，足鉗也，音徒計反。」

〔五〕鄧展曰：「鑄故鐵。」

〔六〕師古曰：「舉，皆也，普天之下皆行之也。〔行〕音下更反。」

〔七〕師古曰：「主鬻鑄及出納之處也。」

商賈以幣之變，多積貨逐利。於是公卿言：「郡國頗被災害，貧民無產業者，募徙廣饒之地。陛下損膳省用，出禁錢以振元元，寬貸，而民不齊出南畝，〔一〕商賈滋衆。貧者畜積無有，皆仰縣官。〔二〕異時算軺車賈人之緡錢皆有差，〔三〕請算如故。諸賈人末作貰貸賣買，居邑貯積諸物，〔四〕及商以取利者，雖無市籍，各以其物自占，〔五〕率緡錢二千而算一。〔六〕諸作有租及鑄，〔七〕率緡錢四千算一。非吏比者、三老、北邊騎士，軺車一算；〔八〕商賈人軺車二算；〔九〕船五丈以上一算。匿不自占，占不悉，戍邊一歲，沒入緡錢。〔一〇〕有能告者，以其半畀之。〔一一〕賈人有市籍，及家屬，皆無得名田，〔一二〕以便農。敢犯令，沒入田貨。」

〔一〕師古曰：「言農人尚少，不皆務耕種也。」
〔二〕師古曰：「畜讀曰蓄。仰音牛向反。」
〔三〕師古曰：「異時，言往時也。軺，小車也。緡謂錢貫也。軺音弋昭反。緡音武巾反。」
〔四〕師古曰：「貰，賒也。貸，假與也。貰音式制反。貸音土戴反。」
〔五〕師古曰：「占，隱度也，各隱度其財物多少，而爲名簿送之於官也。占音之贍反。」
〔六〕師古曰：「率計有二千錢者則出一算。」
〔七〕如淳曰：「以手力所作而賣之者。」
〔八〕師古曰：「比，例也。身非爲吏之例，非爲三老，非爲北邊騎士，而有軺車，皆令出一算。比音必寐反。」
〔九〕如淳曰：「商賈人有軺車，又使多出一算，重其賦。」
〔一〇〕師古曰：「悉，盡也。」
〔一一〕師古曰：「畀，與也，音必寐反。」
〔一二〕師古曰：「一人有市籍，則身及家內皆不得有田也。」

是時，豪富皆爭匿財，唯卜式數求入財以助縣官。天子乃超拜式爲中郎，賜爵左庶長，田十頃，布告天下，以風百姓。〔一〕初，式不願爲官，上強拜之，稍遷至齊相。語自在其傳。孔僅使天下鑄作器，三年中至大司農，列於九卿。而桑弘羊爲大司農中丞，管諸會計事，稍稍置均輸以通貨物。始令吏得入穀補官，郎至六百石。〔二〕

〔一〕師古曰：「風讀曰諷。」

〔二〕師古曰：「吏更遷補高官，郎又就增其秩，得至六百石也。」

自造白金五銖錢後五歲，而赦吏民之坐盜鑄金錢死者數十萬人。其不發覺相殺者，不可勝計。赦自出者百餘萬人。然不能半自出，天下大氐無慮皆鑄金錢矣。〔一〕犯法者衆，吏不能盡誅，於是遣博士褚大、徐偃等分行郡國，〔二〕舉并兼之徒守相爲利者。〔三〕而御史大夫張湯方貴用事，減宣、杜周等爲中丞，〔四〕義縱、尹齊、王溫舒等用急刻爲九卿，直指夏蘭之屬始出。〔五〕而大農顏異誅矣。初，異爲濟南亭長，以廉直稍遷至九卿。上與湯既造白鹿皮幣，問異。異曰：「今王侯朝賀以倉璧，直數千，而其皮薦反四十萬，本末不相稱。」天子不說。〔六〕湯又與異有隙，及人有告異以它議，事下湯治。異與客語，客語初令下有不便者，〔七〕異不應，微反脣。〔八〕湯奏當異九卿見令不便，不入言而腹非，〔九〕論死。自是後有腹非之法比，〔一〇〕而公卿大夫多諂諛取容。

〔一〕師古曰：「氐讀曰抵。抵，歸也。大歸猶言大凡也。無慮亦謂大率無小計慮耳。」

〔二〕師古曰：「行音下更反。」

〔三〕師古曰：「守，郡守也。相，諸侯相。」
〔四〕師古曰：「減，姓也，音減省之減。」
〔五〕蘇林曰：「夏蘭，人姓名。」
〔六〕師古曰：「說讀曰悅。」
〔七〕李奇曰：「異與客語，道詔令初下有不便處。」
〔八〕師古曰：「盍非之。」
〔九〕師古曰：「當謂處斷其罪。」
〔一〇〕師古曰：「比，則例也，讀如字，又音必寐反。」

天（下）〔子〕既下緡錢令而尊卜式，百姓終莫分財佐縣官，於是告緡錢縱矣。〔一〕

〔一〕師古曰：「縱，放也，放令相告言也。」

郡國鑄錢，民多姦鑄，〔一〕錢多輕，而公卿請令京師鑄官赤仄，〔二〕一當五，賦官用非赤仄不得行。〔三〕白金稍賤，民弗寶用，縣官以令禁之，無益，歲餘終廢不行。是歲，湯死而民不思。其後二歲，赤仄錢賤，民巧法用之，不便，又廢。於是悉禁郡國毋鑄錢，專令上林三官鑄。錢既多，而令天下非三官錢不得行，諸郡國前所鑄錢皆廢銷之，輸入其銅三官。而民之鑄錢益少，計其費不能相當，〔四〕唯眞工大姦乃盜爲之。〔五〕

〔一〕師古曰：「謂巧鑄之，雜鉛錫。」

〔二〕應劭曰：「所謂子紺錢也。」如淳曰：「以赤銅爲其郭也。（令）〔今〕錢郭見有赤者，不知作法云何也。」

〔三〕師古曰：「充賦及給官用，皆令以赤仄。」

〔四〕師古曰：「言無利。」

〔五〕師古曰：「其術巧妙，故得利。」

楊可告緡徧天下，〔一〕中家以上大氐皆遇告。杜周治之，獄少反者。〔二〕乃分遣御史廷尉正監分曹往，〔三〕（往）卽治郡國緡錢，〔四〕得民財物以億計，奴婢以千萬數，田大縣數百頃，小縣百餘頃，宅亦如之。於是商賈中家以上大氐破，民媮甘食好衣，不事畜臧之業，〔五〕而縣官以鹽鐵緡錢之故，用少饒矣。益廣（開）〔關〕，置左右輔。

〔一〕如淳曰：「告緡令楊可所告言也。」師古曰：「此說非也。楊可據令而發動之，故天下皆被告。」

〔二〕如淳曰：「治匿緡之罪，其獄少有反者。」蘇林曰：「反音幡。」師古曰：「幡謂從輕而出。」

〔三〕服虔曰：「分曹職案行也。」師古曰：「服說非也。曹，輩也，分輩而出爲使也。」

〔四〕師古曰：「就其所在而治也。」

〔五〕師古曰：「媮，苟且也。」

初，大農（幹）〔斡〕鹽鐵官布多，置水衡，欲以主鹽鐵；及楊可告緡，上林財物衆，乃令水衡主上林。上林既充滿，益廣。是時粵欲與漢用船戰逐，〔一〕乃大修昆明池，列館環之。〔二〕治樓船，高十餘丈，旗織加其上，〔三〕甚壯。於是天子感之，乃作柏梁臺，高數十丈。宮室之修，繇此日麗。

〔一〕孟康曰：「水戰相逐也。」

〔二〕師古曰：「環，繞也。」

〔三〕師古曰：「織讀曰〔熾〕〔幟〕，音昌志反。」

乃分緡錢諸官，而水衡、少府、太僕、大農各置農官，往往即郡縣比沒入田田之。〔一〕其沒入奴婢，分諸苑養狗馬禽獸，及與諸官。官益雜置多，〔二〕徒奴婢衆，而下河漕度四百萬石，及官自糴乃足。〔三〕

〔一〕師古曰：「即，就也。比謂比者所沒入也。」

〔二〕如淳曰：「水衡、少府、太僕、司農皆有農官，是爲多也。」師古曰：「此說非也。謂雜置官員分掌衆事耳，非農官也。」

〔三〕師古曰：「度，計也，音大各反。」

所忠言：「世家子弟富人或鬬雞走狗馬，弋獵博戲，亂齊民。」〔一〕乃徵諸犯令，相引數千人，名曰「株送徒」。入財者得補郎，郎選衰矣。〔二〕

〔一〕如淳曰：「世家，謂世世有祿秩家也。齊，等也。無有貴賤，謂之齊民，若今言平民矣。」晉灼曰：「中國被教齊整之民也。」師古曰：「所，姓也，忠，名也，武帝之近臣。郊祀志云『公孫卿因所忠言寶鼎』，石慶傳云『欲請詔近臣所忠』，廣川王傳云『言漢公卿及幸臣所忠』，司馬相如傳云『所忠往取書』。考其蹤迹，此並一人也。而說者或以爲所忠信之人，此釋大謬。齊等之義，如說是也。」

〔三〕應劭曰：「株，根本也。送，致也。」如淳曰：「株，蔕也。諸坐博戲事決為徒者，能入錢，得補郎。」李奇曰：「先至者為魁株也。」師古曰：「言被牽引者為其根株所送，當充徒役，而能入財者，即當補郎。」

是時山東被河災，及歲不登數年，人或相食，方二三千里。天子憐之，令飢民得流就食江淮間，欲留，留處。〔一〕使者冠蓋相屬於道護之，〔二〕下巴蜀粟以振焉。

〔一〕師古曰：「流謂恣其行移，若水之流。至所在，有欲(往)〔住〕者，亦留而處(之)〔也〕。」

〔二〕師古曰：「屬，聯續也，音之欲反。」

明年，天子始出巡郡國。東度河，河東守不意行至，不辯，自殺。行西踰隴，卒，〔一〕從官不得食，隴西守自殺。於是上北出蕭關，從數萬騎行獵新秦中，以勒邊兵而歸。新秦中或千里無亭徼，〔二〕於是誅北地太守以下，而令民得畜邊縣，〔三〕官假馬母，三歲而歸，及息什一，以除告緡，用充入新秦中。〔四〕

〔一〕孟康曰：「踰，度也。卒，倉卒也。」

〔二〕晉灼曰：「徼，塞也。」臣瓚曰：「既無亭候，又不徼循，無禦邊之備，故誅北地太守。」師古曰：「晉說是也。」

〔三〕孟康曰：「令得畜牧於邊縣。」

〔四〕李奇曰：「邊有官馬，今令民能畜官母馬者，滿三歲歸之，十母馬還官一駒，此為息什一也。」師古曰：「官得母馬之息，以給用度，得充實秦中人，故除告緡之令也。」

既得寶鼎，立后土、泰一祠，公卿白議封禪事，而郡國皆豫治道，修繕故宮，及當馳道縣，縣治宮儲，設共具，〔一〕而望幸。

〔一〕師古曰：「共音居用反。」

明年，南粵反，西羌侵邊。天子爲山東不澹，赦天下囚，因南方樓船士二十餘萬人擊粵，發三河以西騎擊羌，又數萬人度河築令居。〔一〕初置張掖、酒泉郡，而上郡、朔方、西河、河西開田官，斥塞卒六十萬人戍田之。〔二〕中國繕道餽糧，遠者三千，近者千餘里，皆仰給大農。〔三〕邊兵不足，乃發武庫工官兵器以澹之。車騎馬乏，縣官錢少，買馬難得，乃著令，令封君以下至三百石吏以上差出（牡）〔牝〕馬天下亭，亭有畜字馬，歲課息。

〔一〕師古曰：「令音零。」

〔二〕師古曰：「開田，始開屯田也。斥塞，廣塞令卻。初置二郡，故塞更廣也。以開田之官廣塞之卒戍而田也。」

〔三〕師古曰：「仰音牛向反。此下並同。」

齊相卜式上書，願父子死南粵。天子下詔褒揚，賜爵關內侯，黃金四十斤，田十頃。布告天下，天下莫應。列侯以百數，皆莫求從軍。至飲酎，少府省金，〔一〕而列侯坐酎金失侯者百餘人。乃拜卜式爲御史大夫。式既在位，見郡國多不便縣官作鹽鐵，器苦惡，〔二〕賈貴，〔三〕或彊令民買之。而船有算，商者少，物貴，乃因孔僅言船算事。上不說。〔四〕

〔一〕李奇曰：「省，視也。至嘗酎飲宗廟時，少府視其金多少。」

〔二〕如淳曰：「苦或作鹽。鹽，不攻嚴也。」臣瓚曰：「謂作鐵器，民患苦其不好也。」師古曰：「二說非也。鹽既味苦，器又脆惡，故總云苦惡也。」

〔三〕師古曰：「鹽鐵並貴也。賈讀曰價。」

〔四〕師古曰：「說音悅。」

漢連出兵三歲，誅羌，滅兩粵，番禺以西至蜀南者置初郡十七，〔一〕且以其故俗治，無賦稅。南陽、漢中以往，各以地比給初郡吏卒奉食幣物，傳車馬被具。〔二〕而初郡又時時小反，殺吏，漢發南方吏卒往誅之，間歲萬餘人，〔三〕費皆仰大農。大農以均輸調鹽鐵助賦，故能澹之。然兵所過縣，縣以爲訾給毋乏而已，不敢言輕賦法矣。

〔一〕晉灼曰：「元鼎六年定越地以爲南海、蒼梧、鬱林、合浦、交阯、九真、日南、珠厓、儋耳郡，定西南夷以爲武都、牂柯、越巂、沈黎、汶山郡，及地理志、西南夷傳所置犍爲、零陵、益州郡，凡十七。」

〔二〕師古曰：「地比，謂依其次第，自近及遠也。比音頻寐反。傳音張戀反。被音皮義反。」

〔三〕師古曰：「間歲，隔一歲。」

其明年，元封元年，卜式貶爲太子太傅。而桑弘羊爲治粟都尉，領大農，盡代僅斡天下鹽鐵。〔一〕弘羊以諸官各自市相爭，物以故騰躍，而天下賦輸或不償其僦費，〔二〕乃請置大農部丞數十人，分部主郡國，各往往置均輸鹽鐵官，令遠方各以其物如異時商賈所轉（貶）〔販〕

者爲賦，而相灌輸。置平準於京師，都受天下委輸。召工官治車諸器，皆仰給大農。大農諸官盡籠天下之貨物，貴則賣之，賤則買之。如此，富商大賈亡所牟大利，〔三〕則反本，而萬物不得騰踊。故抑天下之物，名曰「平準」。天子以爲然而許之。於是天子北至朔方，東封泰山，巡海上，旁北邊以歸。〔四〕所過賞賜，用帛百餘萬匹，錢金以鉅萬計，皆取足大農。

〔一〕師古曰：「代孔僅。」

〔二〕師古曰：「僦，顧也，言所輸賦物不足償其餘顧庸之費也。僦音子就反。」

〔三〕如淳曰：「牟，取也。」

〔四〕師古曰：「旁音步浪反。」

弘羊又請令民得入粟補吏，及罪以贖。令民入粟甘泉各有差，以復終身，〔一〕不復告緡。它郡各輸急處，而諸農各致粟，山東漕益歲六百萬石。一歲之中，太倉、甘泉倉滿。邊餘穀，諸均輸帛五百萬匹。民不益賦而天下用饒。於是弘羊賜爵左庶長，〔二〕黄金者再百焉。〔三〕

〔一〕師古曰：「復音方目反。」

〔二〕師古曰：「第十等爵。」

〔三〕師古曰：「凡再賜百金。」

是歲小旱，上令百官求雨。卜式言曰：「縣官當食租衣稅而已，〔一〕今弘羊令吏坐市列，販物求利。〔二〕亨弘羊，天乃雨。」〔三〕久之，武帝疾病，拜弘羊爲御史大夫。

〔一〕師古曰：「衣音於既反。」

〔二〕師古曰：「市列，謂列肆。」

〔三〕師古曰：「亨，鬻也，音普庚反。」

昭帝卽位六年，詔郡國舉賢良文學之士，問以民所疾苦，教化之要。皆對願罷鹽鐵酒(權)〔榷〕均輸官，毋與天下爭利，視以儉節，〔一〕然後教化可興。弘羊難，〔二〕以爲此國家大業，所以制四夷，安邊足用之本，不可廢也。乃與丞相千秋共奏罷酒酤。弘羊自以爲國興大利，伐其功，欲爲子弟得官，怨望大將軍霍光，遂與上官桀等謀反，誅滅。

〔一〕師古曰：「視讀曰示。」

〔二〕師古曰：「詰難議者之言也。」

宣、元、成、哀、平五世，亡所變改。元帝時嘗罷鹽鐵官，三年而復之。貢禹言：「鑄錢采銅，一歲十萬人不耕，民坐盜鑄陷刑者多。富人臧錢滿室，猶無厭足。民心動搖，棄本逐末，耕者不能半，姦邪不可禁，原起於錢。疾其末者絕其本，宜罷采珠玉金銀鑄錢之官，毋復以爲幣，除其販賣租銖之律，〔一〕租稅祿賜皆以布帛及穀，使百姓壹意農桑。」議者以爲交易待錢，布帛不可尺寸分裂。禹議亦寢。

〔一〕師古曰：「租銖，謂計其所賣物價，平其錙銖而收租也。」

自孝武元狩五年三官初鑄五銖錢，至平帝元始中，成錢二百八十億萬餘云。

王莽居攝，變漢制，以周錢有子母相權，於是更造大錢，徑寸二分，重十二銖，文曰「大錢五十」。又造契刀、錯刀。契刀，其環如大錢，身形如刀，長二寸，文曰「契刀五百」。錯刀，以黃金錯其文，曰「一刀直五千」。〔一〕與五銖錢凡四品，並行。

〔一〕張晏曰：「案今所見契刀、錯刀，形質如大錢，而肉好輪厚異於此。大錢形如大刀環矣，契刀身形圓，不長二寸也。其文左曰『契』，右曰『刀』，無『五百』字也。錯刀則刻之作字也，以黃金填其文，上曰『一』，下曰『刀』。二刀泉甚不與志相應也，似扎單差錯，文字磨滅故耳。」師古曰：「張說非也。王莽錢刀今並尚在，形質及文與志相合，無差錯也。」

莽卽眞，以爲書「劉」字有金刀，乃罷錯刀、契刀及五銖錢，而更作金、銀、龜、貝、錢、布之品，名曰「寶貨」。

小錢徑六分，重一銖，文曰「小錢直一」。次七分，三銖，曰「幺錢一十」。〔一〕次八分，五銖，曰「幼錢二十」。次九分，七銖，曰「中錢三十」。次一寸，九銖，曰「壯錢四十」。因前「大錢五十」，是爲錢貨六品，直各如其文。

〔一〕師古曰：「幺，小也，音一堯反。」

黃金重一斤，直錢萬。朱提銀重八兩爲一流，直一千五百八十。〔一〕它銀一流直千。是爲銀貨二品。

〔一〕師古曰：「朱提，縣名，屬犍爲，出善銀。朱音殊。提音上支反。」

元龜岠冉長尺二寸，〔一〕直二千一百六十，爲大貝十朋。〔二〕公龜九寸，直五百，爲壯貝十朋。侯龜七寸以上，直三百，爲幺貝十朋。子龜五寸以上，直百，爲小貝十朋。是爲龜寶四品。

〔一〕孟康曰：「冉，龜甲緣也。岠，至也。度背兩邊緣尺二寸也。」臣瓚曰：「元，大也。」

〔二〕蘇林曰：「兩貝爲朋。朋直二百一十六，元龜十朋，故二千一百六十也。」

大貝四寸八分以上，二枚爲一朋，直二百一十六。壯貝三寸六分以上，二枚爲一朋，直五十。幺貝二寸四分以上，二枚爲一朋，直三十。小貝寸二分以上，二枚爲一朋，直十。不盈寸二分，漏度不得爲朋，率枚直錢三。是爲貝貨五品。

大布、次布、弟布、壯布、中布、差布、厚布、幼布、幺布、小布。小布長寸五分，重十五銖，文曰「小布一百」。自小布以上，各相長一分，相重一銖，文各爲其布名，直各加一百。上至大布，長二寸四分，重一兩，而直千錢矣。是爲布貨十品。〔一〕

〔一〕師古曰：「布亦錢耳。謂之布者，言其分布流行也。」

凡寶貨五物，六名，二十八品。

鑄作錢布皆用銅，殽以連錫，〔一〕文質周郭放漢五銖錢云。〔二〕其金銀與它物雜，色不純好，龜不盈五寸，貝不盈六分，皆不得爲寶貨。元龜爲蔡，非四民所得居，〔三〕有者，入大卜受直。

〔一〕孟康曰：「連，錫之別名也。」李奇曰：「鉛錫璞名曰連。」應劭曰：「連似銅。」師古曰：「孟、李二說皆非也。許慎云『鏈，銅屬也』，然則以連及錫雜銅而爲錢也。此下又云能采金銀銅連錫，益知連非錫矣。」

〔二〕師古曰：「放，依也，音甫往反。」

〔三〕如淳曰：「臧文仲居蔡，謂此也，說謂蔡國出大龜也。」臣瓚曰：「蔡是大龜之名也。書曰『九江納錫大龜』，大龜又不出蔡國也。若龜出楚，不可名龜爲楚也。」師古曰：「瓚說非也。本以蔡出善龜，故因名大龜爲蔡耳。」

百姓憒亂，其貨不行。民私以五銖錢市買。莽患之，下詔：「敢非井田挾五銖錢者爲惑衆，投諸四裔以御魑魅。」於是農商失業，食貨俱廢，民涕泣於市道。坐賣買田宅奴婢鑄錢抵罪者，自公卿大夫至庶人，不可稱數。莽知民愁，乃但行小錢直一，與大錢五十，二品並行，龜貝布屬且寢。

莽性躁擾，不能無爲，每有所興造，必欲依古得經文。國師公劉歆言周有泉府之官，收不讎，與欲得，〔一〕即易所謂「理財正辭，禁民爲非」者也。〔二〕莽乃下詔曰：「夫周禮有賒貸，〔三〕樂語有五均，〔四〕傳記各有斡焉。今開賒貸，張五均，設諸斡者，所以齊衆庶，抑并兼也。」遂於長安及五都立五均官，更名長安東西市令及洛陽、邯鄲、臨菑、宛、成都市長皆爲五均司市〔稱〕師。東市稱京，西市稱畿，洛陽稱中，餘四都各用東西南北爲稱，皆置交易丞五人，錢府丞一人。工商能采金銀銅連錫登龜取貝者，〔五〕皆自占司市錢府，順時氣而取之。〔六〕

〔一〕師古曰：「讎讀曰售。言賣不售者，官收取之；無而欲得者，官出與之。」

〔二〕師古曰：「易下繫辭曰：『理財正辭，禁人爲非曰義。』言財貨辭訟正，乃得人不爲非，合事宜。」

〔三〕師古曰：「周禮泉府之職曰：『凡賒者，祭祀無過旬日，喪紀無過三月。凡人之貸者，與其有司辨而授之，以國服爲之息。』謂人以祭祀、喪紀故從官賒買物，不過旬日及三月而償之。其從官貸物者，以共其所屬吏定價而後與之，各以其國服事之稅而輸息，謂若受園廛之田而貸萬錢者，一朞之月，出息五百。貸音土戴反。」

〔四〕鄧展曰：「樂語，樂元語，河閒獻王所傳，道五均事。」臣瓚曰：「其文云：『天子取諸侯之〔士〕〔土〕以立五均，則市無二賈，四民常均，彊者不得困弱，富者不得要貧，則公家有餘，恩及小民矣。』」

〔五〕如淳曰：「登，進也。龜有靈，故言登。」

〔六〕師古曰：「各以其所采取之物自隱實於司市錢府也。占音之瞻反。其下並同。」

又以周官稅民：凡田不耕爲不殖，出三夫之稅；城郭中宅不樹藝者爲不毛，〔一〕出三夫之布；民浮游無事，出夫布一匹。其不能出布者，冗作，縣官衣食之。〔二〕諸取衆物鳥獸魚鼈百蟲於山林水澤及畜牧者，嬪婦桑蠶織紝紡績補縫，〔三〕工匠醫巫卜祝及它方技商販賈人坐肆列里區謁舍，〔四〕皆各自占所爲於其在所之縣官，除其本，計其利，十一分之，而以其一爲貢。敢不自占，自占不以實者，盡沒入所采取，而作縣官一歲。

〔一〕師古曰：「樹藝，謂種樹果木及菜蔬。」

〔二〕師古曰：「宂，散也，音人勇反。衣音於既反。食讀曰飤。」

〔三〕師古曰：「機縷曰紝，音人禁反。」

〔四〕如淳曰：「居處所在爲區。謁舍，今之客舍也。」

諸司市常以四時中月實定所掌，〔一〕爲物上中下之賈，〔二〕各自用爲其市平，毋拘它所。衆民賣買五穀布帛絲緜之物，周於民用而不讎者，〔三〕均官有以考檢厥實，用其本賈取之，毋令折錢。〔四〕萬物卬貴，過平一錢，則以平賈賣與民。〔五〕其賈氐賤減平者，聽民自相與市，〔六〕以防貴庾者。〔七〕民欲祭祀喪紀而無用者，錢府以所入工商之貢但賒之，〔八〕祭祀無過旬日，喪紀毋過三月。民或乏絕，欲貸以治產業者，均授之，除其費，計所得受息，毋過歲什一。〔九〕

〔一〕師古曰：「中讀曰仲。」

〔二〕師古曰：「賈讀曰價。其下並同。」

〔三〕師古曰：「讎讀曰售。下亦類此也。」

〔四〕師古曰：「折音上列反。」
〔五〕師古曰：「卬，物價起，音五剛反，亦讀曰仰。」
〔六〕師古曰：「賁（既）〔卽〕爲卬。賤則爲氐，音丁奚反。」
〔七〕師古曰：「庾，積也。以防民積物待貴也。」
〔八〕師古曰：「但，空也，徒也。言空賒與之，不取息利也。」
〔九〕師古曰：「均謂各依先後之次。除其費，謂衣食之費已用者也。」

羲和魯匡言：「名山大澤，鹽鐵錢布帛，五均賒貸，斡在縣官，〔一〕唯酒酤獨未斡。酒者，天之美祿，帝王所以頤養天下，享祀祈福，扶衰養疾。百禮之會，非酒不行。故詩曰『無酒酤我』，〔二〕而論語曰『酤酒不食』，〔三〕二者非相反也。夫詩據承平之世，酒酤在官，和旨便人，可以相御也。〔四〕論語孔子當周衰亂，酒酤在民，薄惡不誠，是以疑而弗食。今絕天下之酒，則無以行禮相養；放而亡限，則費財傷民。請法古，令官作酒，以二千五百石爲一均，率開一盧以賣，〔五〕讎五十釀爲準。一釀用麤米二斛，麴一斛，得成酒六斛六斗。各以其市月朔米麴三斛，并計其賈而參分之，〔六〕以其一爲酒一斛之平。除米麴本賈，計其利而什分之，以其七入官，其三及醩截灰炭〔七〕給工器薪樵之費。」

〔一〕師古曰：「斡謂主領也。」
〔二〕師古曰：「小雅伐木之詩也。酤，買也。言王於族人恩厚，要在燕飫，無酒則買而飲之。」

〔三〕師古曰：「鄉黨所說孔子齊之時也。」

〔四〕師古曰：「旨，美也。御，進。」

〔五〕如淳曰：「酒家開肆待客，設酒鑪，故以鑪名肆。」臣瓚曰：「鑪，酒瓮也。言開一瓮酒也。趙廣漢入丞相府破盧瓮。」師古曰：「二說皆非也。盧者，賣酒之區也，以其一邊高，形如鍛家盧，故取名耳，非卽謂火盧及酒瓮也。此言譬五十釀爲準，豈一瓮乎？廣漢所破盧及罌盧，亦謂所居罌瓮之處耳。」

〔六〕師古曰：「參，三也。」

〔七〕師古曰：「截，酢漿也，音才代反。」

羲和置命士督五均六斡，郡有數人，皆用富賈。洛陽薛子仲、張長叔、臨菑姓偉等，〔一〕乘傳求利，交錯天下。〔二〕因與郡縣通姦，多張空簿，〔三〕府臧不實，百姓俞病。莽知民苦之，復下詔曰：「夫鹽，食肴之將；〔四〕酒，百藥之長，嘉會之好；鐵，（田）〔田〕農之本；名山大澤，饒衍之臧；五均賒貸，百姓所取平，卬以給澹；〔五〕鐵布銅冶，通行有無，備民用也。此六者，非編戶齊民所能家作，〔六〕必卬於市，雖貴數倍，不得不買。豪民富賈，卽要貧弱，先聖知其然也，故斡之。每一斡爲設科條防禁，犯者辠至死。」姦吏猾民並侵，衆庶各不安生。

〔一〕如淳曰：「姓姓名偉也。」

〔二〕師古曰：「傳音張戀反。」

〔三〕師古曰：「簿，計簿也，音步戶反。」

〔四〕師古曰：「將，大也，一説爲食肴之將帥。」

〔五〕師古曰：「卬音牛向反。其下並同。」

〔六〕師古曰：「家謂家家自作也。」

後五歲，天鳳元年，復申下金銀龜貝之貨，頗增減其賈直。而罷大小錢，改作貨布，長二寸五分，廣一寸，首長八分有奇，〔一〕廣八分，其圜好徑二分半，〔二〕足枝長八分，間廣二分，其文右曰「貨」，左曰「布」，重二十五銖，直貨泉二十五。貨泉徑一寸，重五銖，文右曰「貨」，左曰「泉」，枚直一，與貨布二品並行。又以大錢行久，罷之，恐民挾不止，乃令民且獨行大錢，與新貨泉俱枚直一，並行盡六年，毋得復挾大錢矣。每壹易錢，民用破業，而大陷刑。莽以私鑄錢死，及非沮寳貨投四裔，犯法者多，不可勝行，乃更輕其法：私鑄作泉布者，與妻子沒入爲官奴婢；吏及比伍，知而不舉告，與同罪；〔三〕非沮寳貨，民罰作一歲，吏免官。犯者俞衆，及五人相坐皆沒入，郡國檻車鐵鎖，傳送長安鍾官，〔四〕愁苦死者什六七。

〔一〕師古曰：「奇音居宜反，謂有餘也。」

〔二〕師古曰：「好，孔也。」

〔三〕師古曰：「比音頻寐反。」

〔四〕師古曰：「鍾官，主鑄錢者。」

作貨布後六年，匈奴侵寇甚，莽大募天下囚徒人奴，名曰豬突豨勇，〔一〕壹切稅吏民，訾三十而取一。又令公卿以下至郡縣黄綬吏，皆保養軍馬，〔二〕吏盡復以與民。〔三〕民揺手觸禁，不得耕桑，繇役煩劇，〔四〕而枯旱蝗蟲相因。又用制作未定，上自公侯，下至小吏，皆不得奉祿，而私賦斂，貨賂上流，獄訟不決。吏用苛暴立威，旁緣莽禁，侵刻小民。〔五〕富者不得自保，貧者無以自存，起爲盜賊，依阻山澤，吏不能禽而覆蔽之，浸淫日廣，〔六〕於是青、徐、荆楚之地往往萬數。戰鬬死亡，緣邊四夷所係虜，陷罪，飢疫，人相食，及莽未誅，而天下戶口減半矣。

〔一〕服虔曰：「豬性觸突人，故取以喻。」師古曰：「東方名豕曰豨。一曰，豨，豕走也，音許豈反。」

〔二〕師古曰：「保者，不許其死傷。」

〔三〕師古曰：「轉令百姓養之。」

〔四〕師古曰：「繇讀曰傜也。」

〔五〕師古曰：「旁，依也，音步浪反。」

〔六〕師古曰：「浸淫，猶漸染也。它皆類此。」

自發豬突豨勇後四年，而漢兵誅莽。後二年，世祖受命，盪滌煩苛，復五銖錢，與天下更始。

贊曰：易稱「裒多益寡，稱物平施」，〔一〕書云「楙遷有無」，〔二〕周有泉府之官，〔三〕而孟子亦非「狗彘食人之食不知斂，〔四〕野有餓莩而弗知發」。〔五〕故管氏之輕重，〔六〕李悝之平糴，弘羊均輸，壽昌常平，亦有從徠。〔七〕顧古爲之有數，吏良而令行，〔八〕故民賴其利，萬國作乂。〔九〕及孝武時，國用饒給，而民不益賦，其次也。至于王莽，制度失中，姦軌弄權，官民俱竭，亡次矣。

〔一〕師古曰：「謙卦象辭。裒，取也。言取於多者以益少者，故萬物皆稱而施與平也。裒音薄侯反。」

〔二〕應劭曰：「楙，勉也。遷，徙也。言天下食貨有無相通足也。」師古曰：「虞書益稷之辭。言勸勉天下遷徙有無，使相通也。」

〔三〕師古曰：「司徒之屬官也，掌市之征布，斂市貨之不售，貨之滯於人用者，以其價買之。」

〔四〕應劭曰：「養狗彘者使食人之食，而不知以法度斂之也。」師古曰：「孟子，孟軻之書。言歲豐孰，菽粟饒多，狗彘食人之食，此時可斂之也。」

〔五〕鄭氏曰：「莩音『蔈有梅』之蔈。莩，零落也。人有餓死零落者，不知發倉廩貸之也。」師古曰：「莩音頻小反。諸書或作殍字，音義亦同。」

〔六〕服虔曰：「作輕重貨，在管子書。」

〔七〕師古曰：「言所從徠久矣。」

〔八〕師古曰：「顧，思念。」

〔九〕師古曰：「乂，治也。」

校勘記

二五〇頁五行　則準平。〔守準平〕，王念孫說景祐本「則準平」下有「守準平」三字，是也。

二五〇頁一五行　凶（戾）〔歲〕糴，釜十緡。景祐、殿本都作「歲」。王先謙說作「歲」是。

二五二頁六行　謂去其本居而散（忘）〔亡〕也。景祐、殿本都作「亡」。王先謙說作「亡」是。

二五三頁二行　然市井子孫亦不得（宦爲吏）〔爲官吏〕。景祐、殿本都作「爲官吏」。

二五八頁九行　蠻夷因以數攻（吏），景祐、殿本都無「吏」字，平準書亦無。

二五九頁二行　贖禁錮免（臧）〔減〕罪；王先謙說「臧」當作「減」，平準書作「減」。

二六〇頁二行　自〔公〕孫弘以春秋之義繩臣下取漢相，「公」字據景祐、殿、局本補。

二六〇頁一六行　沮，（上）〔止〕壞之，景祐、殿本都作「止」。王先謙說作「止」是。

二六四頁二行　實（爲）〔重〕四銖也。景祐、殿本都作「重」。王先謙說作「重」是。

二六五頁三行　令不可得摩取（鉛）〔鋊〕。錢大昭說「鉛」當作「鋊」。按景祐、殿本都作「鋊」。

二六六頁一〇行　〔行〕音下更反。朱一新說「音」上脫「行」字。按各本都脫。

二六九頁九行　天（下）〔子〕既下緡錢令而尊卜式，錢大昭說「天下」之「下」字疑是「子」字。王先謙說錢說是。按景祐、殿本都作「子」。

二七〇頁一行　（令）〔今〕錢郭見有赤者，殿本考證說「令」當作「今」。按平準書集解作「今」。

一一七〇頁五行　乃分遣御史廷尉正監分曹往，〔三〕(往)卽治郡國緡錢，　注〔三〕原在「分曹」下。王先謙說平準書不重「往」字，「往」字當屬上句，其重文蓋衍。

一一七〇頁八行　益廣(開)〔關〕，置左右輔。　何焯說當從平準書作「益廣關」，「開」字誤。

一一七〇頁一四行　大農(幹)〔斡〕鹽鐵官布多，　王先謙說「幹」字誤，當作「斡」，平準書作「筦」，同。

一一七一頁四行　織讀曰(熾)〔幟〕，　殿本作「幟」。王先謙說作「幟」是。

一一七三頁六行　至所在，有欲(往)〔住〕者，亦留而處(之)〔也〕。　王先謙說「往」疑作「住」。宋祁說「處之」當改「處也」。按景祐本「往」正作「住」，「之」正作「也」。

一一七三頁八行　差出(牡)〔牝〕馬　錢大昭說「牡」當作「牝」，昭帝始元元年罷天下亭母馬是也。按平準書亦作「牝」。

一一七四頁一六行　令遠方各以其物如異時商賈所轉(貶)〔販〕者爲賦，　景祐、殿、局本都作「販」。

一一七六頁五行　皆對願罷鹽鐵酒(榷)〔榷〕均輸官，　景祐、殿本都作「榷」。

一一八〇頁三行　皆爲五均司市(稱)師。　王念孫說「稱」字涉下文四「稱」字而衍。

一一八〇頁一一行　天子取諸侯之(士)〔土〕以立五均，　景祐、殿本都作「土」。王先謙說作「土」是。

一一八三頁三行　貴(既)〔卽〕爲印。　王先謙說殿本「既」作「卽」，是。

一一八三頁一〇行　鐵，(日)〔田〕農之本；　錢大昭說「日」疑當作「田」。按殿、局本都作「田」。

漢書卷二十五上

郊祀志第五上

洪範八政，三曰祀。〔一〕祀者，所以昭孝事祖，通神明也。旁及四夷，莫不修之；下至禽獸，豺獺有祭。〔二〕是以聖王爲之典禮。民之精爽不貳，齊肅聰明者，神或降之，〔三〕在男曰覡，在女曰巫，〔四〕使制神之處位，爲之牲器。使先聖之後，能知山川，敬於禮儀，明神之事者，以爲祝；能知四時犧牲，壇場上下，氏姓所出者，以爲宗。〔五〕故有神民之官，各司其序，不相亂也。民神異業，敬而不瀆，〔六〕故神降之嘉生，〔七〕民以物序，〔八〕災禍不至，所求不匱。〔九〕

〔一〕師古曰：「祀謂祭祀也。」

〔二〕師古曰：「禮記月令：『季秋之月，豺祭獸。』『孟春之月，獺祭魚。』豺，摯搏之獸，形似狗。獺，水居而食魚。祭者，謂殺之而布列，以祭其先也。豺音仕皆反。獺音吐曷反。」

〔三〕師古曰：「爽，明也。齊讀曰齋。齋肅，莊敬也。」

〔四〕師古曰：「巫覡亦通稱耳。覡音下狄反。」

〔五〕應劭曰：「上下，謂天地之屬神也。氏姓，王族之別也。宗，大宗也。」臣瓚曰：「宗，宗伯也。」師古曰：「二說皆非也。祝謂主祭之贊詞者。積土爲壇，平地爲場。氏姓，謂神本所出，及見所當爲主者也。宗，宗人，主神之列位尊卑者也。春秋左氏傳曰『虢公使祝應宗區享神』也，又云『祝宗用馬于四墉』，並非宗伯及大宗也。」

〔六〕師古曰：「黷，汙渫也。黷音讀。」

〔七〕應劭曰：「嘉穀也。」師古曰：「嘉生，謂衆瑞。」

〔八〕孟康曰：「各有分敍也。」

〔九〕師古曰：「匱，乏也。」

及少昊之衰，九黎亂德，〔一〕民神雜擾，不可放物。〔二〕家爲巫史，享祀無度，黷齊明而神弗蠲。〔三〕嘉生不降，禍災荐臻，莫盡其氣。〔四〕顓頊受之，乃命南正重司天以屬神，命火正黎司地以屬民，〔五〕使復舊常，亡相侵黷。

〔一〕孟康曰：「少昊時諸侯作亂者也。」韋昭曰：「黎氏九人也。」

〔二〕師古曰：「放，依也。物，事也。放音甫往反。」

〔三〕師古曰：「齊讀曰齋。蠲，絜也。」

〔四〕師古曰：「言不究其性命也。」

〔五〕應劭曰：「黎，陰官也。火數二；二，地數也，故火正司地以屬萬民。」師古曰：「屬，委也，以其事委之也。屬音之欲反。」

自共工氏霸九州，其子曰句龍，能平水土，死爲社祠。〔一〕有烈山氏王天下，其子曰柱，能殖百穀，死爲稷祠。〔二〕故郊祀社稷，所從來尚矣。〔三〕

〔一〕師古曰：「共工氏在太昊、炎帝之間。無祿而王，故謂之霸。句讀曰鉤。」

〔二〕師古曰：「烈山氏，炎帝。」

〔三〕師古曰：「尚，上也。謂起於上古。」

虞書曰，舜在璿璣玉衡，以齊七政。〔一〕遂類于上帝，禋于六宗，〔二〕望秩于山川，徧于羣神。〔三〕揖五瑞，〔四〕擇吉月日，見四嶽諸牧，班瑞。〔五〕歲二月，東巡狩，至于岱宗。〔六〕岱宗，泰山也。柴，望秩于山川。〔七〕遂見東后。東后者，諸侯也。〔八〕合時月正日，同律度量衡，〔九〕修五禮五樂，〔一〇〕三帛二生一死爲贄。〔一一〕五月，巡狩至南嶽。南嶽者，衡山也。八月，巡狩至西嶽。西嶽者，華山也。十一月，巡狩至北嶽。北嶽者，恒山也。皆如岱宗之禮。中嶽，嵩高也。五載一巡狩。〔一二〕

〔一〕師古曰：「虞書舜典也。在，察也。璿，美玉也。璣轉而衡平。以玉爲璣衡，謂渾天儀也。七政，日、月、五星也。言舜觀察璣衡，以齊同日、月、五星之政，度合天意。」

〔二〕孟康曰：「六宗，星、辰、風伯、雨師、司中、司命。一說云乾坤六子。又一說：天宗三，日、月、星辰；地宗三，泰山、河、海。或曰天地間游神也。」師古曰：「類，以類祭也。上帝，天也。絜精以祀謂之禋。六宗之義，說者多矣。

乾坤六子，其最通乎。」

〔三〕師古曰：「望，謂在遠者望而祭之。秩，次也。羣神，丘陵墳衍之屬。」

〔四〕師古曰：「揖與輯同。揖，合也。五瑞，公、侯、伯、子、男之瑞玉。」

〔五〕師古曰：「四嶽諸牧，謂四方諸侯也。班，布也。」

〔六〕師古曰：「狩，守也。諸侯爲天子守土，故巡行。」

〔七〕師古曰：「柴，積柴而燔。」

〔八〕師古曰：「后，君也。東方諸侯，故謂之東后也。」

〔九〕師古曰：「時，四時也。月，十二月也。日，三百六十日。律，六律也。度，尺丈也。量，斛斗也。衡，斤兩也。」

〔一〇〕師古曰：「五禮，吉、凶、賓、軍、嘉也。五樂，謂春則琴瑟，夏則笙竽，季夏則鼓，秋則鐘，冬則磬也。五樂，尚書作五玉，今志亦有作五玉者。五玉即五瑞。」

〔一一〕師古曰：「三帛，玄、纁、黃也。二牲，羔、鴈也。一死，雉也。贄者，所執以爲禮也。」

〔一二〕師古曰：「此以上皆舜典所載。」

禹遵之。後十三世，至帝孔甲，淫德好神，神瀆，二龍去之。〔一〕其後十三世，湯伐桀，欲遷夏社，不可，作夏社。〔二〕乃遷烈山子柱，而以周棄代爲稷祠。後八世，帝太戊有桑穀生於廷，一暮大拱，〔三〕懼。伊陟曰：「祅不勝德。」〔四〕太戊修德，桑穀死。伊陟贊巫咸。〔五〕後十三世，帝武丁得傅說爲相，〔六〕殷復興焉，稱高宗。有雉登鼎耳而雊，〔七〕武丁懼。祖己曰：

「修德。」武丁從之，位以永寧。〔八〕後五世，帝乙嫚神而震死。〔九〕後三世，帝紂淫亂，武王伐之。由是觀之，始未嘗不肅祗，後稍怠嫚也。

〔一〕應劭曰：「夏帝孔甲，天賜之乘龍，河漢各二，其後媟黷嫚神，故龍去之。」

〔二〕應劭曰：「遭大旱七年，明德以薦，而旱不止，故遷社，以棄代爲稷。欲遷句龍，德莫能繼，故作夏社，說不可遷之義也。」師古曰：「䙴，古遷字。夏社，尚書篇名，今則序在而書亡逸。」

〔三〕師古曰：「穀即今之楮樹也，其字從木。合兩手曰拱。」

〔四〕師古曰：「伊陟，太戊臣，伊尹之子。」

〔五〕孟康曰：「巫咸，殷賢臣。贊，說也，謂伊陟說其意也。」師古曰：「因此作咸乂四篇。事見商書序，其篇亦亡逸也。」

〔六〕師古曰：「說讀曰悅。」

〔七〕師古曰：「雊，雉鳴，音工豆反。」

〔八〕師古曰：「事見商書說命及高宗肜日。祖己，殷之賢臣。」

〔九〕師古曰：「帝乙，武乙也，爲韋囊盛血，仰而射之，號曰射天，後遇雷震而死。」

周公相成王，王道大洽，制禮作樂，天子曰明堂辟雍，〔一〕諸侯曰泮宮。〔二〕郊祀后稷以配天，宗祀文王於明堂以配上帝。〔三〕四海之內各以其職來助祭。天子祭天下名山大川，懷柔百神，咸秩無文。〔四〕五嶽視三公，四瀆視諸侯。〔五〕而諸侯祭其畺內名山大川，〔六〕大夫祭門、戶、井、竈、中霤五祀，〔七〕士庶人祖考而已。各有典禮，而淫祀有禁。

〔一〕師古曰：「明堂辟雍，解在平紀。」

〔二〕師古曰：「泮之言半也。制度半於天子之辟雍也。泮音普半反。」

〔三〕師古曰：「郊祀，祀於郊也。后稷，周之始祖也。宗，尊也。文王，周始受命之王。上帝，太微五帝也。」

〔四〕師古曰：「懷，來也。柔，安也。言招來百神而安處之也。稱百者，言其多也。秩，序也。舊無禮文者，皆以次序而祭之。」

〔五〕師古曰：「江、河、淮、濟爲四瀆。瀆者，發源而注海者也。視謂其禮物之數也。」

〔六〕師古曰：「疆，境也。」

〔七〕章昭曰：「古者穴居，故名室中爲中霤。」

後十三世，世益衰，禮樂廢。幽王無道，爲犬戎所敗，平王東徙雒邑。秦襄公攻戎救周，列爲諸侯，而居西，自以爲主少昊之神，作西畤，祠白帝，其牲用駵駒黃牛羝羊各一云。〔一〕

〔一〕師古曰：「駵，赤馬黑鬣尾也。羝，牡羊也。駵音留。羝音丁奚反。」

其後十四年，秦文公東獵汧渭之間，〔一〕卜居之而吉。文公（夢）〔夢〕黃蛇自天下屬地，〔二〕其口止於鄜衍。〔三〕文公問史敦，〔四〕敦曰：「此上帝之徵，君其祠之。」於是作鄜畤，用三牲郊祭白帝焉。

〔一〕師古曰：「汧渭，二水名。汧音牽。」

〔二〕師古曰：「屬，著也，音之欲反。」

〔三〕李奇曰：「鄜音孚。三輔謂山阪間爲衍。」晉灼曰：「左馮翊鄜縣之衍也。」師古曰：「今之鄜州蓋取名於此也。」

〔四〕師古曰：「秦之太史也，敦其名也。」

自未作鄜畤，而雍旁故有吳陽武畤，〔一〕雍東有好畤，皆廢無祀。或曰：「自古以雍州積高，神明之隩，〔二〕故立畤郊上帝，諸神祠皆聚云。蓋黃帝時嘗用事，雖晚周亦郊焉。」〔三〕其語不經見，縉紳者弗道。〔四〕

〔一〕李奇曰：「於旁有吳陽地也。」

〔二〕師古曰：「土之可居者曰隩，音於六反。」

〔三〕師古曰：「晚謂末時也。」

〔四〕李奇曰：「縉，插也，插笏於紳。紳，大帶也。」臣瓚曰：「縉，赤白色也。紳，大帶也。左氏傳有縉雲氏。」師古曰：「李云縉插是也。字本作搢，插笏於大帶與革帶之間耳，非插於大帶也。或作薦紳者，亦謂薦笏於紳帶之間，其義同。」

作鄜畤後九年，文公獲若石云，于陳倉北阪城祠之。〔一〕其神或歲不至，或歲數來。來也常以夜，光輝若流星，從東方來，集於祠城，若雄雉，其聲殷殷云，野雞夜鳴。〔二〕以一牢祠之，名曰陳寶。〔三〕

〔一〕蘇林曰：「質如石，似肝。」師古曰：「陳倉之北阪上城中也。云，語辭也。」

〔二〕師古曰：「殷殷，聲也。云，傳聲之亂也。野雞，亦雉也，避呂后諱，故曰野雞。言陳寶若來而有聲，則野雞皆鳴以應之也。上言雄雉，下言野雞，史駮文也。殷音隱。」

〔三〕臣瓚曰：「陳倉縣有寶夫人祠，或一歲二歲與葉君合。葉君神來時，天為之殷殷雷鳴，雉為之雊也。」

作陳寶祠後七十一年，秦德公立，卜居雍。〔一〕子孫飲馬於河，遂都雍。雍之諸祠自此興。用三百牢於鄜畤。作伏祠。〔二〕磔狗邑四門，以御蠱災。

〔一〕師古曰：「即今之雍縣。」

〔二〕孟康曰：「六月伏日也。周時無，至此乃有之。」師古曰：「伏者，謂陰氣將起，迫於殘陽而未得升，故為臧伏，因名伏日也。立秋之後，以金代火，金畏於火，故至庚日必伏。庚，金也。」

後四年，秦宣公作密畤於渭南，祭青帝。

後十三年，秦穆公立，病臥五日不寤；〔一〕寤，乃言夢見上帝，〔二〕上帝命穆公平晉亂。史書而藏之府。〔三〕而後世皆曰上天。

〔一〕師古曰：「寤，覺也。覺音公孝反。」

〔二〕師古曰：「上帝謂天也。」

〔三〕師古曰：「府，臧書之處。」

穆公立九年，齊桓公既霸，會諸侯於葵丘，而欲封禪。〔一〕管仲曰：「古者封泰山禪梁父者七十二家，〔二〕而夷吾所記者十有二焉。昔無懷氏封泰山，禪云云；〔三〕虙羲封泰山，禪云云；〔四〕神農氏封泰山，禪云云；炎帝封泰山，禪云云；〔五〕黃帝封泰山，禪亭亭；〔六〕顓頊封泰山，禪云云；帝嚳封泰山，禪云云；堯封泰山，禪云云；舜封泰山，禪云云；禹封泰山，禪會稽；湯封泰山，禪云云；周成王封泰山，禪於社首。〔七〕皆受命然後得封禪。」桓公曰：「寡人北伐山戎，過孤竹；〔八〕西伐，束馬縣車，上卑耳之山；〔九〕南伐至召陵，〔一〇〕登熊耳山，以望江漢。〔一一〕兵車之會三，乘車之會六，九合諸侯，一匡天下，〔一二〕諸侯莫違我。昔三代受命，亦何以異乎？」於是管仲睹桓公不可窮以辭，因設之以事，曰：「古之封禪，鄗上黍，北里禾，所以爲盛；〔一三〕江淮間一茅三脊，所以爲藉也。〔一四〕東海致比目之魚，〔一五〕西海致比翼之鳥。〔一六〕然後物有不召而自至者十有五焉。今鳳皇麒麟不至，嘉禾不生，而蓬蒿藜莠茂，鴟梟羣翔，〔一七〕而欲封禪，無乃不可乎？」於是桓公乃止。

〔一〕師古曰：「葵丘會在僖九年。葵丘在陳留外黃縣東。封禪者，封土於山而禪祭於地也。禪音上戰反，解在武紀。」

〔二〕師古曰：「父音甫。」

〔三〕鄭氏曰：「無懷氏，古之王者，在伏羲前，見莊子。」服虔曰：「云云在梁父東，山名也。」晉灼曰：「云云山在蒙陰縣故城東北，下有云云亭。」

〔四〕師古曰：「虙讀曰伏。」

〔五〕李奇曰：「炎帝，神農後。」

〔六〕服虔曰：「亭亭山在牟陰。」晉灼曰：「地理志鉅平有亭亭山。」師古曰：「晉說是也。」

〔七〕應劭曰：「山名，在博縣。」晉灼曰：「在鉅平南十二里。」師古曰：「晉說是也。」

〔八〕應劭曰：「伯夷國也，在遼西令支。」師古曰：「令音郎定反。支音神祇之祇。」

〔九〕韋昭曰：「將上山，纏束其馬，縣鉤其車也。卑耳卽齊語所謂辟耳。」

〔一〇〕師古曰：「召陵，楚地也，在汝南。召讀曰劭。」

〔一一〕師古曰：「熊耳山在順陽北益陽縣東，非禹貢所云『導洛自熊耳』者也。其山兩峯，狀亦若熊耳，因以爲名也。」

〔一二〕師古曰：「兵車之會三，謂莊十三年會於北杏以平宋亂，僖四年侵蔡，蔡潰，遂伐楚，次於陘，六年伐鄭圍新城也。乘車之會六，謂莊十四年會於鄄，十五年又會於鄄，十六年同盟於幽，僖五年會於首止，八年盟於洮，九年會於葵丘也。匡，正也。一匡天下，謂定襄王爲天子之位也。一說謂陽穀之會令諸侯云『無障谷，無貯粟，無以妾爲妻』，天下皆從，故云一匡者也。」

〔一三〕應劭曰：「鄗音臛。」蘇林曰：「鄗上、北里，皆地名也。」師古曰：「盛謂以實篋簋。」

〔一四〕服虔曰：「茅草有三脊也。」張晏曰：「謂靈茅也。」師古曰：「藉，以藉地也，音才夜反。」

〔一五〕師古曰：「爾雅云『東方有比目魚焉，不比不行，其名謂之鰈』，音土盍反。」

〔一六〕師古曰：「山海經云『崇吾之山有鳥狀如鳧，而一翼一目，相得乃飛，其名曰蠻』。爾雅曰『南方有比翼鳥焉，不比不飛，其名謂之鶼鶼』。而管仲乃云西海，其說異也。」

〔一七〕師古曰：「蓬蒿藜莠，皆穢惡之草。梟，不祥之鳥也。鴟，蓋今所謂角鴟也。梟，土梟也。」

是歲，秦穆公納晉君夷吾。其後三置晉國之君，平其亂。〔一〕穆公立三十九年而卒。

〔一〕師古曰：「三立其君，謂惠公、懷公、文公。」

後五十年，周靈王卽位。時諸侯莫朝周，萇弘乃明鬼神事，〔一〕設射不來。不來者，諸侯之不來朝者也。依物怪，欲以致諸侯。諸侯弗從，而周室愈微。後二世，至敬王時，晉人殺萇弘。〔二〕

〔一〕師古曰：「萇弘，周大夫。」

〔二〕李奇曰：「周爲晉殺之也。」師古曰：「春秋左氏傳哀公三年傳稱『劉氏、范氏世爲婚姻，萇弘事劉文公，故周與范氏趙鞅以爲討，周人殺萇弘』也。」

是時，季氏專魯，旅於泰山，仲尼譏之。〔一〕

〔一〕師古曰：「旅，陳也，陳禮物而祭之也。陪臣祭泰山，僭諸侯之禮。孔子非之曰：『嗚乎，曾謂泰山不如林放乎！』事見論語。」

自秦宣公作密畤後二百五十年，而秦靈公於吳陽作上畤，祭黃帝；作下畤，祭炎帝。後四十八年，周太史儋見秦獻公〔一〕曰：「周始與秦國合而別，別五百載當復合，〔二〕合七十年而伯王出焉。」〔三〕儋見後七年，櫟陽雨金，獻公自以爲得金瑞，故作畦畤櫟陽，而祀白帝。〔四〕

〔一〕孟康曰：「太史儋謂老子也。」師古曰：「此亦周之太史名，非必老聃。老聃非秦獻公時。儋音丁甘反，又吐甘反。」

〔二〕應劭曰：「秦，伯翳之後也。始周孝王封非子爲附庸，邑諸秦。平王東遷洛邑，襄公以兵衞之，嘉其勳力，列爲侯伯，與周別五百載矣。昭王時，西周君自歸受罪，盡獻其邑三十六城，此復合也。」孟康曰：「謂周封秦爲別，秦幷周爲合。此襄王爲霸，始皇爲王也。」韋昭曰：「周封秦爲始別，謂秦仲也。五百歲，謂從秦仲至孝公彊大，顯王致伯，與之親合也。」師古曰：「諸家之說皆非也。自非子至西周獻邑，凡六百五十三歲，自仲至顯王二十六年孝公稱伯，止有四百二十六歲，皆不合五百之數也。按史記秦本紀及年表，並云周平王封襄公，始列爲諸侯，於是始與諸侯通。又周本紀及吳、齊、晉、楚諸系家皆言幽王爲犬戎所殺，秦始列爲諸侯，正與此志符會，是乃爲別。至昭襄王五十二年，西周君自歸獻邑，凡五百一十六年，是爲合也。言五百者，舉其成數也。」

〔三〕韋昭曰：「武王、昭王皆伯，至始皇而王天下。」師古曰：「七十當爲十七，今史記舊本皆作十七字。伯王者，指謂始皇。始皇初立，政在太后、嫪毐，未得稱伯。自昭王滅周後，至始皇九年誅嫪毐，止十七年。本紀年表其義顯，而韋氏乃合武王、昭王爲數，失之遠矣。伯讀曰霸。」

〔四〕師古曰：「畦時者，如種韭畦之形，而時於畦中各爲一土封也。畦音下圭反。」

後百一十歲，周赧王卒，九鼎入於秦。或曰，周顯王之四十二年，宋大丘社亡，〔一〕而鼎淪沒於泗水彭城下。

〔一〕師古曰：「爾雅云『左陵泰丘』，謂丘左有陵者其名泰丘也。郭璞云『宋有泰丘』，蓋以丘名此地也。」

自赧王卒後七年，秦莊襄王滅東周，周祀絕。後二十八年，秦并天下，稱皇帝。

秦始皇帝既即位，或曰：「黃帝得土德，黃龍地螾見。〔一〕夏得木德，青龍止於郊，草木暢茂。〔二〕殷得金德，銀自山溢。〔三〕周得火德，有赤烏之符。〔四〕今秦變周，水德之時。昔文公出〔螣〕〔獵〕，獲黑龍，此其水德之瑞。」於是秦更名河曰「德水」，以冬十月爲年首，色尚黑，度以六爲名，〔五〕音上大呂，〔六〕事統上法。〔七〕

〔一〕應劭曰：「螾，丘蚓也。黃帝土德，故地見其神，蚓大五六圍，長十餘丈。」如淳曰：「呂氏春秋云黃帝之時天先見大螾大螻，黃帝曰土氣勝，故其色尚黃。」師古曰：「螾音蚓。螻音樓，謂螻蛄也。」

〔二〕師古曰：「鬯與暢同。」

〔三〕蘇林曰：「流出也。」

〔四〕師古曰：「謂武王伐紂師渡孟津之時也。尚書中候曰『有火自天止於王屋，流爲赤烏，五至，以穀俱來』。」

〔五〕張晏曰：「水北方黑，終數六，故以方六寸爲符，六尺爲步。」

〔六〕師古曰：「大呂，陰律之始也。」

〔七〕服虔曰：「政尚法令也。」臣瓚曰：「水陰，陰主刑殺，故上法。」

即帝位三年，東巡狩郡縣，祠騶嶧山，〔一〕頌功業。〔二〕於是從齊魯之儒生博士七十人，至於泰山下。諸儒生或議曰：「古者封禪爲蒲車，惡傷山之土石草木；〔三〕埽地而祠，席用葅稭，〔四〕言其易遵也。」始皇聞此議各乖異，難施用，由此絀儒生。〔五〕而遂除車道，上自泰山陽。至顛，立石頌德，明其得封也。從陰道下，〔六〕禪於梁父。其禮頗采泰祝之祀雍上帝所用，而封藏皆祕之，世不得而記也。

〔一〕蘇林曰：「騶，魯縣也。」臣瓚曰：「嶧山在北。」師古曰：「嶧音亦。」

〔二〕師古曰：「謂刻石自著功業。」

〔三〕師古曰：「蒲車，以蒲裹輪。」

〔四〕應劭曰：「稭，藁本也，去皮以爲席。」如淳曰：「苴讀如租。稭讀如戛。」晉灼曰：「苴，藉也。」師古曰：「茅藉也。苴字本作葅，假借用。」

〔五〕師古曰：「黜，退也。」

〔六〕師古曰：「山南曰陽，山北曰陰。」

始皇之上泰山，中阪遇暴風雨，休於大樹下。諸儒既黜，不得與封禪，〔一〕聞始皇遇風雨，卽譏之。

〔一〕師古曰：「與讀曰豫也。」

於是始皇遂東遊海上，行禮祠名山川及八神，(來)〔求〕僊人羨門之屬。〔一〕八神將自古而有之；或曰太公以來作之。齊所以爲齊，以天齊也。〔二〕其祀絕，莫知起時。八神，一曰天主，祠天齊。天齊淵水，居臨菑南郊山下下者。〔三〕二曰地主，祠泰山梁父。蓋天好陰，祠之必於高山之下畤，命曰「畤」；〔四〕地貴陽，祭之必於澤中圜丘云。三曰兵主，祠蚩尤。蚩尤在東平陸監鄉，齊之西竟也。〔五〕四曰陰主，祠三山；〔六〕五曰陽主，祠之罘山；〔七〕六曰月主，祠(之)萊山：〔八〕皆在齊北，並勃海。〔九〕七曰日主，祠盛山。盛山斗入海，〔一〇〕最居齊東北陽，以迎日出云。八曰四時主，祠琅邪。琅邪在齊東北，蓋歲之所始。〔一一〕皆各用牢具

祠，而巫祝所損益，圭幣雜異焉。〔一二〕

〔一〕應劭曰：「羨門名子高，古仙人也。」師古曰：「古亦以僊爲仙字。下皆類此。」

〔二〕蘇林曰：「當天中央齊也。」師古曰：「謂其衆神異，如天之腹齊也。」

〔三〕師古曰：「下下，謂最下者。臨菑城南有天齊水，五泉並出，蓋謂此也。」

〔四〕師古曰：「名其祭處曰時也。」

〔五〕師古曰：「東平陸，縣名也。監，其縣之鄉名也。」

〔六〕師古曰：「三山，卽下所謂三神山。」

〔七〕韋昭曰：「之罘山在東萊腄縣。」師古曰：「罘音浮。腄音直瑞反。」

〔八〕韋昭曰：「在東萊長廣也。」

〔九〕師古曰：「並音步浪反。」

〔一〇〕韋昭曰：「盛山在東萊不夜縣，斗入海也。」師古曰：「斗，絕也。盛音成。」

〔一一〕師古曰：「山海經云琅邪臺在勃海間，謂臨海有山形如臺也。」

〔一二〕師古曰：「言八神牲牢皆同，而圭幣各異也。」

自齊威、宣時，騶子之徒論著終始五德之運，〔一〕及秦帝而齊人奏之，故始皇采用之。而宋毋忌、正伯僑、元尚、羨門高最後，皆燕人，爲方僊道，〔二〕形解銷化，〔三〕依於鬼神之事。騶衍以陰陽主運〔四〕顯於諸侯，而燕齊海上之方士傳其術不能通，然則怪迂阿諛苟合之徒自

此興，不可勝數也。〔五〕

〔一〕如淳曰：「今其書有五德終始。五德各以所勝爲行。秦謂周爲火德，滅火者水，故自謂水德。」師古曰：「騶子即騶衍。」

〔二〕韋昭曰：「皆慕古人之名，效爲神仙者也。」師古曰：「自宋毋忌至最後，皆其人姓名也，凡五人。」

〔三〕服虔曰：「尸解也。」張晏曰：「人老而解去，故骨如變化也。今山中有龍骨，世人謂之龍解骨化去。」應劭曰：「列仙傳曰崔文子學仙於王子喬，〔王子喬〕化爲白蜺，文子驚，引戈擊之，俯而見之，王子喬之尸也，須臾則爲大鳥飛而去。」師古曰：「服、張二說是也。」

〔四〕晉灼曰：「燕昭王築宮師之，故作主運之篇也。」如淳曰：「今其書有(王)〔主〕運。五行相次轉用事，隨方(而)〔面〕爲服也。」

〔五〕師古曰：「迂謂回遠也，音于。」

自威、宣、燕昭使人入海求蓬萊、方丈、瀛洲。此三神山者，其傅在勃海中，〔一〕去人不遠。蓋嘗有至者，諸僊人及不死之藥皆在焉。其物禽獸盡白，而黃金銀爲宮闕。未至，望之如雲；及到，三神山反居水下，水臨之。患且至，則風輒引船而去，終莫能至云。世主莫不甘心焉。〔二〕

〔一〕服虔曰：「其傅書云爾。」臣瓚曰：「世人相傳云爾。」師古曰：「瓚說是也。」

〔二〕師古曰：「甘心，言貪嗜之心不能已也。」

及秦始皇至海上，則方士爭言之。始皇如恐弗及，使人齎童男女入海求之。船交海中，皆以風爲解，〔一〕曰未能至，望見之焉。其明年，始皇復游海上，至琅邪，過恆山，從上黨歸。後三年，游碣石，考入海方士，〔二〕從上郡歸。後五年，始皇南至湘山，遂登會稽，並海上，〔三〕幾遇海中三神山之奇藥。〔四〕不得，還到沙丘崩。〔五〕

〔一〕師古曰：「自解說云爲風不得至。」

〔二〕師古曰：「考，校其虛實也。」

〔三〕師古曰：「附海而上也。並音步浪反。上音時掌反。」

〔四〕師古曰：「幾讀曰冀。」

〔五〕臣瓚曰：「沙丘在鉅鹿縣東北也。」

二世元年，東巡碣石，並海，〔一〕南歷泰山，至會稽，皆禮祠之，而刻勒始皇所立石書旁，以章始皇之功德。〔二〕其秋，諸侯叛秦。三年而二世弒死。

〔一〕師古曰：「並音步浪反。」

〔二〕師古曰：「今此諸山皆有始皇所刻石及胡亥重刻，其文並具存焉。」

始皇封禪之後十二年而秦亡。諸儒生疾秦焚詩書，誅滅文學，百姓怨其法，天下叛之，皆說曰：「始皇上泰山，爲風雨所擊，不得封禪云。」此豈所謂無其德而用其事者邪？

昔三代之居皆河洛之間，〔一〕故嵩高爲中嶽，而四嶽各如其方，四瀆咸在山東。至秦稱帝，都咸陽，則五嶽、四瀆皆并在東方。自五帝以至秦，迭興迭衰，〔二〕名山大川或在諸侯，或在天子，其禮損益世殊，不可勝記。〔三〕及秦并天下，令祠官所常奉天地名山大川鬼神可得而序也。

〔一〕師古曰：「謂夏都安邑，殷都朝歌，周都洛陽。」

〔二〕師古曰：「迭，互也，音大結反。」

〔三〕師古曰：「代代殊異，故不可盡記。」

於是自崤以東，名山五，大川祠二。〔一〕曰太室。太室，嵩高也。恆山，泰山，會稽，湘山。水曰泲，曰淮。〔二〕春以脯酒爲歲禱，因泮凍；〔三〕秋涸凍；〔四〕冬塞禱祠。〔五〕其牲用牛犢各一，牢具圭幣各異。自華以西，名山七，名川四。曰華山，薄山。薄山者，襄山也。〔六〕岳山，岐山，吳山，鴻冢，瀆山。瀆山，蜀之汶山也。〔七〕水曰河，祠臨晉；〔八〕沔，祠漢中；〔九〕湫淵，祠朝那；〔一〇〕江水，祠蜀。亦春秋泮涸禱塞如東方山川；而牲亦牛犢牢具圭幣各異。而四大冢鴻、岐、吳、嶽，皆有嘗禾。〔一一〕陳寶節來祠，〔一二〕其河加有嘗醪。此皆雍州之域，近天子都，故加車一乘，駵駒四。霸、產、豐、澇、涇、渭、長水，皆不在大山川數，〔一三〕以近咸陽，盡得比山川祠，而無諸加。〔一四〕汧、洛二淵，鳴澤、蒲山、嶽壻山之屬，〔一五〕爲小山川，亦皆禱塞泮涸祠，禮不必同。而雍有日、月、參、辰、南北斗、熒惑、太白、歲星、填星、辰星、二十八宿、風伯、雨師、四海、九臣、十四臣、諸布、諸嚴、諸逐之屬，百有餘廟。〔一六〕西亦有數十祠。於湖有周天子祠。於下邽有天神。豐、鎬有昭明、天子辟池。於杜、亳有五杜主之祠、壽星祠；〔一七〕而雍、菅廟祠亦有杜主。〔一八〕杜主，故周之右將軍，〔一九〕其在秦中最小鬼之神者也。〔二〇〕各以歲時奉祠。

〔一〕師古曰：「崤即今之陝州二崤也。」

〔二〕師古曰：「沛音子禮反，此本濟水之字。」

〔三〕服虔曰：「解凍也。」師古曰：「泮音普半反。」

〔四〕師古曰：「涸讀與冱同。冱，凝也，音下故反。春則解之，秋則凝之。春秋左氏傳曰『固陰冱寒』。禮記月令曰『孟冬行春令則凍閉不密』。」

〔五〕師古曰：「塞謂報其所祈也，音先代反。下並同也。」

〔六〕師古曰：「說者云薄山在河東，一曰在潼關北十餘里，而此志云自華以西者，則今閿鄉之南山連延西出，並得華山之名。」

〔七〕師古曰：「周禮職方氏『雍州，其山曰岳』。爾雅亦云『河西曰岳』。說者咸云岳即吳岳也。今志有岳，又有吳山，則吳岳非一山之名，但未詳岳之所在耳。徐廣云『岳山在武功』。據地理志，武功但有垂山，無岳山也。岐山即在今之岐山縣，其山兩岐，俗呼為箭括嶺。吳山在今隴州吳山縣。鴻冢，釋在下。岷山在湔氐道。」

〔八〕師古曰：「即今之同州朝邑縣界。」

〔九〕師古曰：「沔，漢水之上名也。漢中，今梁州是也。沔音彌善反。」

〔一〇〕蘇林曰：「湫淵在安定朝那縣，方四十里，停水不流，冬夏不增不減，不生草木。湫音將蓼反。」師古曰：「此水今在涇州界，清澈可愛，不容穢濁，或諠污，輒興雲雨。土俗亢旱，每於此求之，相傳云龍之所居也。而天下山川隈曲，亦往往有之。湫音子由反。」

〔一一〕孟康曰：「以新穀祭之。」

〔一二〕服虔曰：「陳寶神應節來也。」

〔一三〕師古曰：「霸、產出藍田。豐、澇出鄠。長水者，言其源流長也。澇音勞。」

〔一四〕師古曰：「加謂車及駟駒之屬。」

〔一五〕蘇林曰：「壻音胥。」韋昭曰：「音蘇計反。」師古曰：「韋說是也。」

〔一六〕師古曰：「風伯，飛廉也。雨師，屏翳也，一曰屏號。而說者乃謂風伯箕星也，雨師畢星也。此志既言二十八宿，又有風伯、雨師，則知非箕、畢也。九臣、十四臣，不見名數所出。諸布、諸嚴、諸逐，未聞其義。逐字或作逑，音求。屏並音步丁反。」

〔一七〕韋昭曰：「亳音薄，湯所都也。」臣瓚曰：「濟陰薄縣是也。」師古曰：「杜即京兆杜縣也。此亳非湯都也，不在濟陰。徐廣云京兆杜縣有薄亭，斯近之矣。」

〔一八〕李奇曰：「菅，茅也。」師古曰：「菅音姦。」

〔一九〕師古曰：「墨子云周宣王殺杜伯不以罪，後宣王田於圃田，見杜伯執弓矢射，宣王伏弓衣而死，故周人尊其鬼而右之，蓋謂此也。」

〔三〇〕師古曰：「其鬼雖小而有神靈也。」

唯雍四（時）〔時〕上帝爲尊，其光景動人民，唯陳寶。故雍四時，春以爲歲祠禱，因泮凍，秋涸凍，冬賽祠，五月嘗駒，及四中之月月祠，〔一〕若陳寶節來一祠。春夏用騂，〔二〕秋冬用駵。畤駒四匹，〔三〕木寓龍一駟，〔四〕木寓車馬一駟，各如其帝色。黃犢羔各四，圭幣各有數，皆生瘞埋，無俎豆之具。三年一郊。秦以十月爲歲首，故常以十月上宿郊見，〔五〕通權火，〔六〕拜於咸陽之旁，而衣上白，其用如經祠云。〔七〕西畤、畦畤，祠如其故，上不親往。諸此祠皆太祝常主，以歲時奉祠之。至如它名山川諸神及八神之屬，上過則祠，去則已。郡縣遠方祠者，民各自奉祠，不領於天子之祝官。祝官有祕祝，卽有災祥，輒祝祠移過於下。

〔一〕師古曰：「中讀曰仲。謂四時之仲月皆祠之。」

〔二〕師古曰：「騂，純赤色也，音先營反。」

〔三〕師古曰：「每時用駒四匹，而春秋異色。」

〔四〕李奇曰：「寓，寄也，寄生龍形於木也。」師古曰：「一駟亦四龍也。」

〔五〕李奇曰：「上宿，上齋戒也。」

〔六〕張晏曰：「權火，烽火也，狀若井挈皐矣。其法類稱，故謂之權火。欲令光明遠照，通於祀所也。漢祀五時於雍，五十里一烽火。」如淳曰：「權，舉也。」師古曰：「凡祭祀通舉火者，或以天子不親至祠所而望拜，或以衆祠各處，欲其一時薦饗，宜知早晏，故以火爲之節度也。它皆類此。」

〔七〕服虔曰：「經，常也。」

漢興，高祖初起，殺大虵，有物曰：「蛇，白帝子，而殺者赤帝子也。」〔一〕及高祖禱豐枌榆社，〔二〕徇沛，爲沛公，則祀蚩尤，釁鼓旗。遂以十月至霸上，立爲漢王。因以十月爲年首，色上赤。

〔一〕師古曰：「物謂鬼神也。」

〔二〕鄭氏曰：「枌榆，鄉名也。社在枌榆。」晉灼曰：「枌，白榆也。社在豐東北十五里。」師古曰：「以此樹爲社神，因立名也。枌音符云反。」

二年（冬），東擊項籍而還入關，問：「故秦時上帝祠何帝也？」對曰：「四帝，有白、青、黃、赤帝之祠。」高祖曰：「吾聞天有五帝，而四，何也？」莫知其說。於是高祖曰：「吾知之矣，乃待我而具五也。」乃立黑帝祠，名曰北畤。有司進祠，上不親往。悉召故秦祀官，復置太祝、太宰，如其故儀禮。因令縣爲公社。〔一〕下詔曰：「吾甚重祠而敬祭。今上帝之祭及山川諸神當祠者，各以其時禮祠之如故。」

〔一〕李奇曰：「猶官社。」

後四歲，天下已定，詔御史令豐治枌榆社，常以時，春以羊彘祠之。令祝立蚩尤之祠於長安。長安置祠祀官、女巫。其梁巫祠天、地、天社、天水、房中、(當)〔堂〕上之屬；晉巫祠五帝、東君、雲中君、巫社、巫祠、族人炊之屬；〔一〕秦巫祠杜主、巫保、族纍之屬；〔二〕荆巫祠堂下、巫先、司命、施糜之屬；〔三〕九天巫祠九天：〔四〕皆以歲時祠宮中。其河巫祠河於臨晉，而南山巫祠南山、秦中。秦中者，二世皇帝也。〔五〕各有時日。

〔一〕服虔曰：「東君以下皆神名也。」師古曰：「東君，日也。雲中君謂雲神也。巫社、巫祠，皆古巫之神也。族人炊，古主炊母之神也。炊謂饎爨也。」

〔二〕師古曰：「杜主即上所云五杜主也。巫保、族纍，二神名。纍音力追反。」

〔三〕師古曰：「堂下，在堂之下。巫先，巫之最先者也。司命，說者云文昌第四星也。施糜，其先常施設糜鬻者也。」

〔四〕師古曰：「九天者，謂中央鈞天，東方蒼天，東北旻天，北方玄天，西北幽天，西方浩天，西南朱天，南方炎天，東南陽天也。其說見淮南子。一說云東方昊天，東南陽天，南方赤天，西南朱天，西方成天，西北幽天，北方玄天，東北變天，中央鈞天也。」

〔五〕張晏曰：「以其彊死，魂魄爲厲，故祠之。成帝時匡衡奏罷之。」

其後二歲，或言曰周興而邑立后稷之祠，〔一〕至今血食天下。〔二〕於是高祖制詔御史：「其令天下立靈星祠，〔三〕常以歲時祠以牛。」

〔一〕師古曰：「以其有播種之功，故令天下諸邑皆祠之。」

〔二〕師古曰：「祭有牲牢，故言血食徧天下也。」

〔三〕張晏曰：「龍星左角曰天田，則農祥也。(晨)〔辰〕見而祭之。」

高祖十年春，有司請令縣常以春二月及臘祠稷以羊彘，民里社各自裁以祠。〔一〕制曰：「可。」

〔一〕師古曰：「隨其祠具之豐儉也。」

文帝即位十三年，下詔曰：「祕祝之官移過於下，朕甚弗取，其除之。」始名山大川在諸侯，諸侯祝各自奉祠，天子官不領。及齊、淮南國廢，令太祝盡以歲時致禮如故。

明年，以歲比登，〔一〕詔有司增雍五畤路車各一乘，駕被具；〔二〕西畤、畦畤寓車各一乘，寓馬四匹，駕被具；河、湫、漢水，玉加各二；及諸祀皆廣壇場，圭幣俎豆以差加之。

〔一〕師古曰：「年穀頻孰也。」

〔二〕師古曰：「駕車被馬之飾皆具也。被音皮義反。下亦同。」

魯人公孫臣上書曰：「始秦得水德，及漢受之，推終始傳，〔一〕則漢當土德，土德之應黃龍見。宜改正朔，服色上黃。」時丞相張蒼好律曆，以爲漢乃水德之時，河決金隄，其符也。年始冬十月，色外黑內赤，〔二〕與德相應。公孫臣言非是，罷之。明年，黃龍見成紀。〔三〕文帝召公孫臣，拜爲博士，與諸生申明土德，草改曆服色事。〔四〕其夏，下詔曰：「有異物之神見於成紀，毋害於民，歲以有年。朕幾郊祀上帝諸神，〔五〕禮官議，毋諱以朕勞。」〔六〕有司皆曰：「古者天子夏親郊祀上帝於郊，故曰郊。」〔七〕於是夏四月，文帝始幸雍郊見五畤，祠衣皆上赤。

〔一〕鄭氏曰：「音亭傳。」師古曰：「音張戀反。謂轉次之。」

〔二〕服虔曰：「十月陰氣在外，〔故外〕黑；陽氣尙伏在地，故內赤也。或曰，十月百草外黑內赤也。」

〔三〕師古曰：「天水之縣也。」

〔四〕師古曰：「草謂創造之。後例皆同也。」

〔五〕師古曰：「幾讀曰冀。」

〔六〕師古曰：「無諱以朕爲勞，自言不以爲勞也。」晉灼曰：「諱，忌難也。」

〔七〕師古曰：「邑外謂之郊。」

趙人新垣平以望氣見上，言「長安東北有神氣，成五采，若人冠冕焉。或曰東北神明之舍，西方神明之墓也。〔一〕天瑞下，宜立祠上帝，以合符應。」於是作渭陽五帝廟，同宇，〔二〕帝一殿，面五門，各如其帝色。祠所用及儀亦如雍五畤。

〔一〕張晏曰：「神明，日也。日出東北，舍謂陽谷。日沒於西，故曰墓。墓，濛谷也。」師古曰：「此說非也。蓋總言凡神明以東北爲居，西方爲冢墓之所，故立廟於渭陽者也。」

〔三〕師古曰：「宇謂屋之覆也。言同一屋之下而別爲五廟，各立門室也。廟記云五帝廟在長安東北也。」

明年夏四月，文帝親拜霸渭之會，〔一〕以郊見渭陽五帝。五帝廟臨渭，其北穿蒲池溝水。〔二〕權火舉而祠，若光煇然屬天焉。〔三〕於是貴平至上大夫，賜累千金。而使博士諸生刺六經中作王制，〔四〕謀議巡狩封禪事。

〔一〕如淳曰：「二水之合也。」

〔二〕師古曰：「蒲池，爲池而種蒲。蒲字或作滿，言其水滿也。」

〔三〕師古曰：「屬，聯也，音之欲反。」

〔四〕師古曰：「刺，采取之也，音千賜反。」

文帝出長門，〔一〕若見五人於道北，遂因其直立五帝壇，〔二〕祠以五牢。

〔一〕如淳曰：「亭名也。」

〔二〕鄭氏曰：「因其所立處以立祠也。」師古曰：「直猶當也，當其處。」

其明年，平使人持玉杯，上書闕下獻之。平言上曰：「闕下有寶玉氣來者。」已視之，果有獻玉杯者，刻曰「人主延壽」。平又言「臣候日再中」。居頃之，日卻復中。於是始更以十七年爲元年，令天下大酺。平言曰：「周鼎亡在泗水中，今河決通於泗，臣望東北汾陰直有金寶氣，〔一〕意周鼎其出乎？兆見不迎則不至。」於是上使使治廟汾陰南，臨河，欲祠出周鼎。人有上書告平所言皆詐也。下吏治，誅夷平。〔二〕是後，文帝怠於改正服鬼神之事，〔三〕

而渭陽、長門五帝使祠官領，以時致禮，不往焉。

〔一〕師古曰：「汾陰直，謂正當汾陰也。」

〔二〕師古曰：「夷者，平也，謂盡平除其家室宗族。」

〔三〕師古曰：「正，正朔也。服，服色也。正音之成反。」

明年，匈奴數入邊，〔一〕興兵守御。後歲少不登。數歲而孝景即位。十六年，祠官各以歲時祠如故，無有所興。

〔一〕師古曰：「數音所角反。」

武帝初即位，尤敬鬼神之祀。漢興已六十餘歲矣，天下艾安，〔一〕縉紳之屬皆望天子封禪改正度也，〔二〕而上鄉儒術，〔三〕招賢良。趙綰、王臧等以文學爲公卿，欲議古立明堂城南，以朝諸侯，草巡狩封禪改曆服色事未就。〔四〕竇太后不好儒術，使人微伺趙綰等姦利事，按綰、臧，綰、臧自殺，諸所興爲皆廢。六年，竇太后崩。其明年，徵文學之士。

〔一〕師古曰：「艾讀曰乂。乂，治也。漢書皆以艾爲乂，其義類此也。」

〔二〕師古曰：「正亦正朔。度，度量也。服色度量，互言之耳。」

〔三〕師古曰：「鄉讀曰嚮。」

〔四〕師古曰：「就，成也。」

明年，上初至雍，郊見五時。後常三歲一郊。是時上求神君，舍之上林中磃氏館。〔一〕神君者，長陵女子，以乳死，見神於先後宛若。〔二〕宛若祠之其室，民多往祠。平原君亦往祠，其後子孫以尊顯。〔三〕及上即位，則厚禮置祠之內中。聞其言，不見其人云。

〔一〕如淳曰：「磃音蹏。」鄭氏曰：「音斯。」師古曰：「鄭音是也。其字從石從虒。」

〔二〕孟康曰：「產乳而死也。兄弟妻相謂先後。宛若，字也。」師古曰：「先音蘇見反。後音胡搆反。古謂之娣姒，今關中俗呼爲先後，吳楚俗呼之爲妯娌，音軸里。」

〔三〕應劭曰：「平原君，武帝外祖母也。」

是時，李少君亦以祠竈、穀道、卻老方見上，〔一〕上尊之。少君者，故深澤侯人，主方。〔二〕匿其年及所生長。〔三〕常自謂七十，能使物，卻老。〔四〕其游以方徧諸侯。無妻子。人聞其能使物及不死，更餽遺之，〔五〕常餘金錢衣食。人皆以爲不治產業而饒給，〔六〕又不知其何所人，愈信，爭事之。少君資好方，善爲巧發奇中。〔七〕常從武安侯宴，坐中有年九十餘老人，少君乃言與其大父游射處，老人爲兒從其大父，識其處，〔八〕一坐盡驚。少君見上，上有故銅器，問少君。少君曰：「此器齊桓公十年陳於柏寢。」〔九〕已而按其刻，果齊桓公器。〔一〇〕一宮盡駭，以爲少君神，數百歲人也。少君言上：「祠竈皆可致物，〔一一〕致物而丹沙可化爲黃金，黃金成以爲飲食器則益壽，益壽而海中蓬萊僊者乃可見之，以封禪則不死，黃帝是也。臣嘗游海上，見安期生，〔三〕安期生食臣棗，大如瓜。〔三〕安期生僊者，通蓬萊中，合則見人，不合則隱。」〔四〕於是天子始親祠竈，遣方士入海求蓬萊安期生之屬，而事化丹沙諸藥齊爲黃金矣。〔五〕久之，少君病死。天子以爲化去不死也，使黃錘史寬舒受其方，〔六〕而海上燕齊怪迂之方士多更來言神事矣。〔七〕

〔一〕如淳曰：「祠竈可以致福。」李奇曰：「穀道，辟穀不食之道也。」

〔二〕如淳曰：「侯家人，主方藥也。」

〔三〕師古曰：「生長，謂其郡縣所屬及居止處。」

〔四〕如淳曰：「物謂鬼物也。」

〔五〕師古曰：「更音工衡反。」

〔六〕師古曰：「給，足也。」

〔七〕如淳曰：「時時發言有所中。」師古曰：「中音竹仲反。」

〔八〕師古曰：「識，記也，音式志反。」

〔九〕臣瓚曰：「晏子書柏寢，臺名也。」師古曰：「以柏木爲寢室於臺之上。」

〔10〕師古曰：「刻謂器上所銘記。」

〔11〕師古曰：「物亦謂鬼物。」

〔12〕服虔曰：「古之眞人也。」師古曰：「列仙傳云安期生琅邪人，賣藥東海邊，時人皆言千歲也。」

〔二三〕師古曰：「食讀曰飤。」

〔二四〕師古曰：「合謂道相合。」

〔二五〕師古曰：「齊，藥之分齊也，音才計反。」

〔二六〕孟康曰：「二人皆方士也。」師古曰：「錘音直垂反。」

〔二七〕師古曰：「更音工衡反。」

亳人謬忌奏祠泰一方，〔一〕曰：「天神貴者泰一，泰一佐曰五帝。〔二〕古者天子以春秋祭泰一東南郊，日一太牢，七日，〔三〕爲壇開八通之鬼道。」於是，天子令太祝立其祠長安城東南郊，常奉祠如忌方。其後，人上書言「古者天子三年一用太牢祠三一：天一、地一、泰一。」天子許之，令太祝領祠之於忌泰一壇上，如其方。後人復有言「古天子常以春解祠，祠黃帝用一梟、破鏡；〔四〕冥羊用羊祠；馬行用一青牡馬；泰一、皋山山君用牛；武夷君用乾魚；陰陽使者以一牛。」〔五〕令祠官領之如其方，而祠泰一於忌泰一壇旁。

〔一〕如淳曰：「亳亦薄也，下所謂薄忌也。」晉灼曰：「濟陰薄縣人也。」

〔二〕師古曰：「謂青帝靈威仰，赤帝赤熛怒，白帝白招矩，黑帝叶光紀，黃帝含樞紐也。一說蒼帝名靈府，赤帝名文祖，白帝名顯紀，黑帝名玄矩，黃帝名神斗。」

〔三〕師古曰：「每日以一太牢，凡七日祭也。」

〔四〕張晏曰：「黃帝，五帝之首也，歲之始也。梟，惡逆之鳥。方士虛誕，云以歲始祓除凶災，令神仙之帝食惡逆之物，使天下爲逆者破滅訖竟，無有遺育也。」孟康曰：「梟，鳥名，食母。破鏡，獸名，食父。黃帝欲絕其類，使百吏祠皆用之。破鏡如貙而虎眼。」如淳曰：「漢使東郡送梟，五月五日作梟羹以賜百官。以其惡鳥，故食之也。」師古曰：「解祠者，謂祠祭以解罪求福。」

〔五〕孟康曰：「陰陽之神也。」

後二年，郊雍，獲一角獸，若麃然。〔一〕有司曰：「陛下肅祗郊祀，上帝報享，錫一角獸，蓋麟云。」於是以薦五畤，畤加一牛以燎。賜諸侯白金，以風符應合於天也。〔二〕於是濟北王以爲天子且封禪，上書獻泰山及其旁邑，天子以它縣償之。常山王有罪，䙴，〔三〕天子封其弟眞定，以續先王祀，而以常山爲郡。然後五嶽皆在天子之郡。

〔一〕師古曰：「麃，鹿屬也，形似麞，牛尾，一角，音蒲交反。」

〔二〕晉灼曰：「符，瑞也。」臣瓚曰：「風示諸侯以此符瑞之應也。」

〔三〕師古曰：「䙴與遷同也。」

明年，齊人少翁以方見上。上有所幸李夫人，夫人卒，少翁以方蓋夜致夫人及竈鬼之貌云，天子自帷中望見焉。乃拜少翁爲文成將軍，賞賜甚多，以客禮禮之。文成言：「上卽欲與神通，宮室被服非象神，神物不至。」乃作畫雲氣車，及各以勝日〔一〕駕車辟惡鬼。又作甘泉宮，中爲臺室，畫天地泰一諸鬼神，而置祭具以致天神。居歲餘，其方益衰，神不至。乃爲帛書以飯牛，〔二〕陽不知，言此牛腹中有奇（書）。殺視得書，書言甚怪。天子識其手，〔三〕

問之，果爲書。於是誅文成將軍，隱之。

〔一〕服虔曰：「甲乙五行相克之日。」如淳曰：「如火勝金，用丙丁日，不用庚辛也。」

〔二〕師古曰：「謂雜草以飯牛也，音扶晚反。」

〔三〕師古曰：「手謂所書手迹。」

其後又作柏梁、銅柱、承露僊人掌之屬矣。〔一〕

〔一〕蘇林曰：「仙人以手掌擎盤承甘露。」師古曰：「三輔故事云建章宮承露盤高二十丈，大七圍，以銅爲之，上有仙人掌承露，和玉屑飲之。蓋張衡西京賦所云『立修莖之仙掌，承雲表之清露，屑瓊蕊以朝餐，必性命之可度』也。」

文成死明年，天子病鼎湖甚，〔一〕巫醫無所不致。游水發根言上郡有巫，病而鬼下之。〔二〕上召置祠之甘泉。及病，使人問神君，神君言曰：「天子無憂病。病少瘉，强與我會甘泉。」於是上病瘉，遂起，幸甘泉，病良已。〔三〕大赦，置壽宮神君。〔四〕神君最貴者曰太一，其佐曰太禁、司命之屬，皆從之。非可得見，聞其言，言與人音等。時去時來，來則風肅然。居室帷中，時晝言，然常以夜。天子祓，然後入。〔五〕因巫爲主人，關飲食，所欲言，行下。〔六〕又置壽宮、北宮，張羽旗，設共具，〔七〕以禮神君。神君所言，上使受書，其名曰「畫法」。〔八〕其所言，世俗之所知也，無絕殊者，而天子心獨憙。其事祕，世莫知也。〔九〕

〔一〕晉灼曰：「黃圖宮名，在京兆。」地理志，湖本在京兆，後分屬弘農也。」

〔二〕服虔曰：「游水，縣名。發根，人姓名。」晉灼曰：「地理志游水，水名，在臨淮淮浦也。」師古曰：「二說皆非也。游水，姓也。發根，名也。蓋因水為姓也。本嘗遇病，而鬼下之，故為巫也。」

〔三〕孟康曰：「良已，善已，謂瘉也。」

〔四〕孟康曰：「更立此宮也。」臣瓚曰：「壽宮，奉神之宮也。楚辭曰『蹇將澹兮壽宮』也。」

〔五〕孟康曰：「崇絜自除祓，然後入也。」師古曰：「祓音發勿反。」

〔六〕李奇曰：「神所欲言，上輒為下之也。」晉灼曰：「神君所言行下於巫。」師古曰：「晉說是也。」

〔七〕師古曰：「共讀曰供，音居用反。」

〔八〕孟康曰：「策畫之法也。」

〔九〕師古曰：「憙讀曰喜。喜，好也，音許吏反。」

後三年，有司言元宜以天瑞，不宜以一二數。〔一〕一元曰「建」，〔二〕二元以長星曰「光」，〔三〕今郊得一角獸曰「狩」云。〔四〕

〔一〕蘇林曰：「得諸瑞以名年。」

〔二〕蘇林曰：「建元元年是。」

〔三〕蘇林曰：「以有長星之光，故曰元光元年。」

〔四〕如淳曰：「改元狩元年。」

其明年，天子郊雍，曰：「今上帝朕親郊，而后土無祀，則禮不答也。」〔一〕有司與太史令談、祠官寬舒議：〔二〕「天地牲，角繭栗。〔三〕今陛下親祠后土，后土宜於澤中圜丘為五壇，壇一黃犢牢具。已祠盡瘞，而從祠衣上黃。」〔四〕於是天子東幸汾陰。汾陰男子公孫滂洋等見汾旁有光如絳，〔五〕上遂立后土祠於汾陰脽上，〔六〕如寬舒等議。上親望拜，如上帝禮。禮畢，天子遂至滎陽。還過雒陽，下詔封周後，令奉其祀。語在武紀。上始巡幸郡縣，寖尋於泰山矣。〔七〕

〔一〕師古曰：「答，對也。郊天而不祀地，失對偶之義。一曰，闕地祇之祀，故不爲神所答應也。」

〔二〕師古曰：「談即司馬談也。」

〔三〕師古曰：「牛角之形或如繭，或如栗，言其小。」

〔四〕師古曰：「侍祠之人皆著黃衣也。」

〔五〕師古曰：「滂音普郎反。洋音羊也。」

〔六〕師古曰：「脽音誰。解在武紀。」

〔七〕鄭玄曰：「尋，用也。」晉灼曰：「尋，遂往之意也。」師古曰：「二說皆非也。寖，漸也。尋，就也。」

其春，樂成侯（登）上書言欒大。欒大，膠東宮人，〔一〕故嘗與文成將軍同師，已而爲膠東王尚方。〔二〕而樂成侯姊爲康王后，〔三〕無子。王死，它姬子立爲王，而康后有淫行，與王不相中，相危以法。〔四〕康后聞文成死，而欲自媚於上，乃遣欒大入，因樂成侯求見言方。〔五〕天子既誅文成，後悔其方不盡，及見欒大，大說。〔六〕大爲人長美，〔七〕言多方略，而敢爲大言，處之不疑。大言曰：「臣常往來海中，見安期、羨門之屬，顧以臣爲賤，不信臣。〔八〕又以爲康王諸侯耳，不足與方。臣數以言康王，康王又不用臣。臣之師曰：『黃金可成，而河決可塞，不死之藥可得，僊人可致也。』然臣恐效文成，則方士皆掩口，惡敢言方哉！」〔九〕上曰：「文成食馬肝死耳。子誠能修其方，我何愛乎！」大曰：「臣師非有求人，人者求之。陛下必欲致之，則貴其使者，令爲親屬，以客禮待之，勿卑，使各佩其信印，乃可使通言於神人。神人尚肯邪不邪，尊其使然後可致也。」於是上使驗小方，鬭棊，棊自相觸擊。

〔一〕服虔曰：「王家人。」

〔二〕師古曰：「主方藥。」

〔三〕孟康曰：「膠東王后也。」

〔四〕師古曰：「不相可也。相危以法，謂以罪法相欲傾危也。中音竹仲反。」

〔五〕師古曰：「言神仙之方。」

〔六〕師古曰：「說讀曰悅。」

〔七〕師古曰：「善爲甘美之言也。」

〔八〕師古曰：「顧，念也。」

〔九〕師古曰：「惡音烏，謂於何也。」

是時，上方憂河決而黃金不就，〔一〕乃拜大爲五利將軍。居月餘，得四印，得天士將軍、地士將軍、大通將軍印。制詔御史：「昔禹疏九河，決四瀆。間者，河溢皋陸，隄繇不息。〔二〕

朕臨天下二十有八年，天若遺朕士而大通焉。乾稱『飛龍』，『鴻漸于般』，〔三〕朕意庶幾與焉。〔四〕其以二千戶封地士將軍大爲樂通侯。」賜列侯甲第，童千人。乘輿斥車馬帷帳器物以充其家。〔五〕又以衞長公主妻之，〔六〕齎金十萬斤，更名其邑曰當利公主。天子親如五利之弟，使者存問共給，相屬於道。〔七〕自大主將相以下，皆置酒其家，〔八〕獻遺之。天子又刻玉印曰「天道將軍」，使使衣羽衣，夜立白茅上，五利將軍亦衣羽衣，立白茅上受印，以視不臣也。〔九〕而佩「天道」者，且爲天子道天神也。〔一〇〕於是五利常夜祠其家，欲以下神。後裝治行，東入海求其師云。大見數月，佩六印，貴震天下，而海上燕齊之閒，莫不搤掔〔一一〕而自言有禁方能神僊矣。

〔一〕師古曰：「鑄黃金不成。」

〔二〕師古曰：「臯，水旁地。廣平曰陸。言水汎溢，自臯及陸，而築作隄防，徭役甚多，不暇休息。」

〔三〕孟康曰：「般，水涯堆也。漸，進也。武帝云得欒大如鴻進於般，一舉千里。得道若飛龍在天。」師古曰：「飛龍在天，乾卦九五爻辭也。鴻漸于般，漸卦六二爻辭也。般，山石之安者。」

〔四〕師古曰：「與讀曰豫。」

〔五〕師古曰：「斥，不用者也。」

〔六〕孟康曰：「衞太子妹。」如淳曰：「衞太子姊也。」師古曰：「外戚傳云子夫生三女，元朔三年生男據。是則太子之姊也。孟說非也。」

〔七〕師古曰：「共讀曰供。屬，及也，音之欲反。」
〔八〕韋昭曰：「大主，武帝姑，竇太后之女也。」
〔九〕師古曰：「羽衣，以鳥羽爲衣，取其神僊飛翔之意也。視讀曰示。」
〔一〇〕師古曰：「爲音于僞反。道天神，道讀曰導。」
〔一一〕師古曰：「搤，捉持也。掔，古手腕之字也。搤音戹。」

其夏六月，汾陰巫錦〔一〕爲民祠魏脽后土營旁，〔二〕見地如鉤狀，掊視得鼎。〔三〕鼎大異於衆鼎，文鏤無款識，〔四〕怪之，言吏。吏告河東太守勝，勝以聞。天子使驗問巫得鼎無姦詐，乃以禮祠，迎鼎至甘泉，從上行，薦之。〔五〕至中山，晏溫，〔六〕有黃雲焉。有鹿過，上自射之，因之以祭云。至長安，公卿大夫皆議尊寶鼎。天子曰：「間者河溢，歲數不登，故巡祭后土，祈爲百姓育穀。今年豐楙未報，鼎曷爲出哉？」〔七〕有司皆言：「聞昔泰帝興神鼎一，〔八〕一者一統，天地萬物所繫象也。黃帝作寶鼎三，象天地人。禹收九牧之金，〔九〕鑄九鼎，象九州。皆嘗鬺亨上帝鬼神。〔一〇〕其空足曰鬲，〔一一〕以象三德，〔一二〕饗承天祜。〔一三〕夏德衰，鼎遷於殷；殷德衰，鼎遷於周；周德衰，鼎遷於秦；秦德衰，宋之社亡，鼎乃淪伏而不見。周頌曰：『自堂徂基，自羊徂牛，鼐鼎及鼒；不吳不敖，胡考之休。』〔一四〕今鼎至甘泉，以光潤龍變，承休無疆。合茲中山，有黃白雲降，〔一五〕蓋若獸爲符，〔一六〕路弓乘矢，集獲壇下，〔一七〕報祠大享。

唯受命而帝者心知其意而合德焉。〔八〕鼎宜視宗禰(廣)〔廟〕，臧於帝庭，以合明應。」〔九〕制曰：「可。」

〔一〕應劭曰：「錦，巫名。」

〔二〕應劭曰：「魏，故魏國也。」師古曰：「汾脽本魏地之境，故云魏脽也。營謂祠之兆域也。」

〔三〕師古曰：「掊謂手杷土也，音蒲溝反。杷音蒲巴反，其字從木。」

〔四〕韋昭曰：「款，刻也。」師古曰：「識，記也，音式志反。其下美陽鼎亦同也。」

〔五〕如淳曰：「以鼎從行上甘泉，將薦之於天。」師古曰：「上音時掌反。」

〔六〕如淳曰：「三輔謂日出清濟爲晏。晏而溫，乃有黃雲，故爲異也。」師古曰：「中讀曰仲。即今雲陽之中山也。下云『合茲中山』，亦同也。」

〔七〕師古曰：「楙，美也，言稼穡美也。未報者，獲年豐而未報賽也。一曰，雖祈穀而未獲年豐之(穀)〔報〕也。其下張敞引此詔文云『穀嗛未報』，嗛者，少也。」

〔八〕師古曰：「泰帝者，即泰昊伏羲氏也。」

〔九〕師古曰：「九牧，九州之牧也。」

〔一〇〕服虔曰：「以享祀上帝也。」師古曰：「鬺亨一也。鬺亨，煮而祀也。韓詩采蘋曰：『于以鬺之，唯錡及釜。』亨音普庚反。」

〔一一〕蘇林曰：「鬲音歷。足中空不實者，名曰鬲也。」

〔一二〕如淳曰：「鼎有三足故也。三德，三正之德。」師古曰：「如說非也。三德，一曰正直，二曰剛克，三曰柔克。事見周書洪範。」

〔一三〕師古曰：「祜，福也，音怙。」

〔一四〕師古曰：「周頌絲衣之詩也。基，門塾之基也。鼎絕大者謂之鼐，圜弇上謂之鼒。吳，讙譁也。敖，慢也。考，壽也。休，美也。言執祭事者，或升堂室，或之門塾，視羊牛之牲，及舉大小之鼎，告其致絜，神降之福，故獲壽考之美，曰何壽之美！何壽之美者，歎之之言也。鼐音乃代反。鼒音茲。敖讀曰傲。」

〔一五〕師古曰：「言鼎至甘泉之後，光潤變見，若龍之神，能幽能明，能小能大，乘此休福，無窮竟也。有黃白雲降，與初至仲山黃雲之瑞相合也。」

〔一六〕服虔曰：「雲若獸在車蓋也。」晉灼曰：「蓋，辭也。符謂鹿也。」師古曰：「二說非也。蓋，發語辭也。言甘泉之雲又若獸形，以為符瑞也。」

〔一七〕李奇曰：「宜言盧弓。」韋昭曰：「路，大也。四矢曰乘。」師古曰：「韋說是也。又於壇下獲弓矢之應。」

〔一八〕服虔曰：「高祖受命知之，宜見鼎於其廟也。」師古曰：「合德，謂與天合德。」

〔一九〕師古曰：「視讀曰示。宗謂先帝有德可尊者也。禰，父廟也。帝庭，甘泉天神之庭。」

入海求蓬萊者，言蓬萊不遠，而不能至者，殆不見其氣。上乃遣望氣佐候其氣云。

其秋，上雍，且郊。〔一〕或曰「五帝，泰一之佐也，宜立泰一而上親郊之」。上疑未定。

〔一〕師古曰：「雍地形高，故云上也，音時掌反。」

齊人公孫卿曰：「今年得寶鼎，其冬辛巳朔旦冬至，與黃帝時等。」〔二〕卿有札書〔三〕曰：

「黃帝得寶鼎冕候，問於鬼臾區，〔三〕鬼臾區對曰：『黃帝得寶鼎神策，是歲己酉朔旦冬至，得天之紀，終而復始。』於是黃帝迎日推策，〔四〕後率二十歲復朔旦冬至，凡二十推，三百八十年，黃帝僊登于天。」卿因所忠欲奏之。〔五〕所忠視其書不經，〔六〕疑其妄言，謝曰：「寶鼎事已決矣。尙何以爲！」〔七〕卿因嬖人奏之。上大說，〔八〕乃召問卿。對曰：「受此書申公，申公已死。」上曰：「申公何人也？」卿曰：「齊人，與安期生通，受黃帝言，無書，獨有此鼎書。曰『漢興復當黃帝之時』。曰『漢之聖者，在高祖之孫且曾孫也。寶鼎出而與神通，封禪。封禪七十二王，唯黃帝得上泰山封』。申公曰：『漢帝亦當上封（禪），〔上〕封（禪）則能僊登天矣。黃帝萬諸侯，而神靈之封君七千。〔九〕天下名山八，而三在蠻夷，五在中國。中國華山、首山、太室山、泰山、東萊山，此五山黃帝之所常游，與神會。黃帝且戰且學僊，患百姓非其道，乃斷斬非鬼神者。百餘歲然後得與神通。黃帝郊雍上帝，宿三月。鬼臾區號大鴻，死葬雍，故鴻冢是也。〔一〇〕其後黃帝接萬靈明庭。明庭者，甘泉也。所謂寒門者，谷口也。〔一一〕黃帝采首山銅，鑄鼎於荊山下。〔一二〕鼎既成，有龍垂胡顬下迎黃帝。〔一三〕黃帝上騎，羣臣後宮從上龍七十餘人，龍乃〔上〕去。餘小臣不得上，乃悉持龍顬，龍顬拔，墯，墯黃帝之弓。百姓卬望〔一四〕黃帝既上天，乃抱其弓與龍顬號，故後世因名其處曰鼎湖，其弓曰烏號。』」於是天子曰：「嗟乎！誠得如黃帝，吾視去妻子如脫屣耳。」〔一五〕拜卿爲郎，使東候神於太室。

〔一〕師古曰：「等，同也。」

〔二〕師古曰：「札，木簡之薄小者也。」

〔三〕師古曰：「鬼臾區，黃帝臣也。藝文志云鬼容區，而此志作臾區，臾、容聲相近，蓋一也。今流俗書本臾字作申，非也。」

〔四〕晉灼曰：「迎，數之也。」臣瓚曰：「日月朔望未來而推之，故曰迎日。」

〔五〕師古曰：「所忠，人姓名也。解在食貨志。」

〔六〕師古曰：「不合經典也。」

〔七〕師古曰：「謂不須更言之。」

〔八〕師古曰：「說讀曰悅。」

〔九〕應劭曰：「黃帝時，諸侯會封禪者七千人也。」李奇曰：「說仙道得封者七千國也。」張晏曰：「神靈之封，謂山川之守也。」師古曰：「張說是也。山川之守謂尊山川之神令主祭祀也，即國語所云『汪芒氏之君守封嵎之山』也。」

〔一〇〕蘇林曰：「今雍有鴻冢。」

〔一一〕服虔曰：「黃帝升仙之處也。」師古曰：「谷口，仲山之谷口也，漢時為縣，今呼之治谷是也。以仲山之北寒涼，故謂此谷為寒門也。」

〔一二〕晉灼曰：「地理志首山屬河東蒲阪，荊山在馮翊懷德縣也。」

〔一三〕師古曰：「胡謂頸下垂肉也。䫇，其毛也，音人占反。」

〔一四〕師古曰：「卬讀曰仰。」

〔𠔃〕師古曰：「屣，小履。脫屣者，言其便易，無所顧也。屣音山爾反。」

上遂郊雍，至隴西，登空桐，幸甘泉。令祠官寬舒等具泰一祠壇，祠壇放亳忌泰一壇，三陔。〔一〕五帝壇環居其下，各如其方。黃帝西南，除八通鬼道。〔二〕泰一所用，如雍一時物，而加醴棗脯之屬，殺一氂牛〔三〕以爲俎豆牢具。而五帝獨有俎豆醴進。〔四〕其下四方地，爲腏，食羣神從者及北斗云。〔五〕已祠，胙餘皆燎之。〔六〕其牛色白，白鹿居其中，彘在鹿中，鹿中水而酒之。〔七〕祭日以牛，祭月以羊彘特。〔八〕泰一祝宰則衣紫及繡。五帝各如其色，日赤，月白。

〔一〕師古曰：「陔，重也。三陔，三重壇也。音該。」

〔二〕服虔曰：「坤位在未，黃帝從土位。」

〔三〕李奇曰：「音貍。」師古曰：「西南夷長尾髦之牛也。一音茅。」

〔四〕師古曰：「具俎豆酒醴而進之。一曰，進謂雜物之具，所以加禮也。」

〔五〕師古曰：「腏字與餟同，謂聯續而祭也，音竹芮反。食讀曰飤。」

〔六〕師古曰：「胙謂祭餘酒肉也。」

〔七〕服虔曰：「水，玄酒；酒，眞酒也。」晉灼曰：「此言合牲物而燎之也。」師古曰：「言以白鹿內牛中，以彘內鹿中，又以水及酒合內鹿中。」

〔八〕師古曰：「若牛，若羊，若彘，止一牲也。」

十一月辛巳朔旦冬至，昒爽，〔一〕天子始郊拜泰一。朝朝日，夕夕月，〔二〕則揖；而見泰一如雍郊禮。其贊饗曰：「天始以寶鼎神策授皇帝，朔而又朔，終而復始，皇帝敬拜見焉。」〔三〕而衣上黃。其祠列火滿壇，壇旁亨炊具。有司云「祠上有光」。公卿言「皇帝始郊見泰一雲陽，有司奉瑄玉〔四〕嘉牲薦饗，〔五〕是夜有美光，及晝，黃氣上屬天。」〔六〕太史令談、祠官寬舒等曰：「神靈之休，祐福兆祥，宜因此地光域立泰畤壇以明應。〔七〕令太祝領，秋及臘間祠。〔二〕〔三〕歲天子壹郊見。」

〔一〕師古曰：「昒爽，謂日尚冥，蓋未明之時也。昒音忽。」
〔二〕師古曰：「以朝旦拜日爲朝。下朝音丈昭反。」
〔三〕師古曰：「贊饗謂祝辭。」
〔四〕孟康曰：「璧大六寸謂之瑄。」
〔五〕師古曰：「漢舊儀云祭天養牛五歲，至三千斤也。」
〔六〕師古曰：「屬音之欲反。」
〔七〕師古曰：「明著美光及黃氣之祥應。」

其秋，爲伐南越，告禱泰一，以牡荊畫幡日月北斗登龍，以象太一三星，爲泰一鋒〔旗〕，〔一〕命曰「靈旗」。爲兵禱，則太史奉以指所伐國。而五利將軍使不敢入海，之泰山祠。

上使人隨驗，實無所見。五利妄言見其師，其方盡，多不讎。〔三〕上乃誅五利。

〔二〕李奇曰：「牡荆作幡柄也。」如淳曰：「牡荆，荆之無子者，皆絜齋之道。」晉灼曰：「牡，節間不相當也，月暈刻之為券以畏病者。天文志：『天極星，其一明者，太一也；旁三星，三公也。』畫一星在後，三星在前，為泰一鏠（旗）也。」師古曰：「李、晉二說是也。以牡荆為幡竿，而畫幡為日月龍及星。」

〔三〕師古曰：「讎，應當也。不讎，無驗也。」

其冬，公孫卿候神河南，言見僊人迹緱氏城上，有物如雉，往來城上。天子親幸緱氏視迹，問卿：「得毋效文成、五利乎？」卿曰：「僊者非有求人主，人主者求之。其道非少寬暇，神不來。言神事，如迂誕，〔一〕積以歲，乃可致。」於是郡國各除道，繕治宮館名山神祠所，以望幸矣。

〔一〕師古曰：「迂，回遠也。誕，大言也。」

其春，既滅南越，嬖臣李延年以好音見。上善之，下公卿議，曰：「民間祠有鼓舞樂，今郊祀而無樂，豈稱乎？」公卿曰：「古者祠天地皆有樂，而神祇可得而禮。」或曰：「泰帝使素女鼓五十絃瑟，悲，帝禁不止，〔一〕故破其瑟為二十五絃。」於是塞南越，禱祠泰一、后土，始用樂舞。益召歌兒，〔二〕作二十五絃及空侯瑟自此起。〔三〕

〔一〕師古曰：「泰帝亦謂泰昊也。不止，謂不能自止也。」

〔二〕師古曰：「益，多也。」

〔三〕蘇林曰：「作空侯與瑟。」

其來年冬，上議曰：「古者先振兵釋旅，然後封禪。」乃遂北巡朔方，勒兵十餘萬騎，還祭黃帝冢橋山，釋兵涼如。〔一〕上曰：「吾聞黃帝不死，有冢，何也？」或對曰：「黃帝以僊上天，羣臣葬其衣冠。」既至甘泉，爲且用事泰山，先類祠泰一。〔二〕

〔一〕李奇曰：「地名也。」

〔二〕師古曰：「且，猶將也。類祠，謂以事類而祭也。」

自得寶鼎，上與公卿諸生議封禪。封禪用希曠絕，莫知其儀體，而羣儒采封禪尚書、周官、王制之望祀射牛事。〔一〕齊人丁公年九十餘，曰：「封禪者，古不死之名也。秦皇帝不得上封。陛下必欲上，稍上〔二〕即無風雨，遂上封矣。」上於是乃令諸儒習射牛，草封禪儀。數年，至且行。天子既聞公孫卿及方士之言，黃帝以上封禪皆致怪物與神通，欲放黃帝〔三〕以接神人蓬萊，高世比德於九皇，〔四〕而頗采儒術以文之。羣儒既已不能辯明封禪事，又拘於詩書古文而不敢騁。上爲封祠器視羣儒，〔五〕羣儒或曰「不與古同」，徐偃又曰「太常諸生行禮不如魯善」，〔六〕周霸屬圖封事，〔七〕於是上黜偃、霸，而盡罷諸儒弗用。

〔一〕師古曰：「天子有事宗廟，必自射牲，蓋示親殺也。事見國語也。」
〔二〕師古曰：「稍，漸也。」
〔三〕師古曰：「放，依也，音甫往反。」
〔四〕張晏曰：「三皇之前有人皇，九首。」韋昭曰：「上古有人皇者九人。」師古曰：「韋說是也。」
〔五〕師古曰：「視讀曰示。」
〔六〕師古曰：「徐偃，博士姓名。」
〔七〕服虔曰：「屬，會也，會諸儒圖封事也。」師古曰：「周霸，亦人姓名也。屬音之欲反。」

三月，乃東幸緱氏，禮登中嶽太室。從官在山上聞若有言「萬歲」云。問上，上不言；問下，下不言。乃令祠官加增太室祠，禁毋伐其山木，以山下戶凡三百封崈高，爲之奉邑，〔一〕獨給祠，復，無有所與。〔二〕上因東上泰山，〔三〕泰山草木未生，乃令人上石立之泰山顛。〔四〕

〔一〕師古曰：「崈，古崇字耳。以崇奉嵩高之山，故謂之崈高奉邑。奉音扶用反。」
〔二〕師古曰：「復音方目反。與讀曰預。」
〔三〕如淳曰：「言易上也。泰山從南面直上，步道三十里，車道百里。」
〔四〕師古曰：「從山下轉石而上。」

上遂東巡海上，行禮祠八神。齊人之上疏言神怪奇方者以萬數，乃益發船，令言海中神山者數千人求蓬萊神人。公孫卿持節常先行候名山，至東萊，言夜見大人，長數丈，就之則不見，見其迹甚大，類禽獸云。羣臣有言見一老父牽狗，言「吾欲見鉅公」，〔一〕已忽不見。上既見大迹，未信，及羣臣又言老父，則大以爲僊人也。宿留海上，〔二〕與方士傳車〔三〕及間使求神僊人以千數。〔四〕

〔一〕鄭氏曰：「天子也。」張晏曰：「天子爲天下父，故曰鉅公也。」師古曰：「鉅，大也。」

〔二〕師古曰：「宿留，謂有所須待也。宿音先欲反。留音力就反。它皆類此。」

〔三〕師古曰：「傳音張戀反。」

〔四〕師古曰：「間，微也，隨間隙而行也。」

四月，還至奉高。上念諸儒及方士言封禪人殊，不經，難施行。〔一〕天子至梁父，禮祠地主。至乙卯，令侍中儒者皮弁縉紳，射牛行事。封泰山下東方，如郊祠泰一之禮。封廣丈二尺，高九尺，其下則有玉牒書，書祕。禮畢，天子獨與侍中奉車子侯上泰山，〔二〕亦有封。其事皆禁。明日，下陰道。丙辰，禪泰山下阯東北肅然山，〔三〕如祭后土禮。天子皆親拜見，衣上黃而盡用樂焉。江淮間一茅三脊爲神藉。五色土益雜封。縱遠方奇獸飛禽及白雉諸物，頗以加祠。兕牛象犀之屬不用。皆至泰山，然後去。封禪祠，其夜若有光，晝有白雲出封中。〔四〕

〔一〕師古曰：「人人殊異，又不合經，故難以施行。」
〔二〕服虔曰：「子侯，霍去病子也。」
〔三〕師古曰：「阯者，山之基足，音止。」
〔四〕師古曰：「白雲出於所封之中。」

天子從禪還，坐明堂，羣臣更上壽。〔一〕下詔改元爲元封。語在武紀。又曰：「古者天子五載一巡狩，用事泰山，諸侯有朝宿地。其令諸侯各治邸泰山下。」

〔一〕師古曰：「更，互也，音工衡反。」

天子既已封泰山，無風雨，而方士更言蓬萊諸神〔一〕若將可得，於是上欣然庶幾遇之，復東至海上望焉。奉車子侯暴病，一日死。上乃遂去，並海上，〔二〕北至碣石，巡自遼西，歷北邊至九原。五月，乃至甘泉，周萬八千里云。

〔一〕師古曰：「更音工衡反。」
〔二〕師古曰：「並音步浪反。上音時掌反。」

其秋，有星孛於東井。後十餘日，有星孛於三能。〔一〕望氣王朔言：「候獨見塡星出如瓜，食頃，復入。」有司皆曰：「陛下建漢家封禪，天其報德星云。」〔二〕

〔一〕師古曰：「能讀曰台。」
〔二〕師古曰：「德星，卽塡星也。言天以德星報於帝。」

其來年多，郊雍五帝。還，拜祝祠泰一。〔一〕贊饗曰：「德星昭衍，厥維休祥。〔二〕壽星仍出，淵燿光明。信星昭見，皇帝敬拜泰祝之享。」

〔一〕師古曰：「拜而祠之，加祝辭。」

〔二〕師古曰：「昭，明；衍，大；休，美也。」

其春，公孫卿言見神人東萊山，若云「欲見天子」。天子於是幸緱氏城，拜卿爲中大夫。遂至東萊，宿，留之數日，毋所見，見大人迹云。復遣方士求神人采藥以千數。是歲旱。天子既出亡名，乃禱萬里沙，〔一〕過祠泰山。〔二〕還至瓠子，自臨塞決河，留二日，湛祠而去。〔三〕

〔一〕應劭曰：「萬里沙，神祠也，在東萊曲城。」如淳曰：「故禱萬里沙以爲名也。」

〔二〕鄭氏曰：「泰山東自復有小泰山。」臣瓚曰：「即今之泰山也。」師古曰：「瓚說是也。」

〔三〕師古曰：「湛讀曰沈，謂沈祭具於水中也。爾雅曰『祭川曰浮沈』。」

校勘記

一二九四頁一三行　文公（蘉）〔夢〕黃虵自天下屬地，　景祐、殿、局本都作「夢」。朱一新說作「夢」是，封禪書同。

一三〇〇頁一五行　昔文公出（臘）〔獵〕，　景祐、殿、局本都作「獵」。王先謙說作「獵」是。

一三〇二頁一〇行　（來）〔求〕僊人羨門之屬。　景祐、殿本都作「求」。朱一新說作「求」是，封禪書同。

一二〇二頁一五行　六曰月主，祠(之)萊山；　王先謙說「之」字不當有，緣上「之」字而衍。

一二〇三頁一五行　羨門高最後，皆燕人，　王鳴盛說，案服虔、司馬貞說，最後者，自是謂其在騶子之後耳，非姓名。　其實止四人。　顏注謬。

一二〇四頁六行　〔王子喬〕化爲白蜺，　「王子喬」三字據景祐、殿本補。

一二〇四頁八行　今其書有(王)〔主〕運。　五行相次轉用事，隨方(而)〔面〕爲服也。　景祐、殿本「王」都作「主」，「而」都作「面」，封禪書集解引同。

一二〇九頁二行　唯雍四(時)〔畤〕上帝爲尊，　景祐、殿、局本都作「畤」。　王先謙說作「畤」是。

一二一〇頁八行　二年(冬)，　王念孫說景祐本無「冬」字是也。　按封禪書亦無「冬」字。

一二一一頁一行　(當)〔堂〕上之屬；　景祐、殿、局本都作「堂」。

一二一二頁一行　(晨)〔辰〕見而祭之。　王先謙說殿本「晨」作「辰」是。

一二一三頁六行　〔故外〕黑；　「故外」二字據景祐、殿本補。

一二一九頁一六行　言此牛腹中有奇(書)。　景祐本無「書」字，封禪書亦無。　王念孫說無「書」字是。

一二二三頁一三行　樂成侯(登)上書言欒大。　王先謙說「登」字蓋衍。

一二二三頁一五行　大爲人長美，(七)言多方略，　注〔七〕原在「言」字下，明顏以「長美言」連讀。　武億說「言」字當連下「多方略」爲句。　楊樹達說顏注非，武讀是。

一二三六頁一行　鼎宜視宗禰(廣)〔廟〕，景祐、殿、局本都作「廟」。

一二三六頁一〇行　雖祈穀而未獲年豐之(穀)〔報〕也。景祐、殿本都作「報」。朱一新說作「報」是。

一二三八頁七行　漢帝亦當上封(禪)，〔上〕封(禪)則能僊登天矣。據景祐本改。王念孫說景祐本是。

一二三八頁一三行　龍乃〔上〕去。景祐、殿本都有「上」字。朱一新說史記同，此脫。

一二三一頁六行　(二)〔三〕歲天子壹郊見。景祐、殿本都作「三」。王先謙說封禪書、通鑑作「三」是，此誤。

一二三一頁一四行　爲泰一鋒(旗)，王念孫說「鋒旗」之「旗」後人以意加之也。景祐本無「旗」字，注同。

漢書卷二十五下

郊祀志第五下

是時既滅兩粵，粵人勇之乃言「粵人俗鬼，〔一〕而其祠皆見鬼，數有效。昔東甌王敬鬼，壽百六十歲。後世怠嫚，故衰耗。」〔二〕乃命粵巫立粵祝祠，安臺無壇，亦祠天神帝百鬼，〔三〕而以雞卜。〔四〕上信之，粵祠雞卜自此始用。〔五〕

〔一〕師古曰：「勇之，越人名也。俗鬼，言其土俗尚鬼神之事。」
〔二〕師古曰：「耗，減也，音火到反。」
〔三〕師古曰：「天帝之神及百鬼。」
〔四〕李奇曰：「持雞骨卜，如鼠卜。」
〔五〕師古曰：「言國家始用。」

公孫卿曰：「僊人可見，上往常遽，以故不見。〔一〕今陛下可爲館如緱氏城，〔二〕置脯棗，神人宜可致。且僊人好樓居。」於是上令長安則作飛廉、桂館，〔三〕甘泉則作益壽、延壽館，〔四〕使卿持節設具而候神人。乃作通天臺，〔五〕置祠具其下，將招來神僊之屬。於是甘泉更置前殿，始廣諸宮室。夏，有芝生甘泉殿房內中。天子爲塞河，興通天，若有光云，〔六〕乃下詔赦天下。

〔一〕師古曰：「遽，速也，音其庶反。」
〔二〕師古曰：「依其制度也。」
〔三〕師古曰：「飛廉館及桂館二名也。」
〔四〕師古曰：「益壽、延壽，亦二館名。」
〔五〕師古曰：「漢舊儀云臺高三十丈，望見長安城。」
〔六〕師古曰：「爲塞河及造通天臺而有神光之應，故赦天下也。」

其明年，伐朝鮮。夏，旱。公孫卿曰：「黃帝時封則天旱，乾封三年。」〔一〕上乃下詔：「天旱，意乾封乎？〔二〕其令天下尊祠靈星焉。」

〔一〕師古曰：「三歲不雨，暴所封之土令乾也。」
〔二〕鄭氏曰：「言適新封則致旱，天欲乾我所封乎？」

明年，上郊雍五畤，通回中道，遂北出蕭關，歷獨鹿、鳴澤，〔一〕自西河歸，幸河東祠后土。

〔一〕師古曰：「解並在武紀。」

明年冬，上巡南郡，至江陵而東。登禮灊之天柱山，號曰南嶽。〔一〕浮江，自潯陽出樅陽，〔二〕過彭蠡，禮其名山川。北至琅邪，並海上。〔三〕四月，至奉高修封焉。

〔一〕師古曰：「灊，廬江縣也，天柱山在焉。武帝以天柱山爲南嶽。灊音潛。」

〔二〕師古曰：「樅音千庸反。」

〔三〕師古曰：「並音步浪反。上音時掌反。」

初，天子封泰山，泰山東北阯古時有明堂處，處險不敞。〔一〕上欲治明堂奉高旁，未曉其制度。濟南人公玉帶上黃帝時明堂圖。〔二〕明堂中有一殿，四面無壁，以茅蓋，通水，水圜宮垣，〔三〕爲復道，上有樓，從西南入，〔四〕名曰昆侖，天子從之入，以拜祀上帝焉。於是上令奉高作明堂汶上，如帶圖。〔五〕及是歲修封，則祠泰一、五帝於明堂上坐，〔六〕合高皇帝祠坐對之。〔七〕祠后土於下房，以二十太牢。天子從昆侖道入，始拜明堂如郊禮。畢，尞堂下。〔八〕而上又上泰山，自有祕祠其顚。而泰山下祠五帝，各如其方，黃帝并赤帝所，〔九〕有司侍祠焉。山上舉火，下悉應之。還幸甘泉，郊泰畤。春幸汾陰，祠后土。

〔一〕師古曰：「言其阻阸不顯敞。」

〔二〕師古曰：「公玉，姓也。帶，名也。呂氏春秋齊有公玉丹，此葢其舊族。而說者讀公玉爲宿，非也。單姓玉者，後漢司徒玉況，自音宿耳。」

〔三〕師古曰：「圜，繞也。」

〔四〕師古曰：「復讀曰複也。」
〔五〕師古曰：「汶，水名也，出琅邪朱虛。作明堂於汶水之上也。帶圖，公玉帶所上明堂圖。汶音問。」
〔六〕師古曰：「坐音才臥反。」
〔七〕服虔曰：「漢是時未以高祖配天，故言對。光武以來乃配之。」
〔八〕師古曰：「尞，古燎字。」
〔九〕師古曰：「與赤帝同處。」

明年，幸泰山，以十一月甲子朔旦冬至日祀上帝於明堂，（後每）〔毋〕修封。其贊饗曰：「天增授皇帝泰元神策，周而復始。皇帝敬拜泰一。」〔一〕東至海上，考入海及方士求神者，莫驗，然益遣，幾遇之。〔二〕乙酉，柏梁災。十二月甲午朔，上親禪高里，〔三〕祠后土。臨勃海，將以望祀蓬萊之屬，幾至殊庭焉。〔四〕

〔一〕師古曰：「自此以上，贊祝者辭。」
〔二〕師古曰：「益，多也。幾讀曰冀。冀更遣人求之，冀必遇也。」
〔三〕師古曰：「高里，山名。解在武紀。」
〔四〕師古曰：「殊庭，蓬萊中仙人庭也。幾讀曰冀。」

上還，以柏梁災故，受計甘泉。公孫卿曰：「黃帝就青靈臺，十二日燒，〔一〕黃帝乃治明庭。明庭，甘泉也。」方士多言古帝王有都甘泉者。其後天子又朝諸侯甘泉，甘泉作諸侯邸。勇之乃曰：「粵俗有火災，復起屋，必以大，用勝服之。」於是作建章宮，度爲千門萬戶。前殿度高未央。〔二〕其東則鳳闕，高二十餘丈。〔三〕其西則商中，數十里虎圈。〔四〕其北治大池，漸臺高二十餘丈，名曰泰液，〔五〕池中有蓬萊、方丈、瀛州、壺梁，象海中神山龜魚之屬。〔六〕其南有玉堂璧門大鳥之屬。〔七〕立神明臺、井幹樓，高五十丈，輦道相屬焉。〔八〕

〔一〕師古曰：「就，成也，造臺適成，經十二日即遇火燒。」

〔二〕師古曰：「度並音大各反。」

〔三〕師古曰：「三輔故事云其闕圜上有銅鳳凰。」

〔四〕如淳曰：「商中，商庭也。」師古曰：「商，金也。於序在秋，故謂西方之庭爲商庭，言廣數十里。於菟亦西方之獸，故於此置其圈也。」

〔五〕師古曰：「漸，浸也。臺在池中，爲水所浸，故曰漸臺。一音子廉反。三輔黃圖或爲瀸字，瀸亦浸耳。」

〔六〕師古曰：「三輔故事云池北岸有石魚，長二丈，高五尺，西岸有石鼈三枚，長六尺。」

〔七〕師古曰：「立大鳥象也。」

〔八〕師古曰：「漢宮閣疏云神明臺高五十丈，上有九室，恆置九天道士百人。然則神明、井幹俱高五十丈也。井幹樓積木而高，爲樓若井幹之形也。井幹者，井上木欄也，其形或四角，或八角。張衡西京賦云『井幹疊而百層』，即謂此樓也。幹或作韓，其義並同。」

夏，漢改曆，以正月爲歲首，而色上黃，官更印章以五字，〔一〕因爲太初元年。是歲，西伐大宛，蝗大起。丁夫人、雒陽虞初等〔一〕以方祠詛匈奴、大宛焉。

〔一〕師古曰：「解在武紀。」

〔二〕應劭曰：「丁夫人，其先丁復，本越人，封陽都侯。夫人其後，以詛軍爲功。」韋昭曰：「丁，姓；夫人，名也。」

明年，有司言雍五畤無牢孰具，芬芳不備。乃令祠官進畤犢牢具，色食所勝，〔一〕而以木寓馬代駒云。及諸名山川用駒者，悉以木寓馬代。獨行過親祠，乃用駒，它禮如故。

〔一〕孟康曰：「若火勝金，則祠赤帝以白牲也。」

明年，東巡海上，考神僊之屬，未有驗者。方士有言黃帝時爲五城十二樓，〔一〕以候神人於執期，〔二〕名曰迎年。〔三〕上許作之如方，名曰明年。〔四〕上親禮祠，上犢黃焉。

〔一〕應劭曰：「昆侖玄圃五城十二樓，仙人之所常居。」

〔二〕鄭氏曰：「地名也。」

〔三〕師古曰：「迎年，若云祈年。」

〔四〕師古曰：「言明其得延年也。」

公玉帶曰：「黃帝時雖封泰山，然風后、封鉅、岐伯令黃帝封東泰山，〔一〕禪凡山，〔二〕合符，然後不死。」天子既令設祠具，至東泰山，東泰山卑小，不稱其聲，乃令祠官禮之，而不封焉。其後令帶奉祠候神物。復還泰山，修五年之禮如前，而加禪祠石閭。石閭者，在泰山下阯南方，〔三〕方士言僊人閭也，故上親禪焉。

〔一〕韋昭曰：「風后、封鉅、岐伯皆黃帝臣也。」臣瓚曰：「東泰山在琅邪朱虛界，中有小泰山是。」
〔二〕師古曰：「凡山在朱虛縣，見地理志也。」
〔三〕師古曰：「下基之南面。」

其後五年，復至泰山修封，還過祭恆山。

自封泰山後，十三歲而周徧於五嶽、四瀆矣。

後五年，復至泰山修封。東幸琅邪，禮日成山，登之罘，浮大海，用事八神延年。〔一〕又祠神人於交門宮，若有鄉坐拜者云。〔二〕

〔一〕師古曰：「解並在武紀。延年，即上所謂迎年者。」
〔二〕師古曰：「如有神人景象嚮祠坐而拜也。事具在武紀。鄉讀與嚮同。」

後五年，上復修封於泰山。東游東萊，臨大海。是歲，雍縣無雲如靁者三，〔一〕或如虹氣蒼黃，若飛鳥集棫陽宮南，〔二〕聲聞四百里。隕石二，黑如黳，有司以爲美祥，以薦宗廟。而方士之候神入海求蓬萊者終無驗，公孫卿猶以大人之迹爲解。〔三〕天子猶羈縻不絕，〔四〕幾遇其眞。〔五〕

〔一〕師古曰：「靁，古雷字也。空有雷聲也。」
〔二〕師古曰：「棫音域。」
〔三〕師古曰：「言見大人之迹，以自解說也。」

〔四〕師古曰：「羈縻，繫聯之意。馬絡頭曰羈也。牛靷曰縻。」

〔五〕師古曰：「幾讀曰冀。」

諸所興，如薄忌泰一及三一、冥羊、馬行、赤星，五（牀）。寬舒之祠（宮）〔官〕〔一〕以歲時致禮。凡六祠，皆大祝領之。至如八神，諸明年、凡山它名祠，行過則祠，去則已。方士所興祠，各自主，其人終則已，祠官不主。它祠皆如故。甘泉泰一、汾陰后土，三年親郊祠，而泰山五年一修封。武帝凡五修封。昭帝即位，富於春秋，未嘗親巡祭云。

〔一〕李奇曰：「皆祠名。」

宣帝即位，由武帝正統興，故立三年，尊孝武廟爲世宗，行所巡狩郡國皆立廟。告祠世宗廟日，有白鶴集後庭。以立世宗廟告祠孝昭寢，有鴈五色集殿前。西河築世宗廟，神光興於殿旁，有鳥如白鶴，前赤後青。神光又興於房中，如燭狀。廣川國世宗廟殿上有鍾音，門戶大開，夜有光，殿上盡明。上乃下詔赦天下。

時，大將軍霍光輔政，上共己正南面，〔一〕非宗廟之祀不出。十二年，乃下詔曰：「蓋聞天子尊事天地，修祀山川，古今通禮也。間者，上帝之祠闕而不親十有餘年，朕甚懼焉。朕親飭躬齊戒，親奉祀，爲百姓蒙嘉氣，獲豐年焉。」

〔一〕師古曰：「共讀曰恭。」

明年正月，上始幸甘泉，郊見泰畤，數有美祥。修武帝故事，盛車服，敬齊祠之禮，頗作詩歌。

其三月，幸河東，祠后土，有神爵集，改元爲神爵。制詔太常：「夫江海，百川之大者也，今闕焉無祠。其令祠官以禮爲歲事，〔一〕以四時祠江海雒水，祈爲天下豐年焉。」自是五嶽、四瀆皆有常禮。東嶽泰山於博，中嶽泰室於嵩高，南嶽灊山於灊，〔二〕西嶽華山於華陰，北嶽常山於上曲陽，〔三〕河於臨晉，〔四〕江於江都，〔五〕淮於平氏，〔六〕濟於臨邑界中，〔七〕皆使者持節侍祠。唯泰山與河歲五祠，江水四，餘皆一禱而三祠云。

〔一〕師古曰：「言每歲常祠之。」
〔二〕師古曰：「灊與潛同也。」
〔三〕師古曰：「上曲陽，常山郡之縣也。」
〔四〕師古曰：「馮翊之縣也，臨河西岸。」
〔五〕師古曰：「廣陵之縣也。」
〔六〕師古曰：「南陽之縣也。」
〔七〕師古曰：「東郡之縣也。」

時，南郡獲白虎，獻其皮牙爪，上爲立祠。又以方士言，爲隨侯、劍寶、玉寶璧、周康寶鼎立四祠於未央宮中。又祠太室山於卽墨，三户山於下密，〔一〕祠天封苑火井於鴻門。〔二〕又立歲星、辰星、太白、熒惑、南斗祠於長安城旁。又祠參山八神於曲城，〔三〕蓬山石社石鼓於臨朐，〔四〕之罘山於腄，成山於不夜，萊山於黄。〔五〕成山祠日，萊山祠月。又祠四時於琅邪，蚩尤於壽良。〔六〕京師近縣鄠，則有勞谷、五牀山、日月、五帝、僊人、玉女祠。雲陽有徑路神祠，祭休屠王也。〔七〕又立五龍山僊人祠及黄帝、天神、帝原水，凡四祠於膚施。〔八〕

〔一〕師古曰：「卽墨、下密皆膠東之縣也。」
〔二〕如淳曰：「地理志西河鴻門縣有天封苑火井祠，火從地中出。」
〔三〕師古曰：「東萊之縣也。」
〔四〕師古曰：「臨朐，齊郡縣也。朐音劬。地理志蓬山作逢山也。」
〔五〕應劭曰：「腄音甀。」晉灼曰：「腄、不夜、黄縣皆屬東萊。」師古曰：「腄音丈瑞反。」
〔六〕師古曰：「東郡之縣也。」
〔七〕師古曰：「休屠，匈奴王號也。徑路神，本匈奴之祠也。休音許虯反。屠音除。」
〔八〕師古曰：「膚施，上郡之縣也。」

或言益州有金馬碧雞之神，〔一〕可醮祭而致，於是遣諫大夫王襃使持節而求之。

〔一〕如淳曰：「金形似馬，碧形似雞。」

大夫劉更生獻淮南枕中洪寶苑祕之方，〔一〕令尙方鑄作。事不驗，更生坐論。京兆尹張敞上疏諫曰：「願明主時忘車馬之好，斥遠方士之虛語，〔二〕游心帝王之術，太平庶幾可興也。」後尚方待詔皆罷。

〔一〕師古曰：「洪，大也。苑祕者，言祕術之苑囿也。」

〔二〕師古曰：「遠音於萬反。」

是時，美陽得鼎，獻之。〔一〕下有司議，多以爲宜薦見宗廟，如元鼎時故事。張敞好古文字，桉鼎銘勒而上議曰：「臣聞周祖始乎后稷，后稷封於斄，〔二〕公劉發迹於豳，〔三〕大王建國於郊梁，〔四〕文武興於酆鎬。〔五〕由此言之，則郊梁豐鎬之間周舊居也，固宜有宗廟壇場祭祀之臧。今鼎出於郊東，中有刻書曰：『王命尸臣：「官此栒邑，〔六〕賜爾旂鸞黼黻琱戈。」〔七〕尸臣拜手稽首曰：「敢對揚天子丕顯休命。」』〔八〕臣愚不足以迹古文，〔九〕竊以傳記言之，此鼎殆周之所以褒賜大臣，大臣子孫刻銘其先功，臧之於宮廟也。昔寶鼎之出於汾脽也，河東太守以聞，詔曰：『朕巡祭后土，祈爲百姓蒙豐年，〔一〇〕今穀嗛未報，〔一一〕鼎焉爲出哉？』博問耆老，意舊臧與？〔一二〕誠欲考得事實也。有司驗脽上非舊臧處，鼎大八尺一寸，高三尺六寸，殊異於衆鼎。今此鼎細小，又有款識，〔一三〕不宜薦見於宗廟。」制曰：「京兆尹議是。」

〔一〕師古曰：「美陽，扶風之縣也。」

〔二〕師古曰：「斄讀與邰同，今武功故城是。」

〔三〕師古曰：「今豳州是也。」

〔四〕師古曰：「梁山在岐山之東，九嵕之西，非夏陽之梁山也。郂，古岐字。」

〔五〕師古曰：「酆，今長安城西豐水上也。鎬在昆明池北。」

〔六〕師古曰：「尸臣，主事之臣也。栒邑，即豳地是也。栒音荀。」

〔七〕師古曰：「交龍爲旂。鸞謂有鸞之車也。黼黻，冕服也。琱戈，刻鏤之戈也。琱與凋同。」

〔八〕師古曰：「拜手，首至於手也。」

〔九〕師古曰：「尋其文迹。」

〔10〕師古曰：「爲音於僞反。」

〔11〕師古曰：「嗛，少意也。言穀稼尚少，未獲豐年也。嗛音苦簟反。」

〔12〕服虔曰：「言鼎豈舊臧於此地。」師古曰：「與讀曰歟。」

〔13〕師古曰：「款，刻也。識，記也，音式志反。」

上自幸河東之明年正月，鳳皇集祋祤，〔一〕於所集處得玉寶，起步壽宮，乃下詔赦天下。後間歲，鳳皇神爵甘露降集京師，〔二〕赦天下。其冬，鳳皇集上林，乃作鳳皇殿，以答嘉瑞。〔三〕明年正月，復幸甘泉，郊泰畤，改元曰五鳳。明年，幸雍祠五畤。其明年春，幸河東，祠后土，赦天下。後間歲，改元爲甘露。正月，上幸甘泉，郊泰畤。其夏，黃龍見新豐。建章、未央、長樂宮鍾虡銅人皆生毛，長一寸所，〔四〕時以爲美祥。後間歲正月，上郊泰畤，因朝單于於甘泉宮。後間歲，改元爲黃龍。正月，復幸甘泉，郊泰畤，又朝單于於甘泉宮。至冬而崩。鳳皇下郡國凡五十餘所。

〔一〕師古曰：「祋祤，馮翊之縣也。祋音丁活反，又丁外反。祤音況矩反。」

〔二〕師古曰：「間歲，隔一歲也。」

〔三〕師古曰：「答，應也。」

〔四〕師古曰：「虡，神獸名也，縣鍾之木，刻飾爲之，因名曰虡也。」

元帝卽位，遵舊儀，間歲正月，一幸甘泉郊泰畤，又東至河東祠后土，西至雍祠五畤。凡五奉泰畤、后土之祠。亦施恩澤，時所過毋出田租，賜百戶牛酒，〔一〕或賜爵，赦罪人。

〔一〕師古曰：「言有時如此，不常然也。」

元帝好儒，貢禹、韋玄成、匡衡等相繼爲公卿。禹建言漢家宗廟祭祀多不應古禮，上是其言。後韋玄成爲丞相，議罷郡國廟，自太上皇、孝惠帝諸園寢廟皆罷。後元帝寢疾，夢神靈譴罷諸廟祠，上遂復焉。後或罷或復，至哀、平不定。語在韋玄成傳。

成帝初卽位，丞相衡、御史大夫譚〔一〕奏言：「帝王之事莫大乎承天之序，承天之序莫重於郊祀，故聖王盡心極慮以建其制。祭天於南郊，就陽之義也，瘞地於北郊，即陰之象也。〔二〕天之於天子也，因其所都而各饗焉。往者，孝武皇帝居甘泉宮，即於雲陽立泰畤，祭於宮南。今行常幸長安，郊見皇天反北之泰陰，祠后土反東之少陽，事與古制殊。又至雲陽，行谿谷中，阸陝且百里，汾陰則渡大川，有風波舟楫之危，〔三〕皆非聖主所宜數乘。郡縣治道共張，吏民困苦，〔四〕百官煩費。勞所保之民，行危險之地，〔五〕難以奉神靈而祈福祐，殆未合於承天子民之意。昔者周文武郊於豐鄗，成王郊於雒邑。由此觀之，天隨王者所居而饗之，可見也。甘泉泰畤、河東后土之祠宜可徙置長安，合於古帝王。願與羣臣議定。」奏可。大司馬車騎將軍許嘉等八人以爲所從來久遠，宜如故。右將軍王商、博士師丹、議郎翟方進等五十人以爲禮記曰「燔柴於太壇，祭天也；瘞薶於大折，祭地也。」〔六〕兆於南郊，所以定天位也。〔七〕祭地於大折，在北郊，就陰位也。郊處各在聖王所都之南北。書曰「越三日丁巳，用牲於郊，牛二。」〔八〕周公加牲，告徙新邑，定郊禮於雒。明王聖主，事天明，事地察。天地明察，神明章矣。天地以王者爲主，故聖王制祭天地之禮必於國郊。長安，聖主之居，皇天所觀視也。甘泉、河東之祠非神靈所饗，宜徙就正陽大陰之處。違俗復古，循聖制，定天位，如禮便。於是衡、譚奏議曰：「陛下聖德，悤明上通，〔九〕承天之大，典覽羣下，使各悉心盡慮，議郊祀之處，天下幸甚。臣聞廣謀從衆，則合於天心，故洪範曰『三人占，則從二人言』，〔一〇〕言少從多之義也。論當往古，宜於萬民，則依而從之；〔一一〕違道寡與，則廢而不行。今議者五十八人，其五十人言當徙之義，皆著於經傳，同於上世，便於吏民；八人不案經藝，考古制，而以爲不宜，無法之議，難以定吉凶。太誓曰：『正稽古立功立事，可以永年，丕天之大律。』〔一二〕詩曰『毋曰高高在上，陟降厥士，日監在茲』，〔一三〕言天之日監王者之處也。又曰『乃眷西顧，此維予宅』，〔一四〕言天以文王之都爲居也。宜於長安定南北郊，爲萬世基。」天子從之。

〔一〕師古曰：「衡，匡衡。譚，張譚。」
〔二〕師古曰：「祭地曰瘞薶，故云瘞地也。即，就也。」
〔三〕師古曰：「楫音集。其字從木。」
〔四〕師古曰：「共讀曰供，音居用反。張音竹亮反。下皆類此。」
〔五〕師古曰：「保，養也。」
〔六〕韋昭曰：「大折，謂爲壇於昭晰地也。」師古曰：「折，曲也。言方澤之形，四曲折也。」
〔七〕鄧展曰：「除地爲營埒，有形兆也。」
〔八〕師古曰：「周書洛誥之辭。」
〔九〕師古曰：「怱與聰同。」
〔一〇〕師古曰：「洪範，周書也。」

〔一〕師古曰：「論，議也，音來頓反。」

〔二〕師古曰：「今文泰誓，周書也。稽，考也。永，長也。丕，奉也。律，法也。言正考古道而立事，則可長年享有天下，是則奉天之大法也。」

〔三〕師古曰：「詩周頌敬之詩也。陟，升也。士，事也。言無謂天之高而又高，遠在上而不加敬，天乃上下升降，日日監觀於此，視人之所爲者耳。」

〔四〕師古曰：「大雅皇矣之詩也。宅，居也。言天眷然西顧，以周國爲居也。商紂在東，故謂周爲西也。」

既定，衡言：「甘泉泰畤紫壇，八觚宣通象八方。〔一〕五帝壇周環其下，又有羣神之壇。以尚書禋六宗、望山川、徧羣神之義，紫壇有文章采鏤黼黻之飾及玉、女樂，〔二〕石壇、僊人祠，瘞鸞路、騂駒、寓龍馬，不能得其象於古。臣聞郊（紫壇）〔柴〕饗帝之義，埽地而祭，上質也。歌大呂舞雲門以竢天神，歌太蔟舞咸池以竢地祇，〔三〕其牲用犢，其席槀稭，其器陶匏，〔四〕皆因天地之性，貴誠上質，不敢修其文也。以爲神祇功德至大，雖修精微而備庶物，猶不足以報功，唯至誠爲可，（致）〔故〕上質不飾，以章天德。紫壇僞飾、女樂、鸞路、騂駒、龍馬、石壇之屬，宜皆勿修。」

〔一〕服虔曰：「八觚，如今社壇也。」師古曰：「觚，角也。」

〔二〕師古曰：「漢舊儀云祭天用六綵綺席六重，用玉几玉飾器凡七十。女樂，即禮樂志所云『使童男童女俱歌』也。」

〔三〕師古曰：「此周禮也。大呂合於黃鍾。黃鍾，陽聲之首也。雲門，黃帝樂也。太蔟，陽聲次二者也。咸池，堯樂也。」

〔四〕師古曰：「㼜，瓦器；匏，瓠也。稭音戛。」

衡又言：「王者各以其禮制事天地，非因異世所立而繼之。〔一〕今雍鄜、密、上下畤，〔二〕本秦侯各以其意所立，非禮之所載術也。漢興之初，儀制未及定，即且因秦故祠，復立北畤。今既稽古，建定天地之大禮，郊見上帝，青赤白黃黑五方之帝皆畢陳，各有位饌，祭祀備具。諸侯所妄造，王者不當長遵。及北畤，未定時所立，〔三〕不宜復修。」天子皆從焉。及陳寶祠，由是皆罷。

〔一〕師古曰：「異世，謂前代。」

〔二〕晉灼曰：「秦文公、宣公所立畤也。」

〔三〕師古曰：「謂高祖之初，禮儀未定。」

明年，上始祀南郊，赦奉郊之縣及中都官耐罪囚徒。〔一〕是歲衡、譚復條奏：「長安廚官縣官給祠郡國候神方士使者所祠，凡六百八十三所，其二百八所應禮，及疑無明文，可奉祠如故。其餘四百七十五所不應禮，或復重，〔二〕請皆罷。」奏可。本雍舊祠二百三所，唯山川諸星十五所爲應禮云。若諸布、諸嚴、諸逐，皆罷。杜主有五祠，置其一。又罷高祖所立梁、晉、秦、荆巫、九天、南山、萊中之屬，及孝文渭陽、孝武薄忌泰一、三一、黃帝、冥羊、馬行、泰一、皋山山君、武夷、夏后啓母石、萬里沙、八神、延年之屬，及孝宣參山、蓬山、之罘、成山、萊山、四時、蚩尤、勞谷、五牀、僊人、玉女、徑路、黃帝、天神、原水之屬，皆罷。候神方士使者副佐、本草待詔七十餘人皆歸家。〔三〕

〔一〕師古曰：「中都官，京師諸官府也。」

〔二〕師古曰：「復音扶目反。重音丈庸反。」

〔三〕師古曰：「本草待詔，謂以方藥本草而待詔者。」

明年，匡衡坐事免官爵。衆庶多言不當變動祭祀者。又初罷甘泉泰畤作南郊日，大風壞甘泉竹宮，折拔畤中樹木十圍以上百餘。天子異之，以問劉向。對曰：「家人尚不欲絕種祠，〔一〕況於國之神寶舊畤！且甘泉、汾陰及雍五畤始立，皆有神祇感應，然後營之，非苟而已也。武、宣之世，奉此三神，禮敬敕備，〔二〕神光尤著。祖宗所立神祇舊位，誠未易動。及陳寶祠，自秦文公至今七百餘歲矣，漢興世世常來，光色赤黃，長四五丈，直祠而息，音聲砰隱，野雞皆雊。〔三〕每見雍太祝祠以太牢，遣候者乘一乘傳馳詣行在所，〔四〕以爲福祥。高祖時五來，文帝二十六來，武帝七十五來，宣帝二十五來，初元元年以來亦二十來，此陽氣舊祠也。及漢宗廟之禮，不得擅議，皆祖宗之君與賢臣所共定。古今異制，經無明文，至尊至重，難以疑說正也。前始納貢禹之議，後人相因，多所動搖。易大傳曰：『誣神者殃及三世。』

恐其咎不獨止禹等。」上意恨之。〔五〕

〔一〕師古曰：「家人，謂庶人之家也。種祠，繼嗣所傳祠也。」

〔二〕師古曰：「敕，整也。」

〔三〕師古曰：「直，當也。息，止也。當祠處而止也。砰音普萠反。」

〔四〕師古曰：「報神之來也。傳音張戀反。」

〔五〕師古曰：「恨，悔也。」

後上以無繼嗣故，令皇太后詔有司曰：「蓋聞王者承事天地，交接泰一，尊莫著於祭祀。孝武皇帝大聖通明，始建上下之祀，〔一〕營泰畤於甘泉，定后土於汾陰，而神祇安之，饗國長久，子孫蕃滋，〔二〕累世遵業，福流於今。今皇帝寬仁孝順，奉循聖緒，靡有大愆，而久無繼嗣。思其咎職，殆在徙南北郊，〔三〕違先帝之制，改神祇舊位，失天地之心，以妨繼嗣之福。春秋六十，未見皇孫，〔四〕食不甘味，寢不安席，朕甚悼焉。春秋大復古，善順祀。〔五〕其復甘泉泰畤，汾陰后土如故，及雍五畤、陳寶祠在陳倉者。」天子復親郊禮如前。又復長安、雍及郡國祠著明者且半。

〔一〕師古曰：「上下，謂天地。」

〔二〕師古曰：「蕃音扶元反。」

〔三〕師古曰：「職，主也，咎過主於此也。」

〔四〕師古曰：「皇太后自謂。」

〔五〕師古曰：「以復古爲大，以順祀爲善也。」

成帝末年頗好鬼神，亦以無繼嗣故，多上書言祭祀方術者，皆得待詔，祠祭上林苑中長安城旁，費用甚多，然無大貴盛者。谷永說上曰：「臣聞明於天地之性，不可或以神怪；知萬物之情，不可罔以非類。〔一〕諸背仁義之正道，不遵五經之法言，而盛稱奇怪鬼神，廣崇祭祀之方，求報無福之祠，及言世有僊人，服食不終之藥，遙興輕舉，〔二〕登遐倒景，〔三〕覽觀縣圃，浮游蓬萊，〔四〕耕耘五德，朝種暮穫，〔五〕與山石無極，〔六〕黃冶變化，〔七〕堅冰淖溺，〔八〕化色五倉之術者，〔九〕皆姦人惑衆，挾左道，懷詐僞，以欺罔世主。〔一〇〕聽其言，洋洋滿耳，若將可遇；〔一一〕求之，盪盪如係風捕景，終不可得。〔一二〕是以明王距而不聽，聖人絕而不語。〔一三〕昔周史萇弘欲以鬼神之術輔尊靈王會朝諸侯，而周室愈微，諸侯愈叛。楚懷王隆祭祀，事鬼神，欲以獲福助，卻秦師，〔一四〕而兵挫地削，身辱國危。秦始皇初并天下，甘心於神僊之道，遣徐福、韓終之屬多齎童男童女入海求神采藥，因逃不還，天下怨恨。漢興，新垣平、齊人少翁、公孫卿、欒大等，皆以僊人、黃冶、祭祠、事鬼使物、入海求神采藥貴幸，賞賜累千金。大尤尊盛，至妻公主，爵位重絫，震動海內。〔一五〕元鼎、元封之際，燕齊之間方士瞋目扼掔，言有神僊祭祀致福之術者以萬數。其後，平等皆以術窮詐得，誅夷伏辜。〔一六〕至初元中，有天淵玉女、鉅鹿神人、轑陽侯師張宗之姦，紛紛復起。〔七〕夫周秦之末，三五之隆，〔八〕已嘗專意散財，厚爵祿，竦精神，舉天下以求之矣。曠日經年，靡有毫氂之驗，足以揆今。經曰：『享多儀，儀不及物，惟曰不享。』〔九〕論語說曰：『子不語怪神。』〔一〇〕唯陛下距絕此類，毋令姦人有以窺朝者。」上善其言。

〔一〕師古曰：「罔猶蔽。」

〔二〕如淳曰：「遙，遠也。興，舉也。」師古曰：「遙，古遙字也。興，起也。謂起而遠去也。」

〔三〕如淳曰：「在日月之上，反從下照，故其景倒。」師古曰：「遐亦遠也。」

〔四〕李奇曰：「昆侖九成，上有縣圃，縣圃之上即閶闔天門。」

〔五〕晉灼曰：「翼氏風角，五德東方甲，南方丙，西方庚，北方壬，中央戊。種五色禾於（北）〔此〕地而耕耘也。」

〔六〕師古曰：「言獲長壽，比於山石無窮也。」

〔七〕晉灼曰：「黃者，鑄黃金也。道家言冶丹沙令變化，可鑄作黃金也。」

〔八〕晉灼曰：「方士詐以藥石若陷冰丸投之冰上，冰即消液，因假爲神仙道使然也。或曰，謂冶金令可餌也。」師古曰：「或說非也。淖，濡甚也，音女教反。」

〔九〕李奇曰：「思身中有五色，腹中有五倉神；五色存則不死，五倉存則不飢。」

〔一〇〕師古曰：「左道，邪僻之道，非正義也。」

〔一一〕師古曰：「洋洋，美盛之貌也。洋音羊，又音祥。」

〔二〕師古曰：「盪盪，空曠之貌也。盪音蕩。」

〔三〕師古曰：「謂孔子不語怪神。」

〔四〕師古曰：「卻，退。音丘略反。」

〔五〕師古曰：「絫，古累字。」

〔六〕師古曰：「詐得，謂主上得其詐僞之情。」

〔七〕師古曰：「轑陽侯，江仁也，元帝時坐使家丞上印綬隨宗學仙免官。轑音遼。」

〔八〕師古曰：「三謂三皇，五謂五帝也。」

〔九〕師古曰：「周書洛誥之辭也。言祭享之道，唯以絜誠，若多其容儀，而不及禮物，則不爲神所享也。」

〔一〇〕師古曰：「說謂論語之說也。」

後成都侯王商爲大司馬衞將軍輔政，杜鄴說商曰：「『東鄰殺牛，不如西鄰之禴祭』，〔一〕言奉天之道，貴以誠質大得民心也。行穢祀豐，猶不蒙祐；德修薦薄，吉必大來。古者壇場有常處，尞禋有常用，〔二〕贊見有常禮；犧牲玉帛雖備而財不匱，車輿臣役雖動而用不勞。是故每（奉）〔舉〕其禮，助者歡說，〔三〕大路所歷，黎元不知。〔四〕今甘泉、河東天地郊祀，咸失方位，違陰陽之宜。及雍五畤皆曠遠，奉尊之役休而復起，繕治共張無解已時，皇天著象殆可略知。前上甘泉，先毆失道；〔五〕禮月之夕，奉引復迷。〔六〕祠后土還，臨河當渡，疾風起波，船不可御。又雍大雨，壞平陽宮垣。乃三月甲子，震電災林光宮門。〔七〕祥瑞未著，咎徵仍臻。迹三郡所奏，皆有變故。〔八〕不答不饗，何以甚此！〔九〕詩曰『率由舊章』。〔一〇〕舊章，先王法度，文王以之，交神于祀，子孫千億。宜如異時公卿之議，復還長安南北郊。」

〔一〕師古曰：「此易既濟九五爻辭也。東鄰，謂商紂也。西鄰，周文王也。瀹祭，謂瀹煮新菜以祭。言祭祀之道莫盛修德，故紂之牛牲，不如文王之蘋藻也。瀹音籥。」

〔二〕師古曰：「尞，古燎字。」

〔三〕師古曰：「助謂助祭也。說讀曰悅。」

〔四〕師古曰：「大路，天子祭天所乘之車也。黎元不知，言無(僞)〔徭〕費，不勞於下也。」

〔五〕師古曰：「毆與驅字同。」

〔六〕韋昭曰：「奉引，前導引車。」

〔七〕孟康曰：「甘泉一名林光。」師古曰：「林光，秦離宮名也。漢又於其旁起甘泉宮，非一名也。」

〔八〕師古曰：「迹謂觀其事迹也。」

〔九〕師古曰：「不答，不當天意。不饗，不爲天所饗也。」

〔一〇〕師古曰：「大雅假樂之詩也。率，循也。由，用也。循用舊典之文章也。」

後數年，成帝崩，皇太后詔有司曰：「皇帝即位，思順天心，遵經義，定郊禮，天下說憙。〔一〕懼未有皇孫，故復甘泉泰畤、汾陰后土，庶幾獲福。皇帝恨難之，卒未得其祐。其復南北郊長安如故，以順皇帝之意也。」

〔一〕師古曰：「說讀曰悅。」

哀帝即位，寢疾，博徵方術士，京師諸縣皆有侍祠使者，盡復前世所常興諸神祠官，凡七百餘所，一歲三萬七千祠云。

明年，復令太皇太后詔有司曰：「皇帝孝順，奉承聖業，靡有解怠，〔一〕而久疾未瘳。夙夜唯思，殆繼體之君不宜改作。其復甘泉泰畤、汾陰后土祠如故。」上亦不能親至，遣有司行事而禮祠焉。後三年，哀帝崩。

〔一〕師古曰：「解讀曰懈。」

平帝元始五年，大司馬王莽奏言：「王者父事天，故爵稱天子。孔子曰：『人之行莫大於孝，孝莫大於嚴父，嚴父莫大於配天。』〔一〕王者尊其考，欲以配天，緣考之意，欲尊祖，推而上之，遂及始祖。是以周公郊祀后稷以配天，宗祀文王於明堂以配上帝。禮記天子祭天地及山川，歲徧。春秋穀梁傳以十二月下辛卜，正月上辛郊。〔二〕高皇帝受命，因雍四畤起北畤，而備五帝，未共天地之祀。〔三〕孝文十六年用新垣平，初起渭陽五帝廟，祭泰一、地祇，以太祖高皇帝配。日冬至祠泰一，夏至祠地祇，皆并祠五帝，而共一牲，上親郊拜。後平伏誅，乃不復自親，而使有司行事。孝武皇帝祠雍，曰：『今上帝朕親郊，而后土無祠，則禮不答也。』於是元鼎四年十一月甲子始立后土祠於汾陰。或曰，五帝，泰一之佐，宜立泰一。五年十一月癸未始立泰一祠於甘泉，二歲一郊，與雍更祠，〔四〕亦以高祖配，不歲事天，皆未應古制。建始元年，徙甘泉泰畤、河東后土於長安南北郊。永始元年三月，以未有皇孫，復甘泉、河東祠。綏和二年，以卒不獲祐，復長安南北郊。建平三年，懼孝哀皇帝之疾未瘳，復甘泉、汾陰祠，竟復無福。臣謹與太師孔光、長樂少府平晏、大司農左咸、中壘校尉劉歆、太中大夫朱陽、博士薛順、議郎國由等六十七人議，皆曰宜如建始時丞相衡等議，復長安南北郊如故。」

〔一〕師古曰：「孝經載孔子之言。」
〔二〕師古曰：「豫卜郊之日。」
〔三〕師古曰：「共讀曰恭。」
〔四〕師古曰：「更音工衡反。」

莽又頗改其祭禮，曰：「周官天墬之祀，〔一〕樂有別有合。其合樂曰『以六律、六鐘、五聲、八音、六舞大合樂』，祀天神，祭墬祇，祀四望，祭山川，享先妣先祖。〔二〕凡六樂，奏六歌，而天墬神祇之物皆至。〔三〕四望，蓋謂日月星海也。三光高而不可得親，海廣大無限界，故其樂同。祀天則天文從，祭墬則墬理從。三光，天文也。山川，地理也。天地合祭，先祖配天，先妣配墬，其誼一也。天墬合精，夫婦判合。祭天南郊，則以墬配，一體之誼也。天墬位皆南鄉，同席，〔四〕墬在東，共牢而食。高帝、高后配於壇上，西鄉，后在北，亦同席共牢。牲用繭栗，〔五〕玄酒陶匏。禮記曰天子籍田千畮以事天墬，〔六〕繇是言之，宜有黍稷。〔七〕天地用牲一，燔尞瘞薶用牲一，高帝、高后用牲一。天用牲左，及黍稷燔尞南郊；墬用牲右，及黍稷瘞於北郊。其旦，東鄉再拜朝日；其夕，西鄉再拜夕月。然後孝弟之道備，而神祇嘉享，萬福降輯。〔八〕此天墬合祀，以祖妣配者也。其別樂曰『冬日至，於墬上之圜丘奏樂六變，則天神皆降；夏日至，於澤中之方丘奏樂八變，則墬祇皆出。』〔九〕天墬有常位，不得常合，此其各特祀者也。陰陽之別於日冬夏至，其會也以孟春正月上辛若丁。天子親合祀天墬於南郊，以高帝、高后配。陰陽有離合，易曰『分陰分陽，迭用柔剛』。〔一〇〕以日冬至使有司奉祠南郊，高帝配而望羣陽，日夏至使有司奉祭北郊，高后配而望羣陰，皆以助致微氣，通道幽弱。〔一一〕當此之時，后不省方，〔一二〕故天子不親而遣有司，所以正承天順地，復聖王之制，顯太祖之功也。渭陽祠勿復修。羣望未悉定，定復奏。」奏可。三十餘年間，天地之祠五徙焉。

〔一〕師古曰：「墬，古地字也。下皆類此。」

〔二〕師古曰：「此周禮春官大司樂之職也。六律，合陽聲者。六鐘，以六律六鐘之均也。五聲，宮、商、角、徵、羽。八音，金、石、絲、竹、匏、土、革、木。六舞，雲門、咸池、大韶、大夏、大護、大武也。大合樂者，徧作之也。先妣，姜嫄也。先祖，先王先公也。」

〔三〕師古曰：「謂一變而致羽物及川澤之祇，再變而致（嬴）〔蠃〕物及山林之祇，三變而致鱗物及丘陵之祇，四變而致毛物及墳衍之祇，五變而致介物及地祇，六變而致象物及天神。」

〔四〕師古曰：「鄉讀曰嚮。其下並同。」

〔五〕師古曰：「謂牛角如繭及栗者，牛之小也。」

〔六〕師古曰：「晦，古畝字。」

〔七〕師古曰：「繇讀與由同。」

〔八〕師古曰：「輯與集同。」

〔九〕師古曰：「此亦春官大司樂之職也。天神之樂：圜鍾爲宮，黃鍾爲角，太蔟爲徵，姑洗爲羽，雷鼓雷鼗，孤竹之管，雲和之琴瑟，雲門之舞。地祇之樂，函鍾爲宮，太蔟爲角，姑洗爲徵，南呂爲羽，靈鼓靈鼗，孫竹之管，空桑之琴瑟，咸池之舞。先奏是樂，以致其神，禮之以玉，然後合樂而祭。」

〔一〇〕師古曰：「易說卦之辭也。陽爲剛，陰爲柔，陰陽既分，則剛柔迭用也。迭，互也，音大結反。」

〔一一〕師古曰：「道讀曰導。」

〔一二〕師古曰：「謂冬夏日至之時。后，君也。方，常也。不視常務。」

後莽又奏言：「書曰『類於上帝，禋于六宗』。〔一〕歐陽、大小夏侯三家說六宗，皆曰上不及天，下不及墬，旁不及四方，在六者之間，助陰陽變化，實一而名六，名實不相應。禮記祀典，功施於民則祀之。天文日月星辰，所昭仰也；地理山川海澤，所生殖也。易有八卦，乾坤六子，水火不相逮，靁風不相誖，山澤通氣，然後能變化，旣成萬物也。〔二〕臣前奏徙甘泉泰畤、汾陰后土皆復於南北郊。謹案周官『兆五帝於四郊』，山川各因其方，〔三〕今五帝兆居在雍五畤，不合於古。又日月靁風山澤，易卦六子之尊氣，所謂六宗也。星辰水火溝瀆，皆六宗之屬也。今或未特祀，或無兆居。謹與太師光、大司徒宮、羲和歆等八十九人議，皆曰天子父事天，母事墬，今稱天神曰皇天上帝，泰一兆曰泰畤，而稱地祇曰后土，與中央黃靈同，又兆北郊未有尊稱。宜令地祇稱皇墬后祇，兆曰廣畤。易曰『方以類聚，物以羣分』。〔四〕分羣神以類相從爲五部，兆天墬之別神：中央帝黃靈后土畤及日廟、北辰、北斗、塡星、中宿中宮於長安城之未墬兆；東方帝太昊青靈勾芒畤及靁公、風伯廟、歲星、東宿東宮於東郊兆；南方炎帝赤靈祝融畤及熒惑星、南宿南宮於南郊兆；西方帝少皥白靈蓐收畤及太白星、西宿西宮於西郊兆；北方帝顓頊黑靈玄冥畤及月廟、雨師廟、辰星、北宿北宮於北郊兆。」奏可。於是長安旁諸廟兆時甚盛矣。

〔一〕師古曰：「虞書舜典也。並已解於上。」

〔二〕師古曰：「乾爲父，坤爲母。震爲長男，巽爲長女，坎爲中男，離爲中女，艮爲少男，兌爲少女，故云六子也。水火，坎離也。靁風，震巽也。山澤，艮兌也。逮，及。誖，亂也。旣，盡也。靁，古雷字也。誖音布內反。」

〔三〕師古曰：「春官小宗伯之職也。兆謂爲壇之營域也。五帝於四郊，謂青帝於東郊，赤帝及黃帝於南郊，白帝於西郊，黑帝於北郊也。各因其方，謂順其所在也。」

〔四〕師古曰：「易上繫之辭也。方謂所向之地。」

莽又言：「帝王建立社稷，百王不易。社者，土也。宗廟，王者所居。稷者，百穀之主，所以奉宗廟，共粢盛，〔一〕人所食以生活也。王者莫不尊重親祭，自爲之主，禮如宗廟。詩曰『乃立冢土』。〔二〕又曰『以御田祖，以祈甘雨』。〔三〕禮記曰『唯祭宗廟社稷，爲越紼而行事』。〔四〕聖漢興，禮儀稍定，已有官社，未立官稷。」〔五〕遂於官社後立官稷，以夏禹配食官社，后稷配食官稷。稷種穀樹。〔六〕徐州牧歲貢五色土各一斗。

〔一〕師古曰：「共讀與供同。」

〔二〕師古曰：「大雅緜之詩也。冢，大也。土，土神，謂太社也。」

〔三〕師古曰：「小雅甫田之詩也。田祖，稷神也。言設樂以御祭於神，爲農求甘雨也。」

〔四〕李奇曰：「引棺車謂之紼。當祭天地五祀，則越紼而行事，不以私喪廢公祀。」師古曰：「紼，引車索也。音弗。」

〔五〕臣瓚曰：「高帝除秦社稷，立漢社稷，禮所謂太社也。時又立官社，配以夏禹，所謂王社也。見漢祀令。而未立官稷，至此始立之。世祖中興，不立官稷，相承至今也。」

〔六〕師古曰：「穀樹，楮樹也。其子類穀，故於稷種。」

莽篡位二年，興神僊事，以方士蘇樂言，起八風臺於宮中。臺成萬金，〔一〕作樂其上，順風作液湯。〔二〕又種五粱禾於殿中，〔三〕各順色置其方面，先鬻鶴髓、毒冒、犀玉二十餘物漬種，〔四〕計粟斛成一金，言此黃帝穀僊之術也。以樂爲黃門郎，令主之。莽遂崇鬼神淫祀，〔五〕至其末年，自天地六宗以下至諸小鬼神，凡千七百所，用三牲鳥獸三千餘種。後不能備，乃以雞當鶩鴈，犬當麋鹿。數下詔自以當僊，語在其傳。

〔一〕師古曰：「費直萬金也。」
〔二〕如淳曰：「藝文志有液湯經，其義未聞也。」
〔三〕師古曰：「（玉）〔五〕色禾也，谷永所謂耕耘五德也。」
〔四〕師古曰：「鬻，古煮字也。髓，古髓字也。謂鬻取汁以漬穀子也。毒音代，冒音莫內反。」
〔五〕師古曰：「崇，古崇字。」

贊曰：漢興之初，庶事草創，唯一叔孫生略定朝廷之儀。若乃正朔、服色、郊望之事，數世猶未章焉。至於孝文，始以夏郊，而張倉據水德，公孫臣、賈誼更以爲土德，卒不能明。孝武之世，文章爲盛，太初改制，而兒寬、司馬遷等猶從臣、誼之言，〔一〕服色數度，遂順黃德。彼以五德之傳從所不勝，〔二〕秦在水德，故謂漢據土而克之。劉向父子以爲帝出於震，故包羲氏始受木德，〔三〕其後以母傳子，終而復始，自神農、黃帝下歷唐虞三代而漢得火焉。故高祖始起，神母夜號，著赤帝之符，旗章遂赤，自得天統矣。〔四〕昔共工氏以水德間於木火，〔五〕與秦同運，非其次序，故皆不永。由是言之，祖宗之制蓋有自然之應，順時宜矣。究觀方士祠官之變，谷永之言，不亦正乎！不亦正乎！

〔一〕李奇曰：「公孫臣、賈誼。」

〔二〕服虔曰：「音亭傳之傳。五帝相承代，常以金木水火相勝之法，若火滅金，便以火代金。」師古曰：「傳音張戀反。」

〔三〕師古曰：「包讀曰庖。」

〔四〕鄧展曰：「向父子雖有此議，時不施行，至光武建武二年，乃用火德，色尚赤耳。」

〔五〕師古曰：「共讀曰龔。間音工莧反。」

校勘記

一二四三頁一〇行 畢，瘞堂下。〔八〕而上又上泰山，　注〔八〕原在「而上」下。劉攽說「而上」字屬下句。

一二四四頁七行 （後每）〔毋〕修封。　宋祁說越本「每」作「毋」，新本無「後」字，但云「毋修封」。按景祐本作「毋修封」。

一二四八頁三行 諸所興，如薄忌泰一及三一、冥羊、馬行、赤星，五（牀）。寬舒之祠（宮）〔官〕以歲時致禮。王先謙說「牀」字疑後人誤加，封禪書、孝武紀並無。「宮」字封禪書、孝武紀並作「官」，是，此誤。

一三五六頁九行　臣聞郊(紫壇)〔柴〕饗帝之義，何焯說以文義求之，作「柴」爲是，亦不當有「壇」字。按景祐、殿本「紫」都作「柴」，無「壇」字。

一三五六頁一二行　(致)〔故〕上質不飾，景祐、殿本都作「故」。朱一新說作「故」是。

一三六一頁九行　種五色禾於(北)〔此〕地而耕耘也。景祐、殿本都作「此」。朱一新說作「此」是。

一三六二頁一三行　是故每(率)〔舉〕其禮，景祐、殿本都作「舉」。朱一新說作「舉」是。

一三六三頁七行　言無(僞)〔徭〕費，景祐、殿本都作「徭」。朱一新說作「徭」是。

一三六七頁四行　再變而致(羸)〔臝〕物　朱一新說「羸」當作「臝」。按景祐、殿本都作「臝」。

一三七〇頁八行　(玉)〔五〕色禾也，景祐、殿、局本都作「五」。王先謙說作「五」是。